善治之道

王一俊 主编

法律出版社
LAW PRESS·CHINA

序

治理是21世纪以来政治学和公共管理最重要的范畴之一，涉及治国、治党、治军、治企乃至互联网治理等广泛领域。善治就是良好的治理，是使公共利益最大化的社会管理过程。可以说，谋求善治是治理行为的核心目标。

如何达到善治，是古往今来人们孜孜以求的重大命题。在理论层面上，儒家代表人物孔子认为要讲德修礼："道之以政，齐之以刑，民免而无耻；道之以德，齐之以礼，有耻且格。"道家代表人物老子提出"上善若水，水善利万物而不争"的主张。古希腊思想家柏拉图在《理想国》中设想的善治模式，是由哲学王统治从而实现良好治理。在实践层面上，唐代"贞观之治"、古希腊城邦自治等都留下了丰富的经验。

当代中国正在进行着一场前无古人的伟大变革。2014年，十八届三中全会首次提出"推进国家治理体系和治理能力现代化"这一命题，从而进一步拓展了中国现代化建设的内涵。在2015年出台的"十三五"规划纲要中，"治理"被提及104次，涵盖了全球治理、社会治理、区域治理、行业治理、网络治理等。可以说中国的改革开放，就是治理理念、治理方式不断变革的历程。

我先后在区县和北京市的各级单位担任领导职务，承担过党委、检察机关多个岗位的领导和管理工作，经历了治理理念的引进和发展的过程，对于管理中的实际问题及其应对有着深切的体会。同时，由于多年在法治一线工作，对各种治理理念、方式和制度的利弊得失，作过深入的调研。我发现，无论是国家、政党还是企业、家庭，要达到善治，归根结底离不开三个要素：道德、专业、制度，三者相辅相成、不可偏废。无论是历史朝代的兴替、现代国家的治乱，还是企业单位的盛衰，往往肇因于道德、专业、制度的失衡。

那么，三位一体的至简理念，能否承载善治这一复杂而沉重的时代命题呢？大道至简、返朴归真是中国传统文化的精髓，无论是宇宙之大还是人文之深，无论是春秋之古还是当代之新，在日月星、天地人、精气神、情理法、内政外交国防、治学三境界等人所共知的严密组合之中，"三"这个数字每每展现着既宏大又精微的简约之美。从"道生一，一生二，二生三，三生万物"中展现出来的自然至理，以"三"来统驭纷繁复杂自然现象的模式，不但在理论上自洽，而且在实践上普适。道德、专业、制度三者支撑善治大厦，恰合于"三生万物"的简约之道。

2013 年夏天，我出任新设立的北京市人民检察院第三分院的党组书记、检察长，在多年工作和思考的基础上，提出了"道德立院、专业立院、制度立院"的基本理念，取得了领导班子和全体检察人员的一致认同，并组织提出了各部门各岗位落实的具体目标、细化指标和工作措施。经过三年实践，这一理念在三分院的检察业务、队伍建设和后勤保障工作中发挥了引领指导作用，取得了显著成果。在队伍建设中，围绕政治道德、职业道德、社会公德、个人品德建设，搭建指标体系，开展教育培训，进行考核评价，推动检察文化，在建院之初队伍素能不齐、适岗率低的基础上，培养出了全国检察理论专家、全国检察技能比武十佳、北京检察机关技能比武十佳、北京市模范、三八红旗手等一系列先进典型和业务骨干。在检察业务上，坚持以专业为中心，全面履行宪法赋予的职责，办理的重大疑难案件得到各个方面的认可，形成了办理命案防范冤假错案等工作机制和工作品牌，为促进法治中国建设、维护人民群众合法权益贡献了力量。在制度建设上，统一制度建设的责任标准流程，搭建科学、简明、易操作的制度体系，借力信息化推进规范化精品化，形成了一整套行之有效的规章制度。短短三年多来，三分院亮出了自己的名片，得到了社会各界的认可和点赞。作为社会治理一个具体而微的实践，三分院三年来的治理实践取得了宝贵的经验，也进一步验证了道德、专业、制度三位一体的善治之道是正确的和有效的。

为了深化研究、指导实践，我们曾组织了对三个立院的基本理论和实践路径的研究，形成了《道德、专业、制度与检察工作科学发展》（法律出版社 2015 年版），在检察系统和社会层面引起较好反响。

检察机关是法治社会的有机组成部分，而治理是全社会共同面对的时代命题，面临诸多共同的根本性的问题。来自检察工作治理的理论成果，可以而且应当转化为其他层面治理共同适用的一般原理，从而为推进国家治理体系和治理能力现代化尽绵薄之力。为此，我们在“道德立院、专业立院、制度立院”研究的基础上，集中检察队伍中的专门人才以及大学副教授成立了新的课题组，立足前期理论成果，着眼社会治理中面临的热点、难点问题，从道德、专业、制度的角度探寻有效解决、达到善治之道，形成了《善治之道》这本书。

全书分为“关系篇”“道德篇”“专业篇”“制度篇”，主旨在于使读者通过阅读这些案例故事及感悟，从中受到一些启发，借鉴成功者的经验，汲取失败者的教训，树立道德建设、专业建设、制度建设的理念，实现科学管理与科学发展。

本书的特点是兼顾思想性、知识性、趣味性，用通俗的语言阐释治理的理念，用生动的故事展现理论的精妙，寓理于趣，寓学于乐，使读者在会心一笑的同时,得到启迪和思考。

本书由郭兴莲博士策划统筹,由史海涛、侯新明、隋连军、张富强、何赞国以及中国地质大学(北京)马克思主义学院副院长副教授马海军博士执笔,历时一年,数易其稿。在成稿过程中,中国政法大学原副校长朱勇教授、中央党校政法部主任卓泽渊教授、北京市委社会工作委员会研究室岳金柱主任等专家学者先后通读书稿,并对本书的理论、实践、体例、风格乃至文字等各方面提出了宝贵意见。在此表示衷心的感谢!

作为治理实践的参与者和治理理论的学习者,我们的书中难免会存在这样那样的缺点和问题,敬请读者提出宝贵意见。

是为序。

2017 年 5 月

目　录

·关系篇·

·道德篇·

·专业篇·

·制度篇·

关系篇

大千世界，芸芸众生；人生百态，潮起潮落。每个人都与众不同，有自己的爱好和兴趣，有自己独特的个性和追求。如何把一个个独特而又自我的个人连接起来，组成家庭、组织、企业、机关、社会等大小集体？又如何把这些集体有效组织起来、运行良好？进而又如何把这些集体都集中在一个共同目标下彼此协调，为达成社会大同或者中国梦而共同奋进？这离不开有效的社会管理或者社会治理方式方法。

我国圣人孔子早在2000多年前已经提出了鲜明的解决路径——“仁”。“仁”不仅是自我修身的总要求，也是社会管理的总目标。他由己及人，推近及远。首先，要求个人的努力和提高，要从每个人道德着手，提出“己所不欲，勿施于人”，要求“克己复礼为仁”，要求个人在道德上克制私欲，在专业上提高理性思维能力，在社会制度上遵守礼制规范。与此同时，每个人都是可以“成仁”的，“仁”并不为贵族或者血统高贵的人所独享，“我欲仁，斯仁至矣”。其次，个人修身之后友善对待他人，“己欲立而立人，己欲达而达人”，我们在对待他人时要做到“将心比心，推己及人”，实现共同进步。再次，先进人物达到“仁”的境地后，要“仁者爱人”，做到“亲亲尊尊，君君臣臣，父父子子”。值得注意的是“仁”并不是一直存在的，做到“仁”是不容易的——孔子自己都说：“若圣与仁，则吾岂敢！”他认为自己最得意的门生颜回，也只能做到“三月不违仁”。最后，“仁”不仅要求个人的进步，更要天下大治。仁人是很难做到的，不仅要个人得仁，更要实现天下治理，“能行五者（恭、宽、信、敏、惠）于天下，为仁矣”。[①]可见“仁”涵盖了个人修身、集体管理、天下理想，既是个人努力的追求，又是集体治理目标，是一个集道德、专业、制度于一体的复杂社会管理模式。

① 上述语言源于《论语》。参考了知乎网站中“论语中仁的具体涵义是什么”的讨论，载知乎网：https://www.zhihu.com/question/20380779/answer/116457282，最后访问日期：2016年11月23日。

在传统资本主义社会，马克斯·韦伯提出了科层制或称官僚制的社会管理模式，指出由有效规章确定的各自权限职责的众多等级官僚，确立了公务分级程序和规范化处理，科层制强调工具理性，追求技术效率。[①] 总体来说，科层制过于强调专业和制度的作用，而忽视了道德中价值理性的作用。

而随着西方各国由工业化社会向后工业化社会的转变，科层制这一传统社会管理模式的有效性大打折扣，变得机构林立，创新乏力，难以适应迅速、变化、不稳定的社会环境，甚至日益成为社会经济进一步发展的障碍。[②] 由此西方兴起了社会治理理论用以取代科层制这一管理模式。总体来说，治理理论有以下几点核心主张：第一，治理主体上，提倡治理主体多元化。第二，治理结构上，奉行权力多中心主义。弱化国家权力的专属性和排他性，使社会组织、市场主体也能通过授权获得部分公共权力与权威，用于治理的需要。第三，治理目的上，力求实现公共利益最大化。第四，治理手段上，倡导以协商合作取代行政命令。第五，治理重视过程性。治理本质上是一种以协调为基础的过程。[③]

治理理论的核心主张都离不开道德、专业、制度这三个维度的内容。具体来说，治理主体和治理结构的多元化离不开道德力量的灌输、专业力量的培育和制度的构建，需要理性设计，需要精心培育，需要制度安排，需要道德支撑权威，以实现国家、社会组织、行业协会等多主体共享权威、共同作用。治理目的的公共利益最大化更需要道德对人的引领、专业对利益取舍的安排、制度对公共利益的保障。而治理手段的协商合作以及强调过程性，固然离不开专业程序设计和过程性制度安排，更需要大众参与

---

① 参见苏国勋：《理性化及其限制——韦伯思想引论》，上海人民出版社1988年版，第210~215页。

② 参见《治理理论》，载豆丁网：http://www.docin.com/p-1715245746.html，最后访问日期：2016年11月6日。

③ 参见刘秀伦、庞伟：《超越西方治理与走向中国特色的国家治理现代化》，载《重庆邮电大学学报》（社会科学版）2015年3月。

以及民主精神的支持，这都离不开道德、专业、制度方面的支持和配合。可以说，治理理论的核心主张要求我们从道德方面树立大众参与精神、民主自决精神、平等和平精神，专业上充分发挥理性设计力量，依靠制度安排，达成治理主体多元、治理权力多元、治理手段的协商民主，最终实现公共利益的最大化。

我国之前历来强调管理，而忽视了治理的作用。[①]“管理”与“治理”，一字之差，其内涵和意义却有着极大不同。[②] 诸多学者的观点在社会管理的方式方法上都强调在个人与社会、社会与国家之间的专业设计、制度安排和精神指引，[③]这表明我国的国家治理体系和治理能力现代化需要从道

① 治理概念引入党中央的正式指导文件有一个历史过程。2003 年党的十六届三中全会将“社会建设和管理”列入贯彻落实科学发展观的“五个统筹”之中;2004 年十六届四中全会提出“加强社会建设和管理,推进社会管理体制创新”。2007 年十七大和 2012 年十八大,提出“加强和创新社会管理,健全社会管理体制”。党的十八届三中全会有了新的变化,提出:“全面深化改革的总目标是完善和发展中国特色社会主义制度,推进国家治理体系和治理能力现代化。”并以此作为新时期的执政理念和治国方略。参见宋煜萍:《社会治理创新研究:既有进展与拓展进路》,载《江海学刊》2015 年第 6 期。

② 从政治学理论看,统治与治理主要有五个方面的区别。其一,权力主体不同,统治的主体是单一的,就是政府或其他国家公共权力;治理的主体则是多元的,除了政府外,还包括企业组织、社会组织和居民自治组织等。其二,权力的性质不同,统治是强制性的;治理可以是强制的,但更多是协商的。其三,权力的来源不同,统治的来源就是强制性的国家法律;治理的来源除了法律外,还包括各种非国家强制的契约。其四,权力运行的向度不同,统治的权力运行是自上而下的,治理的权力运行可以是自上而下的,但更多是平行的。其五,两者作用所及的范围不同,统治所及的范围以政府权力所及领域为边界,而治理所及的范围则以公共领域为边界,后者比前者要宽广得多。参见俞可平:《推进国家治理现代化的六项措施》,载爱思想网:http://www.aisixiang.com/data/73635.html,最后访问日期:2016 年 11 月 8 日。

③ 关于如何实现社会治理的现代化来看,学界观点提出了不同的观点。刘秀伦、庞伟提出国家治理现代化的实现依赖于政府社会与市场各方的积极合作:一是公共权力运行的制度化;二是依法治国得以落实;三是政府权威的确立;四是公民社会的发展;五是民主政治的发展;六是国家治理还需要妥协精神。俞可平提出推进国家治理体系和治理能力现代化要强调以下六点必要举措:第一,进一步解放思想,努力冲破不合时宜的旧观念的束缚;第二,加强顶层设计,从战略上谋划国家治理体系的现代化;第三,总结地方治理改革创新经验,及时将优秀的地方治理创新做法上升为国家制度;第四,结合我国的具体国情,学习借鉴国外政府治理和社会治理的好经验;第五,坚决破除阻碍社会进步的体制机制,建立和完善与中国特色社会主义现代化要求相适应的现代国家治理体制;第六,破除官本位观念,消除官本主义流毒。杨海坤提出:国家治理体系与能力现代化的重要方略就是实现法治,尤其是实现公法之治。简言之,国家治理体系和能力现代化就是国家法治体系和运行的现代化,尤其是公法治理体系和运行的现代化。从以上观点可以看出,治理现代化的实现路径都是从道德、专业、制度这三个维度开展论述的。刘秀伦、庞伟的观点强调了权力运行制度和法律制度等制度的重要性,也提到了公民社会的专业发展和妥协等精神性道德力量的重要性。俞可平提出的观点既要思想理念和破除官本位思想等道德层面的建设,也有国家制度、体制机制的建设,更离不开经验总结的专业能力建设。杨海坤提出的路径则强调法治的力量,不仅有法治的精神的道德力量和精巧设计的法律制度,也有公法的专业性蕴含其中。参见刘秀伦、庞伟:《超越西方治理与走向中国特色的国家治理现代化》,载《重庆邮电大学学报》(社会科学版)2015 年 3 月;俞可平:《推进国家治理现代化的六项措施》,载爱思想网:http://www.aisixiang.com/data/73635.html,最后访问日期:2016 年 11 月 8 日;杨海坤:《运用法治思维_法治方式推进国家治理现代化》,载《中国党政干部论坛》2014 年 8 月。

德、专业、制度这三个维度开展，本书将其称之为“道德·专业·制度”三维治理方式，简称“三维治道”。

本书采用哲学分析法、案例分析法、比较分析法等研究方法对“道德·专业·制度”三维治理方式进行研究。首先课题的研究以哲学为视角，从马克思主义哲学的人的全面发展理论、主体与客体、目的与手段、内容与形式等哲学理论出发，分析社会治理理论的哲学内涵和实践路径，全面把握“道德·专业·制度”三维治理方式的哲学意义。其次是案例分析方法。本书将通过古今中外的大量案例分析论证道德、专业、制度的内在含义及逻辑起点，全面论证在道德、专业、制度三个维度中出现的实际问题，以实践为取向分析解决方法和解决思路，引发读者继续思考。最后是比较分析法。本书将涉及的相关概念的界定、逻辑分析及演绎，以及实际问题解决的方法、步骤等，从古今中外对比的角度，进行全面的比较阐述分析。

三维治道的肖像图

“道德 · 专业 · 制度”三维治理方式是指在涵盖国家治理、社会治理、组织治理、行业治理、企业治理等大社会治理中，为了实现利益的最大化，充分调动社会成员的积极性，通过道德、专业、制度三个维度的建设和运行，多主体、全方位、多层次的参与、协商、共享，实现权威的树立和社会福祉的达成。“道德 · 专业 · 制度”三维治理方式强调社会治理的方式要从道德层面的引领和熏陶，专业能力的培育和运用，制度的构建、执行和创新等三个维度出发，交织运用、全面发展，达到社会治理的目的。

“道德 · 专业 · 制度”三维治理方式有以下几个特点：

个人与社会的交织

近年来兴起的西方公共选择理论认为，人类社会有两个市场——政治市场和经济市场，这两个市场中的人是同一个人，即“经济人”，其基本动机都是谋求个人利益的最大化。新公共管理理论认为，政府的一切活动都要从人性自利特征去行事。但它忽视了人的政治和社会属性。[①] 公共选择理论选择了简单的经济人假设，分析有其独特视角，但缺乏了对人的道德属性和社会属性的分析。从道德、专业、制度这三个维度来看，公共选择理论尤其缺乏了对人道德维度的思考。

① 李宜馨：《建构中国治理体系和治理能力现代化的新范式“西方公共管理”公共服务运动视角之鉴》，载《领导科学》2015 年第 26 期。

在唯物史观的科学体系中,强调的是人的全面发展。唯物史观明确指出“从现实的、有生命的个人出发”,即把“从事实际活动的人”作为唯物史观的出发点。[①] “道德·专业·制度”三维治理方式秉持着唯物史观,逻辑出发点在于从事实际生活的个人。从事实际生活的个人不可避免地受到当时社会的道德水平、社会专业分工、社会制度安排的影响,是一个历史和社会的个人。同时从事实际生活的个人拥有实际的各种问题和困难需要解决。“道德·专业·制度”三维治理方式从现实出发,重视人的社会属性、政治属性和道德属性,结合人及其个人结合的组织、社会、国家的问题,从道德、专业、制度三个层面分析问题、解决问题,重视提升每个人及组织的道德水准、专业力量和制度执行力。

工具理性与价值理性的统一

在西方学者马克斯·韦伯看来,合理性区分为形式合理性和实质合

① 臧琳琳:《马克思“人是目的与手段的统一”思想的哲学阐释》,山东师范大学2011年硕士学位论文,第52页。

理性两种。形式合理性就是工具理性,其以科学性为原则。实质合理性则是价值理性,它以价值追求为原则,是一种追求人的价值实现的具有超越性的思维方式。工具理性剔除了价值因素,注重实然的、事实层面的认识,具有工具性特征;价值理性超越了事实层面,追求事实与价值、真与善的统一,具有目的性特征。新公共管理所强调的对经济效率和工具性价值的追求,将公共行政演化为追求效率的工具,而使公共行政无力反省其本身的根本价值与目标,最终导致公共行政目的性价值的缺失。[①]

“道德 · 专业 · 制度”三维治理方式重视道德的力量,极为强调价值的指引和内化作用,既强调人的工具理性即专业能力的建设,又强调人的价值属性即道德的作用,同时注意到人的集合体中制度的举足轻重的作用,顺应了现代治理的特点,既顺势顺理,顺应自然和社会发展之规律,顺应事物发展的道理和情理;又引导疏导,引导思想和方向,疏导情绪和心理,把人的工具理性作用和价值理性作用共同发挥,努力实现价值理性与工具理性的统一。[②]

人本主义关怀

“以人为本”就是要从人的特点或实际出发,一切制度安排和政策措施“要体现人性,要考虑人情,要尊重人权,不能超越人的发展阶段,不能忽视人的需要”。[③] “道德 · 专业 · 制度”三维治理方式把作用点集中于

---

① 何颖:《新公共管理理论方法论评析》,载人民网:http://theory. people. com. cn/n/2014/1105/c83863 - 25980551. html,最后访问日期:2016 年 11 月 10 日。

② 李宜馨:《建构中国治理体系和治理能力现代化的新范式“西方公共管理”公共服务运动视角之鉴》,载《领导科学》2015 年第 26 期。

③ 参见百度百科“人本主义关怀”,载百度百科:http://baike. baidu. com/link? url = kPRPgF4mCRsHRW-NMruoWs 21QaOlmMo1RZzktHnGY94xJxZYfRsVEeSLY4nvSDOfUdv7b_BmXxj1M6Su86suANmfxTrQWhm94hoci0-b0chAvc5 SRnzSPZFEYAwxBZeY0ZQcgXTS2CcAvfSmqLuHImOq,最后访问日期:2016 年 11 月 10 日。

人的身上，明确把以人为本作为发展的最高价值取向，就是要尊重人、理解人、关心人，就是要把不断满足人的全面需求、促进人的全面发展，作为发展的根本出发点。人类生活的世界是由自然、人、社会三个部分构成的，“道德·专业·制度”三维治理方式从根本上说就是要寻求人与自然、人与社会、人与人之间关系的总体性和谐发展，它是在对当代社会发展过程中人的主体地位和作用日益突出的反思中，尤其是在对片面追求经济增长的发展观所付出的代价的反思中，提出的一种治理方式。

现代治理不同于管理。现代治理少一点管理，多一点领导。管理重在管事，重在控制，追求秩序和效率。领导重在以人为本，重在激励、激发和凝聚力量。“道德·专业·制度”三维治理方式就是要求我们发挥价值引导的作用，正确处理“应然”和“实然”的关系，使管理既重人又重物，发挥人本主义的作用，使自然、人、社会三者关系达成和谐共处的新型关系。

坚持问题导向

习近平曾经指出：“只有立足于时代去解决特定的时代问题，才能推动这个时代的社会进步；只有立足于时代去倾听这些特定的时代声音，才能吹响促进社会和谐的时代号角。”当代中国面临的突出治理问题主要是，社会组织和民众从体制上对政府有一种依赖，一些社会组织与民众的主体意识在觉醒且表达诉求日益增强，但缺乏自治和自律。其结果就会出现管控与诉求的矛盾，进而影响其他社会矛盾，影响社会和谐稳定。其根源主要在于社会管理政府化的“官本位”管理体制，政府与社会、公民的关系主要是管制型而不是治理型。治理方式取决于关系模式。在管制型模式中，政府处于支配地位，而社会、公民处于服从地位，政府注重管制社会和公民,管制和服从的关系较突出。这会导致政府管制无限扩张,一切社会事务都处在政府集中而具体的管控之中,成为全能政府,而社会组织、公民缺乏独立自主的发展空间,不能自由成长。这样,政府往往忙于应付各种具体事务且集矛盾于一身,导致公信力下降。这表明,社会治理还跟不上时代和实践发展的步伐。因此,必须根据时代变化和社会实践发展提出的新要求,转变对政府与社会、公民之间的关系模式,由管理走向治理。①

"道德 · 专业 · 制度"三维治理方式以马克思主义为理论指导,充分汲取了政治学、经济学、管理学的理论涵养,着眼于个人与社会、社会与国家等关系,从最广意义的社会治理问题出发,结合当代中国面临的突出治理问题,贴合社会力量发展的趋势,重视协商、民主、和谐的治理新模式,从道德、专业、制度三个角度入手,分析社会问题,解决棘手困难,努力走出具有中国特色的社会主义治理新模式。

① 参见李宜馨:《建构中国治理体系和治理能力现代化的新范式"西方公共管理"公共服务运动视角之鉴》,载《领导科学》2015年第26期。

三维治道的经脉图

如同人体经脉一般,“道德·专业·制度”三维治理方式中的道德、专业、制度三者也是相互统一、缺一不可、相辅相成的关系。具体来说,道德、专业、制度就像社会治理的三个支柱,三足鼎立般撑起社会治理的大厦。社会治理需要通过这三个维度的实施来达到目的,也只能通过这三者的安排实现社会治理的效果。

三者相互统一

道德、专业、制度作用的基点都是在人身上,道德激励人,制度约束人,专业提升人。“三个立院”强调发挥人的主观能动性,同时强化自身监督。用道德激励人,用专业塑造人,用制度约束人,通过从道德、专业、制度三个维度建设人、发展人,把社会培育成有共同文化、共同追求的共同体。只有把人的问题解决了,才能真正实现社会有序治理。

1. 主体与客体的统一

辩证唯物主义认为,主体是认识活动中具有自主性和能动性的因素,担负着提出实践目的、操纵实践工具、改造实践客体,从而驾驭和控制实践活动的多重任务;客体是主体活动对象的总和,是进入主体活动领域,并同主体发生功能关系,或为主体活动所指向的客观事物。人作为自然存在物,其存在具有双重性,一方面作为客体客观地存在着,另一方面作为主体能动地存在着。在人的历史性活动中,内在地包含着主体与客体的关系,两者的对立、矛盾和统一都是通过人的历史活动而得以生成、展露、发展的。[1]

道德、专业、制度就是人的实践活动的三个维度内容。道德不仅是人的精神追求,也通过外在表现体现着道德修养,操纵着人的实践,体现着人的主体意志。同时道德也是人的努力提升的客观内容,作为人的修身客体之一。专业也是蕴含于人的主体性要素之中,人的专业能力和素养在实践活动中的表现也是大不一样,担负着指导和操纵实践活动的作用。同时专业也是人的改造客体之一,俗话说"活到老,学到老",人的专业能力的培育和提升贯穿着人的一生实践活动。制度同时也是人的活动中能改变、操纵、制约人的实践活动的主体要素之一,深刻地改变着人尤其是人的群体活动。社会实践中制度如果作为主体性的指导要素不强,则人的群体活动往往呈现实践不强的表现。同时制度也是人的实践改造客体之一,人的群体活动出现离心力或者执行力不强的情况时,制度是重要原因之一,人们往往要通过制度的重新构建、执行和创新来重新保障人的实践活动有制度的主体性保障。

2. 目的与手段的统一

人是目的与手段的统一。其中的"人"是指现实的个人。现实的个人是自然存在物、社会存在物、意识存在物,在一定社会历史条件下从事实践活动的人。现实中的个人不仅是自身的目的,也是实现目的的手段,人与人之间是互为目的和手段的。现实的人是目的与手段统一的前提和基础。同时,以一定方式进行生产活动的个人之间发生社会关系和政治关系,这种社会关系和政治关系需要在人与人互为目的、互为手段的过程中完成。[2]

---

① 参见何海涛:《主体与客体辩证法的演进路径》,载《哈尔滨师范大学社会科学学报》(总第25期)2014年第6期。

② 参见臧琳琳:《马克思"人是目的与手段的统一"思想的哲学阐释》,山东师范大学2011年硕士学位论文。

道德、专业、制度就是现实的个人实践的三个维度。在实践过程中，个人不仅是实践的目的，也是实践的实行者，即实现了个人是目的和手段的统一。道德、专业、制度是个人努力实践的目的，即个人实践中要实现道德素养的提升、专业能力的提高、制度执行的效率，以最终实现个人和社会利益的最大化。社会实践水平的高低与否直接体现在人身上就是在道德水平、专业能力、制度效率上。与此同时，道德、专业、制度也是个人努力实践的手段。

3. 内容与形式的统一

世界上的万事万物都具有一定的内容和形式。内容是构成事物的一切要素的总和，是事物存在的基础。形式是把内容诸要素统一起来的结构或表现内容的方式，是事物存在和表现的样式。任何事物都是内容与形式的统一体。没有无内容的形式，也没有无形式的内容。内容与形式是事物所固有的两个侧面，相互依存、相互作用、相互制约。总体来看，内容在事物中是处于主导的、支配的地位，形式则处于从属的、服务的地位。内容决定形式，但形式又反作用于内容。[①]

道德、专业、制度是内容与形式的统一体。道德、专业、制度是社会治理的一切要素的总和，是社会治理的实质内容。要实现社会治理，必须实现社会道德情操较高、社会分工较为合理、社会专业素养较高、社会制度健全完善并得到良好执行等实质内容；与此同时，道德、专业、制度也是社会治理的结构或表现内容的方式，是社会治理存在和表现的样式。要实现社会治理，必须在道德、专业、制度的三个维度体现较高的水平，社会道德水平、社会专业能力、社会制度力量表现出较高的水准。社会治理的实现应在道德、专业、制度的三个维度上表现出来。

---

① 李步云：《法的内容与形式》，载《法律科学》1997 年第 3 期。

三者缺一不可

道德、专业、制度构成人的全面发展的统一整体。人的全面发展是指人的一切属性的全面发展,它包括人的智力、体力,又包括人的思想、情操、道德审美能力。人的全面发展,是每个人都能得到平等发展、完整发展、和谐发展和自由发展。[①] 人的全面发展不仅包括人的专业能力的发展,也包括组织执行力和道德水准的提高。

1. 道德不可缺

习近平总书记在纪念孔子诞辰 2565 周年国际学术研讨会开幕式上的讲话中指出:“中国优秀传统文化的丰富哲学思想、人文精神、教化思想、道德理念等,可以为人们认识和改造世界提供有益启迪,可以为治国理政提供有益启示,也可以为道德建设提供有益启发。”在政治局第十八次集体学习时习近平又强调说,我国古代主张民惟邦本、政得其民,礼法合治、德主刑辅,为政之要莫先于得人、治国先治吏,为政以德、正己修身,居安思危、改易更化等,这些都能给人们以重要启示。习近平的上述论述对我们科学把握道德治理在国家治理中的重要地位,具有重要的指导意义。[②] 道德在人的内心深处,需要良好的家庭和社会教育,日积月累的熏陶方可提升人的道德素养。如果只重视外在专业能力和制度执行力的表现,而忽视了内在道德水准的提高,则往往会酿成大错。古往今来,在专业能力上做到极致,在制度保障上做到高效率的团体和国家很多,却也有

---

① 参见百度百科“人的全面发展”,载百度百科:http://baike. baidu. com/link? url = VzrEApRmLser4Kcpk-wm-axwPcdSOdF_yOPQFwzea4v9Hbzm - 3Dt2PpqsKwK_ - _uAxbs86uYqcBrt8EgQmIx9kcqJhBJvvJoQK_lkgluTSE_7l7pWWpopGWx6kRwv1gnmb9rcYSZ_0zU7TGIbzAJ2B_,最后访问日期:2016 年 11 月 10 日。

② 参见李宜馨:《建构中国治理体系和治理能力现代化的新范式“西方公共管理”公共服务运动视角之鉴》,载《领导科学》2015 年第 26 期。

很多因为道德水准的缺失而导致国家毁灭的例子。

以我国为例，隋炀帝杨广在登基前消灭陈后主，正式统一了全国，在登基后“修通运河”（下令修建完成大运河）、“西巡张掖”（亲自开拓疆土畅通丝绸之路）、“开创科举”、“开发西域”、“建立天朝体系”（四方纳贡）。他开创我国延续几千年的科举制度，使寒士能够大规模地进入上层阶层；还修建了举世闻名的大运河，将南方的粮食和金钱源源不断地滋补北方。可以说，隋炀帝在制度和专业能力的遗产上仍然福泽至今。可惜的是隋炀帝在道德上弑父杀兄淫嫂，三征高句丽皆以失败告终，劳民伤财，还多次下江南，动用大量的民力乘舟巡幸，最终导致官逼民反，引发汹涌的农民起义进而湮没了整个赫赫有名的大隋朝。

在国际上，“二战”时纳粹德国拥有欧洲最强的空军和陆军，横扫整个欧洲大陆，闪电战瞬间吞并波兰、法国等大片国家，即使在“二战”后期也能长时间内独立抵挡美、苏、英等多个大国的合力进攻，军事实力在“二战”的参战国中名列前茅。在工业实力上，“二战”前夕的德国仅次于美苏居世界第三，在科技实力上纳粹德国已经在火箭技术、造船工业、核工业、光学仪器技术等诸多领域拥有世界领先的水平。然而，拥有如此高超专业实力和制度动员力的纳粹德国在道德上却犯下反人类的罪行，大肆屠杀犹太人，写下了人类史上血淋淋的耻辱，这值得人类集体反思。

国内外的鲜活例证告诉我们，道德水准的高低决定了人的发展高度，也决定了一个国家或者组织的发展高度。如果发生了专业、制度高度发达，而道德水平极其低下，则容易发生组织倾覆、国将不国的惨剧。

2. 专业不可缺

“徒善不足以为政，徒法不能以自行。”[①]光靠道德劝说和法律制裁并

① 《孟子·离娄上》。

不能让人们顺利行事。只有把专业力量灌注其中,才能抓住社会规律,才能得心应手,运用自如,社会治理的难题也就迎刃而解。

春秋时期的宋襄公以仁义之师而自居,一心想要实现自己的霸主地位。然而自己国小兵弱,不可避免地触怒了南方的楚国这一新兴大国。两国军队在泓水(古河流名,故道约在今河南省柘城县西北)相遇。在楚军开始渡泓水河时,宋军有将领劝说宋襄公说可以乘楚军开始渡河之机消灭他们。宋襄公却固守仁义之师的虚名,不愿乘人之危攻击楚军。楚军过河之后,开始列阵。这时又有宋军将领劝说宋襄公乘楚军立足未稳发动进攻。宋襄公仍然不允许。等楚军列好队阵冲杀过来,楚军强大,宋军弱小,宋军一触即溃,连宋襄公也中箭,不久即伤重而亡。宋襄公在春秋发生过众多不义之战后,仍然固守成规,以仁义自居,不学习战争的专业知识,不好好训练军队,导致宋国一蹶不振,最终难逃被吞并的命运。

如果专业能力缺失,即使道德水平再高,制度再健全,也难逃被淘汰的命运。以最近发生的诺基亚公司衰落为例,诺基亚公司长期以来保持国际市场占有率第一的地位。该公司内部制度健全,公司文化强调公司的归属感,长期以来是芬兰国家的支柱性企业。然而诺基亚公司在智能手机时代到来之际,仍然固守功能手机的既有领域,甚至在自己已经研发出智能手机的时候仍然不投入智能手机的生产,妄图阻挡市场的升级换代,最终被市场抛弃,市场份额一落千丈,落得被其他公司吞并的下场。再来看日本,近年来日本的夏普等诸多企业从20世纪八九十年代如日中天到现在的举步维艰。其长久以来奉行企业即家的企业归属感文化,企业给公司员工诸多的生活福利,公司各项制度也很完善,日本模式曾经风靡全球。可惜日本企业在专业领域等的判断失误,最终在韩国、中国大陆、中国台湾地区的新兴市场企业发展起来后纷纷衰落,很多著名企业难逃被破产或者吞并的命运。

由此可见,专业决定了个人、组织、国家发展的基础,基础不牢,地动山摇。尤其是在经济发展领域,多少曾经雄霸一时的大公司最终由于专业能力的失误而从此销声匿迹。在专业这个维度发展不够,即使制度再健全,道德再高尚,最终难逃被市场规律和历史规律的车轮碾压的命运。

3. 制度不可缺

"孟子曰:离娄之明,公输子之巧,不以规矩,不能成方圆;师旷之聪,不以六律,不能正五音;尧、舜之道,不以仁政,不能平治天下。"[①]在个人组成组织、社会的多重人类集体中,需要的是制度把每个人的力量组成合力,而不是在各自对抗中变成了没有力量。劲往一处使,心往一处想,最终把每个人的力量汇聚起来,形成制度合力。

中国古代历来强调侠客精神,不乏武林高手,然而在历朝历代的各种战争中,并没有多少武林高手组成军队所向披靡的记载。这是因为大队人马作战强调的是各种兵器、各兵种的专业分工,整体配合,制度严明,而不是单兵的个人武勇。戚继光在《纪效新书》说,"开大阵,对大敌"不同于"场中较艺,擒捕小贼","堂堂之阵,千百人列队而前,勇者不得先,怯者不得后;丛枪戳来,丛枪戳去,乱刀砍来,乱杀还他,只是一齐拥进,转手皆难,焉能容得左右动跳?一人回头,大众同疑;一人转移寸步,大众亦要夺心,焉能容得或进或退?"平定倭寇中,戚继光发明了著名的"鸳鸯阵"。鸳鸯阵是一个由12人分执"狼筅"、长枪、藤牌、"镋钯"组成的战斗整体。各种兵器分工明确,每人只要精熟自己那一种的操作,有效杀敌关键在于整体配合,令行禁止。倭寇是个人武艺大大高于中国士兵的武士,但"戚家军"却在多年的抗倭战争中,几乎战无不胜,甚至还创造了歼倭上千

① 《孟子·离娄上》。

名、“戚家军”无一伤亡的战例。[①]

在国际上，韩国的汽车工业起步甚至晚于我国，我国于20世纪50年代在苏联的帮助下已经能独立造出汽车，而同期的韩国只能修理、改装旧汽车而已。即便在20世纪70年代中期，韩国汽车的销量也不过从2000多辆上升到2万多辆。而同期的中国汽车产业，早已经建立起了轿车、商用车和军车的三大体系，产量保持在12万辆左右。不少汽车爱好者称“一汽能造汽车的时候，韩国连造拖拉机都不会”。[②] 然而韩国汽车通过政府强力干预和私营企业制度的优势，在19世纪八九十年代强力吸收外国技术实现快速超车，比中国早15年先成为世界汽车生产大国。反观中国的汽车企业由于国企人浮于事的企业制度以及国家“以市场换技术”的错误政策，最终落后于韩国，至今仍未发展成为汽车工业的强国。

由此可见，即使是同一起步甚至略微超过的专业水平，如果制度不能跟上，往往会产生截然不同的结果。“一头羊率领的一群狮子”为什么抵不过“一头狮子率领的一群羊”，就在于领导者制定的制度是否合理、科学以及是否得到良好执行。良好制度的作用就在于集合全体人员的力量，人多力量大，最终产生十倍、百倍的功效。

三者相辅相成

“得其人而不得其法，则事必不能行；得其法而不得其人，则法必不能济。人法兼资，而天下治成。”[③]作为人的全面发展的三个维度，道德、

① 参见《中国武功到底能不能打？戚继光战场无视武林高手》，载“趣历史”网：http://www.lkssfj.com/zhanshi/9520/，最后访问日期：2016年11月10日。

② 《韩国汽车工业后来者居上之路》，载太平洋汽车网：http://www.pcauto.com.cn/drivers/555/5552861.html，最后访问日期：2016年11月10日。

③ （明）海瑞：《治黎策》。

专业、制度三者之间相辅相成。道德与专业相统一可以“得其人”，得“德才兼备”的人；制度可以“得其法”，使各项工作能有章可循，有章可依。道德、制度和专业三者相结合，则既能“得其人”又能“得其法”，则“天下治成”的治理目标便可以达成了。

1. 制度与道德密不可分、相辅相成

道德与制度是两个不同的规范体系。道德是自律，制度是他律，二者区别在于是否具有强制性。制度可以规范人们的行为，可以对违反制度的行为进行惩罚，但制度不是万能的，制度不能解决思想问题，制度也有个不断发展完善的过程，制度自身有其局限性。而道德恰好是制度的补充，制度所不及的地方，恰是道德发挥作用的地方。制度必须具有正当性即合道德性，只有正当的制度才是好的制度，才有实现的道德基础。道德是人自律的形式，然而人不是注定是善的，人的意志力也未必是坚强的，人的意志自律必须依靠一些特殊的手段支撑，没有他律的强制性就没有自律。道德中重要的部分上升为制度，用制度的强制力保证其实现，因此道德是以制度作为保障的。

以慈善事业为例，众所周知，慈善事业离不开捐款，从款项来源分可分为个人慈善捐赠和企业慈善捐赠。由于经济环境和企业经营的不同，企业慈善捐赠会随着整体经济环境而波动较大，而个人慈善捐赠则较为稳定和持续。更为重要的是，个人慈善捐款传递的是每个人心中的善意，对于塑造社会文化和秩序具有非常好的移风易俗的效果。在我们印象中自私自利的美国，蓬勃发展的慈善事业竟然不是靠微软、谷歌、苹果等大公司支持，而是一直靠着个人捐赠。个人捐赠一直都是美国慈善捐赠最重要、最稳定的来源，在 2013 年贡献了捐赠总额的 72%。个人捐赠比例曾在2005年达到76.5%的高峰。[①] 而我国的个人慈善捐款就不那么乐观。根据《2014年度中国慈善捐助报告》,2014年我国共接受社会捐赠钱物超过1000亿元,其中7成为企业捐赠,个人捐赠比例连续三年下滑,与美国截然相反。为什么在资本主义价值观下的美国个人善养捐款反而比讲究集体主义的中国多? 答案是美国的制度设计催生了个人慈善捐款。

美国建立了规范和引导慈善事业发展的完备的法规政策体系,以支持并约束数量庞大的慈善组织及其活动,引导民众积极向慈善组织捐款。一是给公民以甜头。通过免税、所得税豁免、捐赠减税等各种各样的税收优惠鼓励大家踊跃捐款。美国是较早给慈善以税收优惠的国家,以其税前扣除的政策来说,机构捐赠可以获得15%的税前抵扣;如果是个人捐赠的话,现金部分捐赠给公众募款机构,可以有50%的税前扣除;如果捐赠给基金会,有20%的税前扣除;如果是捐赠证券,有30%的税前扣除;如果是个人遗产的全部捐赠,有100%的税前扣除。[②] 看看《肖申克的救赎》里狱警们排队拜托男主角申报税收,就知道减免税收的重要性。对不同类型的个人捐赠安排了不同的税收优惠政策条款,个人既得到了实惠,还有好名声,何乐而不为。二是管住了慈善组织。慈善组织被确认慈善地位后将获得巨大的税收优待和社会信任,其依据是基于他们为社会创造了公共利益,减轻了政府创造这些公共利益的负担。在美国,对慈善组织的监管主要分为两个层次:其一是政府直接管理和监督。基金会的成立、免税、审查监管有一整套的法律规定,一经成立,其资产就具有公共

① 参见《2013~2014年度美国慈善报告与全球慈善发展趋势》,载道客巴巴:http://www.doc88.com/p-9979565056673.html,最后访问日期:2016年11月10日。

② 参见《美国为何慈善兴盛》,载南方周末:http://www.infzm.com/content/50639,最后访问日期:2016年11月10日。

性质，国税局、州检察长办公室等政府部门依法进行监管；其二是利用了社会自治，通过社会组织来监督社会组织（慈善机构）。社会上有关心慈善组织运作的其他非政府组织的评估，如美国慈善信息局就是一个很有影响的民间非营利机构，它制定了衡量基金会好坏的九条标准，每年四次公布对全国几百家基金会的测评结果。与此同时，美国政府还对慈善机构的财务活动进行监督。税务局要求慈善机构提供年度报告信息、审计慈善机构的财务和经营状况，对违规慈善机构进行处罚，通过这些方式监督慈善组织的运作。[①] 通过对公民层面的刺激和发挥社会中介组织的力量，并利用政府监管和社会自治，使社会组织公开、高效，也避免了外界的质疑，防止美国郭美美事件的发生。美国的制度安排一方面连接了公民道德层面，另一方面加强了对慈善专业组织的引导和监督，使美国的个人慈善捐款得以有序进行和繁荣。

反观我国，慈善组织大都为官办的红十字会等机构，不仅与民间组织相比效率和公开性不够，近年来更是连连爆出自身高福利的丑闻，最后郭美美事件让全国民众对其丧失了许多信心，连带着的是政府公信力和对官办慈善组织信任的降低。究其根源，其缺乏整套法律法规的监管，以及自身财务和经营状况的公开不够，使其无法回应社会大众的关切。

慈善事业的发展，不仅需要道德善意的灌注，更需要监督制度、税收制度等社会制度的整体设计。道德与制度相互配合，则会促进慈善事业的繁荣发展；而光靠道德的呼吁，没有制度的保障，慈善事业只有停滞不前。

2. 制度与专业密不可分、相辅相成

专业意味着能够科学设计制度中的职能范围、应负责任、拥有的职

① 参见《美国慈善事业发展印象》，载基金会中心网：http://www.foundationcenter.org.cn/guanli/html/2010-06/666.html，最后访问日期：2016年11月10日。

权,以及工作程序和工作方法。制度意味着专业设计的规范得以正常执行,并能随时根据实践的新情况得以创新和变更。好的专业能力能够更好地执行制度,好的制度构建需要专业能力的设计。制度与专业在人的发展过程中相辅相成。

美国是一直强大的吗?细究历史,20 世纪 80 年代以前的美国,在尼克松和卡特时期,苏联在航空航天、原子能技术等诸多科技领域实现了对美国的赶超。越南战争失败、伊朗人质事件等使美国形象扫地。20 世纪 80 年代是美国复兴的年代,从表面上来看是美国在信息科技、半导体技术、互联网技术的专业能力的繁荣,本质上是美国科技创新相关法律制度的变革。

在 1980 年以前,美国法律规定,凡是接受过联邦政府资助的科研项目,其成果都归美国政府所有。这样,发明者与其发明无关,承担科研项目的大学或科学家并不能独占其发明专利的使用许可,而对于想取用科研成果的资本家而言,申报的程序和后续的汇报过程都非常烦琐。这导致了专利的申请数量减少,而大部分得到批准的专利则无人问津。到 1978 年为止,联邦政府持有超过 2.8 万项专利,但只有不到 4% 的尖端专利技术被成功商业化地运用到各个产业中去。[①]

在 1980 年通过的《拜杜法案》,允许大学、小企业或非牟利机构在履行政府规定的若干义务的条件下,选择保留其发明创造的使用权,并获取专利商业化后的收益。这种对专利的确权使用,立即形成了一股生生不息的把知识产权推向商业应用的自发动力。具体而言,就是资本对发明创造的引导、识别和转化三重作用。首先,科研选题不是盲目的。科学家与产业界的关系是双向的。科学家从产业中获得灵感,实际问题成为他

---

① 参见薛兆丰:《美国积木式创新与中国机会》,载求是网:http://www.qstheory.cn/politics/2015-05/28/c_1115433888.htm,最后访问日期:2016 年 11 月 10 日。

们部分甚至主要的研究内容。许多科学家也同时受雇于产业界,从那里获取额外的收入。其次,从科研到商品转化的,必定需要投资家和企业家作出的贡献。我们看到,今天“发明创造→专利确权→资本筛选→生产制造→全球营销”的完整链条已经打通,这一链条上的精细分工和无缝对接,形成了“积木式创新”的全球新型格局。[①]

3. 道德与专业密不可分、相辅相成

“有才无德会败坏党和人民事业,但有德无才同样会贻误党和人民事业。”[②]道德、专业如鸟之两翼,折中其一必不能飞。两者不可在人的发展中分离。同时,道德、专业还能相互促进,相辅相成。“才者,德之资也;德者,才之帅也。”[③]道德是专业的统帅,而专业是道德的凭借资本。两者相互结合,才能成就一个高尚的人、纯洁的人和有用的人。

如果不做专业分析和因地制宜,做慈善也会有恶果。耶鲁大学的经济学家 Nancy Qian 以及哈佛大学的经济学家 Nathan Nunn 做过一个调查,他们从 1972 年一直跟踪到 2006 年,发现一个国家得到的粮食援助每增加 10% ,这个国家的暴力动乱程度就会增加 1. 14% 。原因在于最底层民众很难直接拿到援助粮食。援助粮食最终也要通过当地政权来分发下去,这时该国的行政体系就会有大笔的贪污或者截留机会,而在一个吃不饱饭的国度里指望官员都成为海瑞是不现实的,即使官员能保持大体清廉,普通百姓也很难获得直接粮食援助。[④] 如朝鲜,每年都会以贫困、自然灾害等为名从中国、韩国以及国际组织获取大量粮食援助,后来韩国发现

---

① 参见薛兆丰:《美国积木式创新与中国机会》,载求是网:http://www.qstheory.cn/politics/2015-05/28/c_1115433888.htm,最后访问日期:2016 年 11 月 10 日。

② 习总书记在 2014 年 1 月 7 日中央政法工作会议上的讲话。

③ 《资治通鉴》第一卷周纪一(周威烈王二十三年)。

④ 参见罗振宇:《慈善的恶果》,载和讯网:http://news.hexun.com/2014-01-27/161805770.html,最后访问日期:2016 年 11 月 10 日。

大部分的粮食都进入政府手中,变成了朝鲜核武化的工具。本来粮食援助是以朝鲜无核化为目标,最后却成了朝鲜造出核武器的直接援助,真是无比的嘲讽。另外对于非洲那些政权薄弱的国家,有大批反对派或者部落武装的,援助粮食更是成了香饽饽,人人都想咬一口。那些反政府武装、部落武装会依仗暴力抢劫粮食,这会导致原有政权更加虚弱,反政府武装更加强大。最典型的就是索马里,大量的捐助粮都在半途被海盗、反政府武装劫持,底层老百姓的境况几乎没有改善。做慈善也要充分考虑当地的情况,不能简单以目的正确来论事情是否正确,好心也会办了坏事。

三维治道重在治

道德、专业、制度是衡量人的全面发展的三个最有力维度。道德关注人的精神层面,寻求人存在的意义、生命价值和内心意志自由;专业则关注人的能力层面,要求人能发现和运用规律;制度关注人的行为层面,寻求人的行为自由。把三者维度结合起来的人,才是内在和外在都丰满、能力与关系都融合的人;而通过这简单的三个维度,就可以做到全面评价人以及人的聚合体。

三者是社会治理的三个维度

维度就是方向。道德、专业、制度就是人的全面发展的三个维度,三个轴,三个方向。我们要发展人或者良好运行组织甚至国家社会,需要从道德、专业、制度三个维度进行着力建设,如果哪个维度出现萎缩或者落后于其他维度,则往往会立足不稳,如三足鼎立中去掉一足很容易发生坍塌。

从数学模型来看，由一个方向（X轴）确立的直线模式是一维空间，具有单向性，由两个方向（X、Y轴）确立的平面模式是二维空间，具有双向性，交错构成平面，由X，Y，Z三向构成的空间是三维空间具有三向性。交错构成主体。[①] 客观存在的现实空间就是三维空间分别有长、宽、高三轴。三维即前后—上下—左右。道德、专业、制度就像三维空间的长、宽、高构成社会治理的X、Y、Z三轴。要实现良好的社会治理，需要在这三个轴中进行共同努力。三轴中的任意一点都必然包含着道德、专业、制度的不同水平，也预示着是否出现不平衡或者畸形。不同的治理水平代表着不同的道德、专业、制度，决定着实践中社会治理的效果。

三者构成网络化、立体化模式

现代社会已经进入协同制造的大规模定制时代，而垂直的科层式管理与大规模定制要求的流程化、信息化、网络化管理根本无法相容。因此，正如管理大师彼得·德鲁克所预测的："未来的企业组织将不再是一种金字塔式的等级制结构，而会逐步向扁平式结构演进。"[②]在传统的层级组织结构中，强调的是以命令和控制为主的决策方式。组织重视对员工职责和任务的清晰描述，因而对员工的要求和期望也是明确的，员工只与其直接上级发生联系，被动地服从上级的指挥和命令。与之相反，在网络化、立体化组织结构中，强调的则是更加灵活的组织机制和对员工的充分授权。

---

① 参见百度百科"三维空间"，载百度百科：http://baike. baidu. com/link? url = dhSfkzfJJNjlbYVOR-VX6dcVypWx 1pSMEBheWbYiPPsL4WFszyKXlqfc - 2 _ sufgh _ 7mCvYqG9JVEwtcLjGszeGJxM7OmmvBh2a-PltlBmJqyyPCw9vPIll7m 5Aa5NlQiul，最后访问日期：2016年11月21日。

② 邓正红：《德鲁克预言与企业未来生存管理》，载豆丁网：http://www. docin. com/p - 1193291411. html，最后访问日期：2016年11月21日。

随着社会进入到风险社会和网络社会的新阶段,要求社会治理从平面化向网络化转变。市场原则、公共利益、社会认同之上的政治国家与社会的合作、政府与非政府组织的合作、公共机构与私人机构的合作、强制与自愿的结合等广泛的合作和协商民主,是网络化管理运作的基本路径。权力向度是多元、上下互动、相互依存的,而不是单一的和自上而下的。换言之,政府不再一权独大,而是以公共服务精神为纽带,通过社会合作网络,将不同的公共服务主体联系在一起,通过灵活的组织结构和良好的分工协作,即建立在广泛协商基础上的合作关系,实现社会公共事务的共同治理。①

"道德·专业·制度"三维治理方式是一种网络化、立体化的模式。道德、专业、制度相互交织,紧密联系,在三个维度上互联互通,互为内容互为形式,各为目的又各为手段,既是主体建设的重要一环,也是客体建设的作用对象,不是平面化、简单化的推进方向,而是立体化、多层次的发展方向,共同推进社会治理的前进,促进最大多数人的利益最大化。

传统的企业组织结构仅仅注重企业发展,忽视员工个人的成长与发展;而现代企业组织设计强调要尊重员工的人格,重视他们的需要,开发他们的潜能,为各类员工提供学习的机会和施展才华的舞台,最终实现企业与员工的"双赢"。例如,为减少组织层级,美国通用电气公司实行了"零管理层"的改革。即在一个拥有 8000 多工人的发动机总装厂里,只有厂长和工人,除此以外不存在任何其他层级。生产过程中必需的管理职务由工人轮流担任。一些临时性的岗位,如招聘新员工,由老员工临时抽调组成,任务完成后随即解散。公司原来从董事长到基层员工一共有

① 参见朱进芳:《社会治理模式创新及实现条件》,载中国社会科学网:http://www.cssn.cn/shx/shx_shjs/201405/t20140507_1150734.shtml,最后访问日期:2016 年 11 月 21 日。

24个到26个层次，实行“零管理层”后机构大大精简。杰克·韦尔奇认为，一个公司就像一座大楼，它分为若干层，而每层又分为许多小房间，我们就是要把这些隔层尽量地打掉，让整个房子变为一个整体。“零管理层”就是要一个工厂，乃至一个公司的所有员工在工作时，都处于一个平面相交的环境中。所谓平面相交就是没有层次，没有等级。以这样的方式，在工作中实现人与人之间的平等，以期创造一种平等而又民主的工作环境。

道德引领、专业为本、制度保障

道德、专业、制度是衡量人的全面发展的三个维度，而把三个维度结合起来的人，才是内在和外在都丰满、能力与关系都融合的人。通过道德、专业、制度简单的三个维度，可以做到全面评价人以及人的聚合体，评价整个社会。

1. 道德引领

在道德、专业、制度的内部关系中，本书要着重强调道德在社会治理中的根本作用。道德是根本，决定着人的高度。如果说“道德、专业、制度”构成金字塔，则是制度、专业、道德分层而上，形成塔尖而构成的金字塔。我们把它比喻为常年云雾缭绕的喜马拉雅山。制度像山底，醒目直观；专业像有些雾的山腰，接地气，群众可见，却又不一定能见全貌；而道德则是云中笼罩的山顶，需要阳光普照，才能穿透厚厚云层见到那圣洁的神光。如各项业务制度熟悉，可以成为业务骨干；专业能力精湛，可以成为专家型人才；而只有道德高尚、德才兼备，才有可能成为领军型人才。制度易成，需要熟悉和遵守；专业较难，须智慧和实践并重；而道德最难，形成德艺双馨的领军型人才，需要时间的冲刷、事件的考验，需要千锤百炼、历经磨难，经历九九八十一难才能成佛，才能成为塔尖式的人才。道德乃人人俱有之物，政治品德、社会公德、职业道德、家庭美德人人都有一些，乍一看似乎较易，但为人们津津乐道、顶礼膜拜的楷模却很少，尤其是在当今道德失范的社会更是容易让人感受到“世风日下、道德不存”。而道德楷模需要长时间的育成。道德在人的全面发展中尤为重要，且在专业、制度发展越高端时，道德越显其重要性。道德对于专业、制度的方向性把握极为重要，没有好的道德，专业设计出来的产品也是冷冰冰，精良制度也是仅为满足个人私欲所用，失去了其道德合法性。因此，“道德·专业·制度”三维治理方式要求在社会治理中要在道德、专业、制度这三个方向上协同发展，但是当专业、制度发展到了相当阶段时，要尤为重视道德的发展，道德的任何偏废往往会引发坍塌式的失败，值得所有治理者警惕。

春秋战国时期是我国历史上道德、专业、制度都较为发达的罕见时代。众所周知，春秋战国时期，是我国历史上思想最为活跃的时期，众多原创性的思想流派如儒家、道家、墨家、阴阳家、史家等开山祖师都生活在这个大变革的时代里，书写了很多名垂青史的著作。诸多专业大家、行业鼻祖都诞生在这个时期。春秋战国时期也是制度发生大变革的时代，商鞅变法名垂青史，开启了大变局时代。不为人知的是，春秋战国时期是重道德的时代。当时的社会充满了侠义之风，重诺轻利、不畏强权、重义轻身等风气盛行，从王侯士族到山村野夫，都闪耀着平等、独立的人性光辉。在春秋战国时期，古代中国人活得极其有骨气，有豪气，有志气。后世日本人仍然对那时期的中国人赞叹不已，甚至以此为榜样，开启了日本近代化进程。

其中有我们熟知的赵氏孤儿事件，故事随着《赵氏孤儿》这部电影已经广为人知。最著名的就是公孙杵臼与程婴的对话："立孤与死孰难?""死易，立孤难耳。""子强为其难者，吾为其易者，请先死。"公孙杵臼怀抱假装赵氏孤儿的程婴儿子在程婴的假意告密中慷慨赴死，从容不迫。令人佩服之情油然而生。而程婴背负欺灭旧主、出卖好友的骂名，独自抚养赵氏孤儿至长大成人。待大仇得报，真相大白，程婴功成名就，理应享受成功之福时，却以对朋友、师长的承诺为由自刎而死，下报赵氏先人和公孙杵臼，追随公孙杵臼这位好友而去。

即使在今天看来是带有有勇无谋的贬义的"二桃杀三士"典故里，也能看出当时的勇士轻身重义的侠义精神。当时的齐国的三位勇士并非有勇无谋之人，但仍然认为义节和荣誉高于生命本身。没有拿到桃子的田开疆勇士为功劳较大却没有吃到桃子而感到耻辱并自杀，而公孙接勇士自认为功劳不如田开疆却吃桃而羞愧自杀，而最后的古冶子勇士则认为三人情同手足，不肯独活而自杀。三人都是铁骨铮铮的硬汉子，充满了勇敢、侠义的气势,生命与义气等荣誉比起来毫不重要,一旦面临两难会勇敢地舍去生命而获得史书的名誉。也只有在春秋战国时期才有这等气势。

司马迁曾经为这些侠客专门列传,在《史记·刺客列传》里共写了曹沫、专诸、豫让、聂政、荆轲、高渐离六个侠客,里面充满了当时的勇士或为国为民,或为赏识自己的故主,竭力拼杀,慷慨悲歌,士为知己者死。其中熟知的"风萧萧兮易水寒,壮士一去兮不复返",明知事难不可为而为之的荆轲刺秦王的故事,写满了壮士虽勇却无力回天的悲壮。

即使对待历史负面人物甚至也有忠义之士舍命相随。智伯是作为史书中记载的反面人物,贪愎好利,在攻打赵襄子时被韩、魏倒戈而功败垂成、身死国灭。然而这样一个史书评价并不高的人物,却有豫让这类国士相投,誓死以报,为了早已身败名裂且族灭无后的故主而竭力而亡,书写了一幅"士为知己死"的壮烈悲剧,留下了"国士遇我,我故国士报之"的独立自主人格。古代中国人的社会道德和个人品格早已开启了独立、平等、自由之风,值得后世中国人的学习。尤其是在现今民主风气极盛却有精致利己主义倾向下,做一个有担当、有豪气的独立人格的中国人,比在屈服于物质利益、昏然于尔虞我诈中要更为难得。

正是有了春秋战国时期的侠义风气,古代中国人的独立自主人格在普通民众中盛行,才有了那个让古今中国人念念不忘的黄金时代。今日之中国,依然面临"数千年未有之变局",专业不精、制度不顺,更需要独立人格之昭显,侠义道德之风重盛。没有道德支撑的盛世,只是蝼蚁之盛世,如镜中花、水中月,极易随风而逝。

2. 专业为本

在道德、专业、制度的内部关系中,专业是基础,是人之所以成为有用的人的必备基础,决定了个人、组织、国家发展的基石。专业不发达,不仅在工业、服务业难以做到精心设计、便民服务，难以满足人民普通物质生活需要，在社会的运行中也会增加社会成本，引发更多社会矛盾。因此需要专业能力的发挥，充分调动人类理性力量，认识并掌握事物发展规律，顺应时代发展趋势，实现个人、组织、社会、国家等多重主体的利益共赢，社会利益达到最大化。

一枚火箭、一架飞机拥有数万零件，每一个零件都需要专业、认真的生产、组装，稍有不慎就会发生箭毁人亡、机毁人亡的惨剧。美国1986年"挑战者"号航天飞机发射升空后73秒即发生爆炸，造成7名宇航员全部遇难的惨剧。原因仅仅是其右侧火箭推进器上的一个小小密封圈发生了损坏。[①] 类似一个小小零件的失误最终导致飞机、轮船、火箭、导弹、机器毁坏的悲剧数不胜数。由此可见专业决定了事业发展的基础，基础不稳，则事业发展也会瞬间坍塌，一败涂地。反之，如果重视专业发展，则事业往往会发展较快，最终达到一流目标。

全国人民吃中药都信赖同仁堂，因为同仁堂制药专业水平高，药品"质量"好。为了保证让公众吃上放心药，用上放心产品，同仁堂坚持"配方独特，选料上乘，工艺精湛，疗效显著"的制药特色。从购进原料到包装出厂，有上百道工序，加工每种药物的每道工序，都有严格的工艺要求，投料的数量必须精确，各种珍贵细料药物的投料误差控制在微克以下。例如犀角、天然牛黄、珍珠等要研为最细粉，除灭菌外，还要符合规定的罗孔数，保证粉剂的细度，此外颜色还必须均匀、无花线、无花斑、无杂质。在同仁堂的车间里，堆成小山似的各种药材都是经过一根根、一棵棵精心挑拣的。重视专业建设是同仁堂持续发展的强劲动力。同仁堂始终以兢

① 参见《媒体公布美国迄今最惨痛航天事故》，载数苑网：http://www.math168.com/dtxx/10687.htm，最后访问日期：2016年11月21日。

兢业业、不逊分毫的专业精神，严格每一道工序、严扣每一项标准，不马虎、不凑合、不糊弄，一丝不苟、精益求精，确保了药品的质量，也赢得了专业声誉。①

3. 制度保障

在道德、专业、制度的内部关系中，制度发挥着保障作用，是社会治理中的重要保障工具。制度是人类专业能力、时代道德和实践智慧的结晶，能够弥合社会分歧、解决社会争议、实现定分止争，保障着国家和社会的进步，为道德建设、专业构建提供基本保障。人类理性的火花容易一闪而过，道德容易陷入虚化和教导色彩过浓的境地，这些都离不开制度的保障。只有固化为人类集体制度，如企业制度、组织制度、国家制度，就有了刚性和执行力，才能得到贯彻和执行，更好地实现社会治理。

首先，从社会的组成来看，社会是如何建构起来的，离不开道德、专业、制度的三者维度的检验。建立起来的社会制度是符合当时的道德主流、专业素养和法律规范的，并通过人类活动的实践不断试错或者固化，最终形成较为稳定性的社会制度。其次，从社会的控制来看，需要有相关制度来排除社会的不满、消解社会问题。需要有社会组织有效运用社会力量弥补社会不足的诸多问题，需要专业组织和 NGO 的介入，需要综合评价的事后反思机制，需要专业力量和制度的规范才能正向开展立意良善的事业。再次，从社会的流动来看，社会本身是按照经济收入、社会地位等分为上下不同的阶级或阶层的。需要防止出现门阀世家的局面，需要把社会上下左右的人民都凝聚起来，需要把社会最优秀的人才集合起来并赋予相应的社会地位，社会才能把对社会不满的不稳定因素纳入社

① 参见“同仁堂”，载王朝网络：http://baike.wangchao.net.cn/detail_%25E5%2590%258C%25E4%25BB%2581%25E5%25A0%2582.html，最后访问日期：2016年11月21日。

会正向制度中，导引人类的竞争，塑造人类的希望，把社会流动起来。最后，从社会的变迁来看，让我们的视角在时间这轴上加快，就会惊奇地发现原来现在的悲欢离合曾经在历史上不断上演。商鞅变法、戊戌变法的故事，在现时代的改革开放中也能找到历史的回音，而技术进步的疯狂车轮已经把人类的固有职业冲击的七零八落，还有伴随着社会的进步和人类权利意识的觉醒，社会称谓变化下蕴含的人类道德的进步……种种的社会变迁下，道德、专业、制度都出现了日新月异的变化。道德在变、专业在变、制度也在变。

以我国的科举制度为例来说明制度的保障作用。古代中国人创造的科举制度是世界文明的杰作。在科举制产生之前，贵族根据血缘世袭关系而当然成为贵族。如东晋时著名的“王谢”大族，当时的丞相、将军大都源于这两姓。而科举制极大程度改善了之前的用人制度，彻底打破血缘世袭关系和世族的垄断；“朝为田舍郎，暮登天子堂”，部分社会中下层有能力的读书人进入社会上层，获得施展才智的机会；开放考试，吸收了不少寒士进入政权，有益于扩大和巩固封建统治的政治基础，改变了封建社会前期豪门士族把持朝政的局面；广大庶族地主通过科举入仕做官，给封建政权注入了生机与活力；选拔官吏从此有了文化知识水平的客观依据，有利于形成高素质的文官队伍；读书—考试—做官三者联系，把权、位与学识结合起来，营造了中华民族尊师重教的传统和刻苦勤奋读书的氛围；促进了文学的繁荣，如唐以诗赋取士，促进了唐诗繁荣。[①] 试想当年的洋务运动，那时的李鸿章等人也是八股文应试出身，依然能明辨是非，看清大势。

① 参见《谈谈古代科举制度对当代教育的启示》，载百度知道：https://zhidao. baidu. com/question/2269385047297855668. html，最后访问日期：2016 年 11 月 21 日。

科举制度还造成了世界范围的学习热潮。1853 年,英国王室任命查理·特罗维廉和斯坦福·诺斯科特两位爵士,负责英国文官制度的改革和方案草拟。之后他们向国会提交了《关于建立英国常任文官制度的报告》,报告中的主要观点就是建议学习、实行中国的科举制度,通过公开、竞争性的考试手段来招聘官员。两爵士的报告被英国国会采纳。此后、法国、美国等许多欧美国家都学习了中国的科举制度。西方当时有人惊叹,中国的科举制度是一项伟大的制度。他们认为这一制度应该与中国古人发明"四大发明"一样,是重要的发明创造,影响了全球的用人观。这种平等与民主正是西方中世纪所没有的。因此,一旦了解了中国的科举暨文官制度,西方思想界便激起了巨大的波澜。这种平等的"中国精神"成为西方一系列启蒙思想家,包括伏尔泰、孟德斯鸠、狄德罗、卢梭等人的理论武器,在法国以及后来的英国形成一股倾心中国文明的潮流。[①]

中国是文官制度的发源国,为世界现代文官制度提供了典范,科举制度是中国对人类文明的重大贡献。古老中华帝国长期充满活力,中华文化的生生不息,科举制度功不可没。

科举制度说明了当社会制度与平等民主的道德、渊博的专业知识相结合时,将会在社会治理和社会发展中发挥重要的积极作用。建立良善制度以作保障,是我们这代人的责任。需要我们充分汲取全球各文明的先进成果,与我国社会实践相结合,经过广泛试错才能设计出适合中国特色的各项治理制度。

① 参见《科举制度》,载百度百科:http://baike. baidu. com/link? url = vBIM-nrLAeSvX2ll-oYNoCqw-O4_jynrdfeLPp8lauLcsAfs89bFtu84gQTcypcPwLT9KNAGk4EKvk4t_dF3siweOFYaRUSep4mMYbWuN0bs2C-6to4f5GKU_VdQcTZFvXLM7rAdIdMxuUgHOWAPzIinY-0jkREeG9x0RFTTg2vqC_ychIRgLV820tDJwIBB,最后访问日期:2016 年 11 月 21 日。

道德篇

道德关乎国家兴衰,关乎事业成败,关乎家庭幸福,关乎个人命运!

道德是立国之本,立业之本,立家之本,立人之本!

道德是一个国家、一个民族、一个家庭、一个个体的灵魂!

中华民族历来是一个崇德、尚德、尊德、守德的民族,也是一个非常注重道德建设的民族。老子曰:“道生之,德畜之,物形之,势成之。是以万物莫不尊道而贵德。道之尊,德之贵,夫莫之命而常自然。”无论是以孔子为代表的儒家思想,还是以老子为代表的道家思想,无不以高尚的道德作为他们的至高境界。宋代文人苏辙就曾写道:“辙生好为文,思之至深。以为文者气之所形,然文不可以学而能,气可以养而致。”中华民族更是一个有着优秀传统美德的民族,古往今来流传着无数美好道德故事,影响引领着社会道德风尚。刻苦勤劳、勇于创造、俭约朴素、见义勇为、助人为乐、尊老爱幼等,这些都是中华民族的优秀传统美德。

改革开放,我国经济实现了飞跃式发展,人民生活水平显著提高。然而,由于西方不良文化的侵蚀,忽视道德建设,拜金、享乐、奢靡之风盛行。市场经济条件下,为了追求利益最大化,冷漠、自私、贪婪、欺诈、背信弃义等不道德行为盛行。慷慨、正直、勤俭、自我克制等人性美德被排斥、被贬低。唯利是图、一切向钱看成了社会上相当一些人的人生追求和目标,人们的同情心被慢慢啃噬。认真审视道德发生的一系列变化,信仰缺失、道德滑坡十分严重的问题不能不使人感到忧虑和不安。

“人无德不立,国无德不兴”。做官要有官德,经商要有商德,做人要有品德。在政界,一旦失去了官德,无论多么有政绩,仕途也就走到了尽头;在商界,一旦违背商业道德,无论多么苦心经营的商业王朝,最终都逃脱不掉毁灭的命运;在家庭,一旦失去家庭美德,家庭将难以和谐,幸福就会远离;在社会,一旦没有了道德,将失去做人的根本,而被社会所抛弃。回望过往,那些不遵守道德、践踏道德的行为,无一不付出高昂惨痛的代价。管子曰:“礼义廉耻,国之四维;四维不张,国乃灭亡”。[①] 道德是社会和谐的重要道义基础,如果没有道德,世界上的一切美好事物都将消失;如果道德堕落,一个社会的人际关系就陷入可怕的分崩离析中。历览前贤国与家,皆应管子所言。

人们常说:道德是石,敲出希望之火;道德是火,点燃希望之灯;道德是灯,照亮人生之路;道德是路,引导人们走向灿烂辉煌。因为有了道德,才有了世间的温暖、和谐、美好;因为有了道德,才有了人类赖以生存和发展的基础;因为有了道德,少了厮杀仇恨,多了宽容理解,人类从此繁衍不息。道德,展示了人性最善良最美好最光辉的一面;道德,作为人们最高追求境界,比生命更重要。可以这么说,谁也不希望生活在一个民风败坏,尔虞我诈,人伦无序,道德丧失的环境里。当时代发展到人们交往更加密切更加频繁的当下,更需要一个人人尊崇道德、人人遵守道德、人人维护道德的良好社会生存环境。

道德作为一种社会治理规范,发挥着不可替代的作用,根据时代发展需要,塑造符合时代发展的道德,是社会治理中一个永恒的话题。培育道德、弘扬道德、崇尚道德,注重道德的教化和养成,传承与弘扬优秀传统道德,用美好的道德规范人们的内心与外在行为,是国家治理者、社会管理者的不二选择。

---

① 《管子·牧民》。

古往今来皆崇德

崇德重德、尚德倡德是中华民族的传统，古往今来，概莫能外。即使在我国漫长的封建社会时期，封建统治者为了维护其统治地位，也把道德奉为至上，利用道德规范统治秩序，笼络民心，为其经济基础和上层建筑服务。在改革开放的今天，中央提出了以德治国和依法治国相结合的治国方略，充分说明道德在国家治理中发挥着极其重要的作用。

有德居之，败德失之

我国商代有“六德”：知、仁、圣、义、忠、和。而取代商代统治的西周，则提出了“敬德”的概念，认为周之所以拥有天下，是因为记得祖先敬天积德所致，商代之所以失天下，是因为商纣王逆天失德。周人进一步指出：天命不是永恒的，“天命靡常”，有德则居之，败德者失之。

周公吐哺，天下归心的故事令历代统治者所称道。[1]

西周的开国君主周武王姬发的弟弟周公旦，是一个品性很好的人，被孔子称为圣人。后来周武王去世，儿子成王幼小，尚在襁褓之中。周公怕天下人听说武王死而背叛朝廷，就登位替成王代为处理政务，主持国家大权。管叔和他的诸弟在国中散布流言说：“周公将对成王不利。”周公就告诉太公望、召公奭说：“我之所以不避嫌疑代理国政，是怕天下人背叛周室，没法向我们的先王太王、王季、文王交代。三位先王为天下之业忧

① 参见《史记》卷三十三〈鲁周公世家〉。

劳甚久，现在才刚成功。武王早逝，成王年幼，只是为了完成稳定周朝之大业，我才这样做。”于是终究辅佐成王，而命其子伯禽代自己到鲁国受封。周公告诫伯禽说：“我是文王之子、武王之弟，成王之叔父，在全天下人中我的地位不算低了。但我却洗一次头要三次握起头发，吃一顿饭三次吐出正在咀嚼的食物，起来接待贤士，这样还怕失掉天下贤人。你到鲁国之后，千万不要因有国土而骄慢于人。”

西周在开国君主武王去世、其子周成王年幼的情况下，周公旦不畏流言蜚语，依然担当治国责任，礼贤下士，从而使天下归心，使西周得以稳定发展。成王年长以后，周公又还政于成王，周公的德行被孔子称为圣人。在中国古代，只有才德俱佳的完人才可以被尊为圣人。孔子称周公为圣人，实际上是对周公德行的最高评价。试想，如果在西周开国之初，在成王年幼的情况下，如果没有周公旦不畏流言，依然担负国家治理大任，西周王朝的稳定是不可想象的事情。更为可贵的是，已经掌握国家最高权力的周公，在成王成年以后，毅然还政于成王，不为个人之私，恋栈权位，这是多么崇高的品行。

春秋时期孔子提倡仁、孝、悌、忠、信等道德规范，提倡礼义廉耻的社会伦理风尚，并支配过几千年来封建社会人们的思想和行为。《管子·牧民》载：“国有四维，一维绝则倾，二维绝则危，三维绝则覆，四维绝则灭……何谓四维？一曰礼，二曰义，三曰廉，四曰耻。”儒家从来都认为礼可明贵贱尊卑，义能言行事之宜，廉会别正邪善恶，耻则知羞耻之格，均为立人治国之本。同一时期的子产更是把德提到了一个新高度。子产曰：“德，国之基也。”

子产是中国历史上最早提出以德治国的人。公元前543年，子产任郑国相。在任期间，他提倡国家治理上选贤任能，主张以众为师，以德治国，为此郑国逐渐强盛，百姓安居乐业。子产十分讨厌品德不高之人。鲁襄公三十一年(公元前542年),子产陪同郑伯到晋国访问,晋平公先是推脱身体不适,后又借口急事缠身,没有及时接见。子产觉得晋平公有失国礼,情急之下命令随行人员将驿馆的围墙推倒了,从凹塌之处进去驿馆休息,不走大门。晋平公听说之后大怒,接见郑伯时还一脸不悦,子产却不依不饶,抢白说我们郑伯带着礼物来看望您,东西太多,驿馆的门太小,我们心里着急呀!要是不拆墙,丢了财礼,等于来晋国不给国君您送礼,目中无您,这罪过不是更大吗?听了子产的话,晋平公只好连连道歉。

子产心地仁厚,孔子称赞他:"有仁爱之德,古人遗风,敬事长上,体恤百姓。"当时列国横争侵扰,而郑国能以保持内政稳定,民生安乐,首赖子产辅政有功。子产的这种仁德扩大到了物类,每当有人赠送活鱼给子产,子产从来不忍心以享口腹,而使活生生的鱼受鼎俎烹割痛苦,总是命人把鱼畜养在池塘里,眼见鱼儿优游水中,浮沉其间,子产心胸畅适,不禁感叹地说:"得其所哉,得其所哉!"

到了宋元时期,形成了"孝悌忠信、礼义廉耻"的"八德"。而清人顾炎武云:礼义,治人之大治,廉耻,立人之大节。特别要指出的是,礼义廉耻在社会公德中的作用不可低估,公德中能有礼明义养廉知耻,社会风尚就会提高,国乃能治。现当代学者将中国道德文化的核心理念归纳为忠、孝、和、礼、义、仁、恕、廉、耻、智、节、谦、诚13个方面。这些道德力量不断传承,在新的时代依然灼灼其华。

为政以德,德润民心

孔子曰:"为政以德,譬如北辰。居其所而众星拱之。"这句话的意思是,以道德教化来治理政事,就会像北极星那样,自己居于一定的方位,而群星都会环绕在它的周围。此所谓的得民心者得天下。

在我国历史上，既有夏桀、商纣、隋炀帝等暴君，也有炎帝、黄帝、汉文帝、唐太宗李世民、康熙、乾隆等明君。最高统治者的道德直接关乎国家的命运兴衰，可以说有什么样的君主，就会有什么样的社会，而百姓的命运也与当政者的德性息息相关。隋朝皇帝杨广被称为千古暴君，他横征暴敛，奴役百姓，荒淫无度。其父隋文帝病重，隋文帝的陈夫人上厕所时，当时还是太子的杨广就跟上抱着她，要与她发生性关系，后遭陈夫人严词拒绝，奋力逃脱。杨广的恶行导致天下大乱，农民起义此伏彼起，杨广被部下所杀，隋王朝短命而亡。

汉文帝称得上是以德治国的典范，历史上著名的贤君。吕后死后，太尉周勃与丞相陈平等人平定了“诸吕之乱”，迎立代王刘恒为帝。汉文帝尊崇儒家思想，行施德政。他加恩厚赏，优抚诸侯；重农轻赋，发展生产；与民休息，轻徭薄赋。汉文帝继位第二年，下令免除田租之半，由汉朝初年的“十五税一”改为“三十税一”，甚至有几年干脆完全取消地租。他宽刑简法、体恤苍生、施行德政、宽慈待民，下诏取消最残忍、最无人道的连坐法以及承接秦代的劓、宫、刖等肉刑。他还多次大赦天下，使众多刑徒得以释放或减刑。同时加强教化，以仁德教育吏民。他举贤重谏，以安天下，下诏取消了诽谤、妖言罪，任凭吏民上书极谏。他慎战和亲，稳固边疆。更难能可贵的是勤俭节约，垂范教民。汉文帝是著名的节俭皇帝，他在位 23 年，没有修建宫室苑囿，还经常拆除旧有的苑囿，将土地赐予贫民。有一次他打算装修一座露台，工匠造预算说要花费 100 斤黄金。他听后便说：“百金是十户等人家的财产呀！”马上作罢。他穿的衣服是用厚帛做的，不加纹饰，是黑色的。他平时节省宫廷生活费用，修建陵墓也不用金银贵重物品殉葬，只用些陶器，建筑也尽量省工。他在遗嘱中说，给他送葬不许动用车马，送葬人截的白布孝带不得超过 3 寸。陵墓依山而葬，不准起坟丘，以节省民力。“欲为省，毋烦民”。他关心孤寡，力倡孝悌。文帝即位当年，下诏振贷鳏、寡、孤、独、穷困之人。文帝体恤天下、胸怀万民，纵观中国数千年封建史，像汉文帝这样勤政爱民的帝王还真是为数不多。后景帝继位，父子续力，打造了中国历史上著名的文景之治。[①]

唐太宗李世民，不仅是一个具有雄才大略的人，也是一个善于纳谏的人。[②] 李世民在位 20 多年，进谏的官员不下 35 人。大臣魏征经常给他提意见，多次指出他的过错，一人所谏 200 余事，数十万言。唐太宗贞观时期，政治清明，经济繁荣，社会稳定，文化昌盛，史称“贞观之治”。贞观盛世的出现，有多方面的因素，但与唐太宗的虚怀纳谏之风也是密不可分的。以人为镜，可以正衣冠；以史为镜，可以知兴亡。正是李世民的善于纳谏，善于倾听不同意见，他才听到了真话实话，体察了真实的国情民意，

① 文景之治是指西汉汉文帝、汉景帝时期，采取“轻徭薄赋”“与民休息的政策”，取得了两代 40 年左右的政治稳定、经济生产得到显著发展的“盛世”。

② 唐太宗纳谏发生在唐朝初期，主要人物是唐太宗、魏征以及裴寂，出自《贞观政要》。

采纳了正确的意见建议，避免了许多决策上的失误。善于纳谏，既体现一个人的修养，也体现一个人的谦虚，更体现了一个人的胸怀。

为政以信，权威则立

诚信是立国之基。如果一个国家、政府对民众言而无信，政策朝令夕改，就得不到老百姓的信任，那就会动摇统治的根基。在中华民族的传统道德中，诚信同时也是一种美德。

孔子认为，为政者治理国家，取得老百姓的信任非常重要，他非常强调“信”这一品行。据《论语》记载，弟子问孔子如何治国，孔子说要做到三点：一要“足食”，就是要有足够的粮食；二要“足兵”，有足够的军队；三要得到百姓的信任。弟子问，如果不得已必须去掉一项，去哪一项？孔子回答：“去兵。”弟子又问如果还必须去掉一项，去哪一项？孔子说：“去食。自古皆有死，民无信不立。”可见，在孔子看来，得到百姓的信任比什么都重要。而为治国者取得老百姓的信任，才可以协助统治者使国家得到有效治理。中国古代为官为政者，获得天下大治，非常注重取信于民，非常重视诚信的价值。商鞅变法中的立木取信是一个被广为传颂的故事。当时商鞅变法推出新法令，生怕民众不信任，放了一根木头在城墙南门，贴出告示说如有人将这根木头搬到北门就赏十金，众人皆不信。有一壮士将木头搬到了北门，商鞅如约赏给了他十金。立木取信之后，商鞅的变革法令很快在秦国得以顺利推广，秦国从此变得强大起来。

春秋时期，晋文公因信得到卫国的故事，[①]是一个因为守信使国家强大的生动案例。春秋时期，晋文公攻打原国，只携带着可供十天食用的粮

① 参见《韩非子·外储说左上》，孔子闻而记之曰：“攻原得卫者，信也。”

食,于是和大夫们约定十天为期限,要攻下原国。可是到原国十天了,却没有攻下原国,晋文公便下令敲锣退军,准备收兵回晋国。这时,有战士从原国回来报告说:“再有三天就可以攻下原国了。”这是攻下原国千载难逢的好机会,眼看就要取得胜利了。晋文公身边的群臣也劝谏说:“原国的粮食已经吃完了,兵力也用尽了,请国君再等待一些时日吧!”晋文公语重心长地说:“我跟大夫们约定十天的期限,若不回去,是失去我的信用啊!为了得到原国而失去信用,我办不到。”于是下令撤兵回晋国去了。原国的百姓听说这件事,都说:“有君王像文公这样讲信义的,怎可不归附他呢?”于是原国的百姓纷纷归顺了晋国。卫国的人也听到这个消息,便说:“有君主像文公这样讲信义的,怎可不跟随他呢?”于是向文公投降。晋国攻打原国,却因为晋文公守信,不但得到了原国,也意外得到了卫国的百姓和土地,使晋国更加强大。孔子听说了,就把这件事记载下来,并且评价说:“晋文公攻打原国竟获得了卫国,是因为他能守信啊!”从这个春秋时代的案例中,可以看到晋文公的信用在当时百姓中的强大感召力。

相反的案例也同样可见,周幽王烽火戏诸侯[①]的故事就是最好的注脚。西周最后一个君主是周幽王,这是一个非常残暴而腐败的君主,他有个爱妃名叫褒姒,长得非常美丽。《东周列国志》中有这样一段话来形容褒姒:“目秀眉清,唇红齿白,发挽乌云,指排削玉,有如花如月之容,倾国倾城之貌。”褒妃虽然很美,但是“从未开颜一笑”。为此,周幽王使出了一个赏格:“谁要能叫娘娘一笑,就赏他一千斤金子。”(当时把铜叫金子)于是有人想出了一个点起烽火戏诸侯的办法。一天傍晚,周幽王带着爱妃褒姒登上城楼,命令四下点起烽火。临近的诸侯看到了烽火,以为西戎

① 烽火戏诸侯故事根据:司马迁:《史记·卷四周本纪第四》中的记载改编。

(当时西方的一个部族)来犯,便领兵赶到城下救援。但见灯火辉煌,鼓乐喧天,一打听才知是周幽王为了取乐于娘娘而干的荒唐事儿,各诸侯汗流浃背,狼狈不堪,敢怒不敢言,只好气愤地收兵回营。褒姒见状,果然淡然一笑。但事隔不久,西戎果真来犯,虽然周幽王下令点起了烽火,却无援兵赶到。原来各诸侯以为周幽王又是故伎重演,结果都城被西戎攻下,周幽王也被杀死了,褒姒也被西戎的军队掠走,西周因此而亡。这则案例说明违背诚信将受到严酷的惩罚。

德以劝善,法以诛恶

道德是软约束,是人们内心的法;法是硬约束,是最基本的道德。也即法律是成文的道德,道德是内心的法律。善治天下者,必将二者功能互补,相辅相成。

我国著名思想家孔子说过:“道之以政,齐之以刑,民免而无耻;道之以德,齐之以礼,有耻且格。”意思是说,只是用政治去束缚人们的行为,用法律去惩罚人们的不法行为,老百姓可以做到不犯罪,但是人们没有羞耻之心,不知道犯罪是可耻的,没有道德觉悟。因此,在法律约束不到的地方,人们仍然会犯罪。只有用道德来感化教育老百姓,用道德规范来约束人们的行为,使老百姓有了羞耻之心,有了道德觉悟,老百姓就能在心中认识到哪些是该做的,哪些是不该做的。孔子的这一思想,不可否认具有合理之处,应当为我们所借鉴。法律是强制性的,并依靠一些强制手段发挥作用,而当这些强制手段不能加到行为者身上的时候,有些人就有可能去做一些坏事。道德主要靠人们的内心信念和社会舆论来维持,靠良心和自己的善恶观念来评价一切事务。而社会舆论,其实是其他人的意志、情感的表现。道德的作用实际上在利用情感、意志、良心来发挥作用。西方的伦理学家也往往把道德看作内心的法,把法律看作外在的法。法律是外在加给人的一种规定,而道德是自己给自己规定的规则。强调道德就意味着从他律走向自律,从被迫服从到自愿服从,只有这样才可以更好地促进社会的进步。道德作为内心的法,是主体自己给自己的立法,主体既是立法者,又是执法者,同时也可能是违法者。主体根据自己的内心信念评价自己,制裁自己,不断地通过提高自身的道德水平规定自己的行为。从这个意义上讲,道德在法律无法发挥作用的地方,发挥着自己独特的作用。苏格拉底是古希腊伟大的哲学家①,苏格拉底之死是古希腊历史上的一个悲剧事件。然而,这一事件,苏格拉底展现了一种作为古希腊雅典城

① 苏格拉底(公元前469~399年)古希腊著名的思想家、哲学家、教育家、公民陪审员,被后人广泛认为是西方哲学的奠基者。

邦公民高尚的守法精神。在受恶与作恶之间,苏格拉底宁愿选择受恶也不作恶,展现了一种圣人般的思想境界,展现了一种伟大的公民道德理念。

道德意识中的善恶意识、爱憎意识、荣辱意识、德福意识、生死意识等一系列价值评判标准,可以为法律的制定提供指导,从而使法律更具有道德意义,更好地发挥法律的教育作用。良好的道德意识是实现社会治理的“良治”状态。历史上最有盛名的明代清官海瑞①,也是从道德伦理的角度出发来进行案例判决的。海瑞在总结断案经验时,提出了著名的“海瑞定理”:“窃谓凡讼之可疑者,与其屈兄,宁屈其弟;与其屈叔伯,宁屈其侄;与其屈贫民,宁屈富民;与其屈愚直,宁屈刁顽。”作为判决诉讼的官员,自然应该按照以事实为依据,以法律为准绳判决案件。但是,有时候证据不足,法律缺失,在古代通信不发达的情况下,很难召集大家集思广益,以民主的方式解决。海瑞认为,在这种情况下,应当偏向“兄长、叔伯、贫穷和愚直”的人,即使这样做有可能使弟弟、子侄、富人和刁顽之人受到冤屈。在海瑞看来,这样做是符合儒家道德的,能够维护社会的正义。海瑞还认为:“事在争产业,与其屈小民,宁屈乡宦,以救弊也。事在争言貌,与其屈乡宦,宁屈小民,以存体也。”在海瑞看来,有功名的人和普通百姓争夺财产,要偏向普通老百姓,还是因为为富不仁者比比有之,要保护老百姓的财产不被有权有势的人夺走。但是有功名的人和普通老百姓贵贱有别,所以小民和乡宦打名誉权官司,要偏向乡宦。由此可见,海瑞显然是从封建社会的正义观出发来进行诉讼审理的。但是海瑞也说过,“若乡宦擅作威福,打缚小民,又不可以存体论”,从而有利于保护普通百姓的合法权益。海瑞创造性的提出的六种差别对待原则,是因为他坚决反对

① 海瑞(1514~1587年)明代著名政治家。其一生居官清廉,刚直不阿。关于他的传说,民间广为流传。有长篇公案小说《海公大红袍》《海公小红袍》,戏剧《海瑞》《海瑞罢官》等。

“和稀泥”，认为所有案件，不论事情大小，都必须有是非曲直依法处理。

以往的官员在遇到案情难以审理的时候，往往让被告承担六成责任，也让原告承担四成责任，“使二人曲直不甚相远，可免激愤再讼”。海瑞认为这样做是懒政，反而会增加“刁民告刁状”的现象。而“君子之于天下曲曲直直，自有正理”，只有遵守儒家道德规范，才能符合正义，使人民各按其所，社会秩序得以稳定。中国古代曾经有丰富的以德治国的经验，即使在现代社会倡导依法治国的背景下，也应该合理吸取过去以德治国的有益经验，提高社会治理的效力。

人人都要遵守的社会公德

社会公德是一个国家、一个民族或者一个群体，在历史长河中、在社会实践活动中积淀下来的道德准则、文化观念和思想传统,它包括文明礼貌、助人为乐、爱护公物、保护环境、遵纪守法等。社会公德作为一种无形的力量,约束着人们的行为。社会公德作为人类社会生活中最起码、最简单的行为准则,是和广大人民群众的切身利益密切相关的,是适应社会和人的需要而产生的,它对人们的社会生活具有特殊且广泛的社会作用。每个社会成员都应该自觉遵守社会公德,只有遵守社会公德的人,才会被人们所尊重。

你不文明人何以文明

待之以礼,和为贵。中华民族素有“礼仪之邦”的美誉,古代有着种种繁复的礼节,如三跪九叩、三跪八拜,叩首、作揖。两人相见,一面打拱,一面作揖,一面出声致敬,唱喏:兄台一向可好?真乃谦谦君子。

清廷派驻台湾的首任巡抚刘铭传,是建设台湾的大功臣,台湾的第一条铁路便是在他的督促下修建的。刘铭传被任用,有一则发人深省的小故事:当李鸿章将刘铭传推荐给曾国藩时,还一起推荐了另外两个书生。曾国藩为了测验他们三人中谁的品格最好,便故意约他们在某个时间到曾府去面谈。可是到了约定的时刻,曾国藩故意不出面,让他们在客厅中等候,暗中却仔细观察他们的态度。只见其他两位都显得很不耐烦似的,不停地抱怨;只有刘铭传一个人安安静静、心平气和地欣赏墙上的字画。后来曾国藩考问他们客厅中的字画,只有刘铭传一人答得出来。结果刘铭传被推荐为台湾总督。从这则故事里,我们看到的不仅是刘铭传的耐性,更看到其个人的涵养。

反观现实社会,存在许多不文明现象,社会散发着一种戾气。如说脏话粗话,损坏公物,公交车上不给老幼、孕妇让座,办事不排队,驾车插队、走应急车道、公交道,“路怒”,事情稍不如意,本是鸡毛蒜皮之事,动辄破口大骂,甚者拳脚相加。杭州市两男子因为让座大打出手。公交车上,一年老男子要小伙子让座,小伙子没让,年老男子说小伙子没素质,小伙子说要搞死那个年老男子,随即动起拳脚。武汉市一名小伙子乘坐公交车,因为没给两个太婆让座,遭太婆包子砸身。郑州一女孩因未给一名老人让座,被对方拽住头发暴打。2015 年 5 月某日,四川一男子因一女子别了自己的车,该男子开车追上去将该女子的车逼停,从车内将该女子拽出,当街殴打,此事在网上炒得沸沸扬扬。

在这里想说的是,我们的媒体本是文明的传播者、倡导者,然而,有的媒体不仅没有尽到职责,反而为不文明不礼貌的行为推波助澜。网络乱象丛生自不必说,各种粗俗、暴力语言如“SB”“撕逼”“TMD”充斥其间。网上的“软色情”也毁灭着人们的“三观”,打开门户网站,里面会有各式各样衣着暴露的美女图片和视频,网站为了提高点击率,不惜摧毁中华民族的根基。我们的一些传统媒体,为追逐利益也不惜出卖灵魂与原则,一些市区县级广播电台到了夜里,把频道租给广告商,连续不断地播放各种低俗广告,黑电台更是肆无忌惮、不知羞耻的夜夜播放治疗性病的低俗、露骨、下流的广告。有的电视台打着法制的旗号,播送一起起凶杀案件,为了抓人眼球,暴露血淋淋的镜头和犯罪细节。某省卫视一档综艺节目,打着服务大众的旗号,什么话题都敢说,如“劈腿”“处女”“闷骚”,主持人津津乐道,嘉宾津津乐道,现场观众遥相呼应,真乃一场低俗的“饕餮盛宴”。

社会公共生活中,人与人应该和谐相处,举止文明以礼相待,而不是满嘴脏话、欺骗他人、拳脚相向,这是做人处世的最起码要求。孟子曰:“人不可以无耻。无耻之耻,无耻矣。”意思是人不可以没有羞耻,不知羞耻的那种羞耻,真是不知耻呀!

你不助人人何以助你

俗话说,一个篱笆三个桩,一个好汉三个帮。你我都是社会中人,都是在公共生活中,社会需要温暖、温情,人与人之间离不开团结友爱、相互关心、相互帮助。爱人者人恒爱之,信人者人恒信之。人人为我,我为人人。现实生活中谁都不可能事事顺心,难免会遇到这样那样的困难和问题,总需要别人帮助。在别人需要帮助的时候你伸出友爱之手,也就是为自己伸出友爱之手。然而,现实生活却令人难以满意:人与人之间缺少真情,自私、冷漠的行为正在伤害着我们赖以生存的社会。

也许我们还记得小悦悦事件。[①] 2011 年 10 月 13 日下午 5 时 30 分,一出惨剧发生在佛山南海黄岐广佛五金城:年仅两岁的女童小悦悦走在巷子里,被一辆面包车两次碾压,几分钟后又被一小货柜车碾过。让人难

① 参见搜狗等的"小悦悦事件。"

以置信的是,事件发生后,在女童身边经过的 18 个路人,都选择离开。最后,一位拾荒的阿姨陈贤妹把小悦悦抱到路边并找到她的妈妈。2011 年 10 月 21 日,小悦悦经医院全力抢救无效离世。

拾荒阿姨陈贤妹救人的过程,恰好被事发地旁边一间劳保店的视频监控记录,这段视频还包括在陈姨之前路过的 18 个人。陈姨并不知道,她是第 19 个路人,前面 18 个人,或是视而不见,或是看两眼然后离开。

一个两岁的可爱的生命,在车轮下的两次辗压下,在 18 位路人的冷漠下,花朵瞬间枯萎,小悦悦倒在了冰冷的世界里。肇事司机逃逸,路人视而不见,这一切令我们愤慨与震惊,冰冷与无助。荀子曰:“水火有气而无生,草木有生而无知,禽兽有知而无义,人有气、有生、有知,亦且有义,故最为天下贵也。”我们是人,我们有情有义,我们“最为天下贵”,但有人做的事却真的无情少义。小悦悦事件反映了一种有代表性的现象,那就是对他人普遍冷漠的心理,这种心理折射出当今社会的悲哀。

2014 年春晚有一个小品《扶不扶》被网友热议,该小品备受热议,不仅仅是因为它幽默风趣,更重要的是它针砭时弊、直指国民心声的意义,小品中的“人倒了还可以扶起来,人心倒了可就扶不起来了”的台词直指社会热点、痛点。就在小品播出后的第五天,山东省烟台市就发生了一起现实版的“扶不扶”:当地民警用实际行动回答“人倒了,必须得扶”,但被扶老人苏醒后的第一句话却是“小伙子,你怎么撞我”。无独有偶,2014 年 1 月中旬,广东省河源市东源县漳溪乡村民吴某某自杀了,其原因是他坚持自己做好事扶起了一位摔倒的老人,而老人和家属则坚持他是肇事者。有关报道称他用自杀以证清白。2013 年 6 月 15 日,四川某地一 65 岁的老人摔倒在地。正在楼下玩耍的 3 个 9 岁的孩子听到喊声,马上跑上去扶她,没想到刚扶着老人的胳膊,老人一下就手抓住其中的一位小朋友,称她被 3 个孩子打闹撞倒摔伤。随后,当地派出所对“三小孩扶起摔倒老太,反被诬陷索赔”一事进行了全面调查。经查,伤者蒋某某系自己摔倒,并不是三个小孩推倒。该市公安分局根据《治安管理处罚法》规定,对蒋某某给予行政拘留7日的处罚。曾几何时,连孩子都会怀着一颗爱心送迷路的老人回家;现如今,这种美好风尚却难觅踪迹了。

倒地的老人不敢扶,倒地的老人扶不起。正如有些人所言,不是咱没良心,是现实教育咱要慎用良心,当你扶老人起来的时候,你有可能落入一个纠缠不清的尴尬境地。更让人心寒和气愤的是,马路上还出现了以讹诈钱财为目的“碰瓷”行为。令人担忧的社会现象,给人们的道德底线重重一击,挑战着我们脆弱的神经。不禁有人问:现在的国人怎么越来越没有人情味了?人们的道德素质为何退化到如此地步?

你不见义勇为谁为你见义勇为

子曰:“见义不为,无勇也。”(《论语·为政》)意思是,见到应该挺身而出的事情，却袖手旁观，就是怯懦。孔子非常推崇见义勇为。见义勇为、匡扶正义、惩恶扬善、扶危济困，是中华民族的传统美德。尽管现实生活中有“见义不为”者，有冷漠看客者，有见死不救者，但谁也不能否认见义勇为的道德含金量，见义勇为仍然为社会所推崇，它是全社会褒扬和崇尚的高尚行为，我们要坚持见义勇为，大力弘扬见义勇为的崇高精神。

读过《水浒传》的人应该还记得“鲁提辖拳打镇关西”一节。好汉鲁达鲁提辖，听说当地有个外号叫“镇关西”的人欺负民女金翠莲，一怒之下便三拳打死了郑屠户“镇关西”。“鲁提辖拳打镇关西”的故事发生在封建社会，那是一种大侠似的见义勇为。

中华人民共和国成立后，国家大力提倡见义勇为，见义勇为被人民群众所颂扬。例如，20 世纪 60 年代刘英俊舍身拦惊马的故事被写进了小学课本，刘英俊也成为人们心目中的英雄。1966 年 3 月 15 日，刘英俊所在炮连到佳木斯市郊外执行训练任务，途中，一辆炮车辕马被汽车喇叭震惊,冲向人群,在炮车前面不远处的6名儿童,被飞奔而来的惊马吓得不知所措,生命受到威胁。在这危急时刻。刘英俊不顾个人安危,用力将缰绳缠在胳膊上向后猛力一拉,趁惊马前蹄腾空而起的瞬间,他使尽全身力气踢向惊马的后腿,惊马倒地,6名儿童安然脱险,他却被压在翻倒的车下。由于伤势过重,年仅21岁的刘英俊经抢救无效英勇牺牲。80年代辞职当服装个体户的夏爱民在一次乘长途车供货,车上遇到歹徒持刀抢劫一位姑娘,当歹徒的刀砍向姑娘的时候,夏爱民挺身而出,从脚下工具箱中拿出撬毛棍与歹徒搏斗,夏爱民受伤,但他不顾疼痛,死命抵住歹徒,保护了这位姑娘和车上的60多名乘客。从1993年至今,他18次见义勇为,抓获6名歹徒。5次跳入水中,救了5个人,保护群众财产160余万元,被当地人誉为“见义勇为”专业户。1993年8月,济南军区某部战士徐洪刚探亲期满乘车返队,在车上遇到几个歹徒调戏一个女青年,肆无忌惮地耍流氓。此时的徐洪刚毫不犹豫上前制止,被歹徒连刺多刀,他顽强地追赶歹徒,被授予英雄称号。2007年11月30日,刚刚完成训练任务回到部队的孟祥斌,与临时来队探亲的妻子和3岁的女儿,利用休息时间前往市区购物。途经一座桥时,一位年轻女子从10多米高的桥上跳入江中。孟祥斌没有犹豫,他迅速脱掉上衣外套和鞋子,跃上桥栏纵身跳入冰冷的江中,抢救落水女子。落水女子得救了,孟祥斌却因江宽水凉,体力不支沉入江中,献出了28岁的年轻生命。2016年12月10日,河北张家口一辆银灰色帕萨特轿车撞上拉煤的半挂车,轿车瞬间起火,车上人员受困生死未卜。危急时刻,驾车相向而行的冀超、秦海军、邢建明三位“90后”当即下车,冒着生命危险两度钻入燃烧的车中救人,当他们刚刚救出车上的人,着火的轿车便发生爆炸……

见义勇为是指为保护国家、集体利益或者他人的人身、财产安全,不顾个人安危,与正在发生的违法犯罪作斗争或者抢险救灾的行为。见义勇为的精神价值是不可估量的,其社会影响力、维护社会正义和社会安定的价值是不可估量的,其提高整个国民的道德素质和促进社会风气进步的价值是不可估量的。见义勇为的潜在价值已远远超出了其表面的现实价值,所起到的社会影响力和对社会的贡献,又是任何实物价值无法比拟的。在我们的社会中,见义勇为的事迹层出不穷,见义勇为的英雄代代辈出。中华人民共和国成立以来,每个时代都涌现出大批见义勇为的英雄,这些英雄为社会增添了温暖亮色,成为社会道德建设的脊梁。正是有了见义勇为,正是有了见义勇为的英雄群体,我们这个社会才变得那么温暖、温情、美好。

然而,现在也有一些人自己不见义勇为,还嘲笑见义勇为的人傻,在需要挺身而出、需要见义勇为的时候,抱着“各人自扫门前雪,莫管他人瓦上霜”的看客心理冷眼旁观。更有一些人对见义勇为提出质疑,甚至出现了“英雄流血又流泪”的事件,让人们感到痛心。媒体上公布的少数人麻木不仁、见义不为、见死不救的现象,都与道德失范、良知缺失,是非、善恶、美丑界限混淆有很大关系。匡扶正义、见义勇为,是中华民族传统美德,是激励人们与邪恶作斗争的精神支柱。你不见义勇为,谁为你见义勇为!社会是一个联合体,只有相互搀扶、相互为善,遇到国家财产、他人生命财产受到威胁时挺身而出、见义勇为,我们才有危难时刻的安全与保障。

你不能违反道德更不能违反法律

遵守法律是公民必备的道德品质,是现代社会生活对公民的基本要求。遵守法律,是指对国家法律法规的遵守。无规矩不能成方圆。我们每个社会成员从事任何活动,都必须以国家法律为依据,符合国家法律的基本要求，在法律允许的范围内进行。现实社会中，却总有一些利欲熏心的人，不顾道德的约束甚至法律的威慑，做出见利忘义、只顾个人发财不管别人死活的事情。

食品安全是老百姓最为关注的问题，也是国家十分重视的问题。食品安全就是生活安全、健康安全、生命安全，它与人们的幸福紧密相关。然而，有毒有害食品却无处不在，餐桌成了危机四伏、提心吊胆、心惊肉跳之地。据报道，在我国市场上查出数量不菲的“毒大米”，根据“毒大米”样本检验结果，所抽检样本的黄曲霉毒素 B1 的含量均严重超标。毒大米曾经一天毒倒 500 人。2012 年，在公安部的统一指挥下，浙江、山东、河南等地公安部门，首次全环节破获一起特大利用地沟油制售食用油系列案，摧毁了涉及 14 个省的地沟油犯罪网络，捣毁多个制黑窝点，抓获嫌疑人 32 名，查获地沟油 100 吨。这个被冠以“首次”地沟油大案的破获，宣告了“地沟油”流向餐桌的传闻得到证实。地沟油一般是从排污水道里提炼出来的，也有炼制烂动物肉及烂的动物内脏得到的。地沟油中含有砷、铅以及各种各样的洗涤剂和化学清洗物质，有毒微生物数以万计。来源于酒店餐馆排污道里的地沟油，极易导致脏器的病变，肠道、胃、肝脏、不孕不育、痴呆病等都与毒食品有着直接的关系。大家知道，粉条是用红薯或者土豆等淀粉做的，而市场上有些粉条竟全都是用工业原料做的毒粉条。据山东卫视生活频道报道，在山东某地一制假窝点，不法分子用六偏磷酸钠、海藻酸钠等三种化学工业原料制作毒粉条，这些全部用工业原料生产的毒粉条剧毒甲醛超标 400 多倍，工业重金属超标 200 多倍，这样的毒粉条你还敢吃吗？俗话说，“民以食为天”，连吃的都不能放心，我们还对什么放心？

要说受害最普遍的，当属触目惊心的电信网络诈骗。2016 年 8 月 19 日，即将进入大学就读的山东学生徐玉玉被骗子骗走 9900 元学费，在和父亲报警回去的路上，徐玉玉突然心脏骤停，经医院抢救无效死亡。同一天，揭阳市刚刚考上大学的学生蔡某妍，被电信诈骗9800元，蔡某妍留下遗书后离家出走，8月29日，公安机关在海边发现其尸体。同年8月23日凌晨，山东理工大学大二学生宋振宁遭遇电信诈骗后，心脏骤停，不幸离世。据报道，2015年全国电信诈骗发案59万余起，涉案金额222亿元。当今骗子无孔不入，无处不在，骗局频出，诈骗已经到了无耻、猖獗、疯狂的地步。每一个诈骗就是一个圈套、一个陷阱、一次恶行，想想，我们恐怕没有几人没被骗过的。他们骗老人、骗病人，骗孩子，骗养老钱、学费钱、血汗钱，甚至骗走了救命钱。骗子的行为实在令人可恨、可气、可恶。在他们那里，骗钱是硬道理，哪里还有一点点道德良心。人心不古，道德不存。诈骗，不仅仅是道德层面的问题，更是犯罪行为。

改革开放，国门洞开，一时泥沙俱下，各种丑恶现象及犯罪行为层出不穷，曾经一度绝迹的黄、赌、毒死灰复燃，不仅麻痹了人们的肉体，也麻痹了人们的精神和灵魂。在金钱的驱使诱惑下，抢劫银行、拐卖妇女儿

童、绑架勒索等犯罪行为屡屡发生。更为疯狂、胆大妄为的是，有的犯罪嫌疑人竟然当街抢走儿童。据报道，2016 年 12 月 11 日，南安市公安局接到报警，称当日下午其未满 3 个月大的儿子，在该市步行街被两名骑摩托车的男子抢走。

国无法不治，民无法不立。法律是对公民行为的必要约束及规范，是对道德的补充。自觉遵守法律法规，是社会公德最基本的要求。每个社会成员既要遵守国家颁布的法律法规，也要遵守特定公共场所的有关规定。只有依照法律法规行事，才不妨碍他人的正常活动，才不会给社会和他人造成损失和伤害，也保障自己所要从事的活动。遵纪守法反映了人们的共同要求，体现了人们共同的利益。每个社会成员都应自觉提高法律意识、增强法治观念，自觉用法律来指导和约束自己的行为，自觉履行法律规定的义务，真正做到知法懂法，遵法守法。

成就事业的职业道德

职业道德是人们在职业生活中应遵循的基本道德，即一般社会道德在职业生活中的具体体现，是同人们的职业活动紧密联系的符合职业特点所要求的道德准则、道德情操与道德品质的总和。它既是对本职人员在职业活动中的行为标准和要求，同时又是职业对社会所负的道德责任与义务，它通过公约、守则等对职业生活中的某些方面加以规范。社会上有多少行业，就有多少种职业道德，都具有自身职业的特征和色彩。但无论哪些职业，又有许多基本相通的道德规范要求，现代职业道德的要求就是：爱岗敬业，诚实守信，办事公道，服务群众，奉献社会。

爱岗敬业是本分

爱岗敬业是对人们工作态度的一种普遍要求，在任何部门、任何岗位工作的公民，都应爱岗敬业，从这个意义上说，爱岗敬业是社会公德中一个最普遍、最重要的要求。爱岗，就是热爱自己的本职工作，能够为做好本职工作尽心尽力；敬业，就是要用一种恭敬严肃的态度来对待自己的职业，即对自己的工作要专心、认真、负责任。爱岗与敬业是相辅相成、相互支持的，要达到爱岗敬业的职业道德要求，首先要有献身事业的思想意识。人是为生活而工作的，也是为工作而生活的，应当把自己的职业当成一种事业来看待。献身于事业就是要把自己的才华、能力以至于生命都投入到事业当中去，认认真真、毫不马虎，只有具备这样的思想意识，才能以从事本职工作为快乐。

北京儿童医院超声科主任贾立群[①]，就是一位爱岗敬业的典型。这位从知青走出来的 B 超医生，练就了一双 B 超诊断的火眼金睛，养成了在 B 超检查时绝不放过任何细小环节的工作习惯，打造了“贾立群 B 超”品牌，被称为 B 超神探。他曾用 B 超引导手术刀，切除了患儿隐藏在囊头后面被囊头包裹着的肠子上豆粒大的囊肿；他曾用 B 超寻找到了那个被婴儿头大的畸胎瘤挤压成扁片并移位右肾的肾脏，挽救患儿于垂危之中；他曾为两个月大的双胞胎婴儿用 B 超找到了恶性肿瘤肝转移原发瘤，这种情况在中国仅此一例，世界上也非常罕见；他用 B 超发现了儿童食用的掺了三聚氰胺的“三鹿奶粉”，成为卫生部奶粉筛查专家组成员，负责制定全国 B 超检查诊断和鉴别诊断标准……他不仅技艺高超更有敬业

---

① 参见《B 超“神探”贾立群》，载《中国青年报》2014 年 7 月 30 日，第 6 版。

精神，为减少患儿等候时间，带领团队加班加点，将预约时间从 2 个月缩短为 2 天。30 多年来始终信守“24 小时随叫随到”的承诺，逐渐养成了不吃午饭的习惯，把吃午饭和午休的一个半小时挤出来多检查几名患儿。为了谢绝患儿家长的馈赠，他索性将白大褂兜口缝死，赢得了“缝兜大夫”的美誉。从医 39 年，接诊 30 多万名患儿，无一漏诊误诊，确诊 7 万多例患儿的疑难疾病，挽救了 2000 多名急危重症患儿的生命。

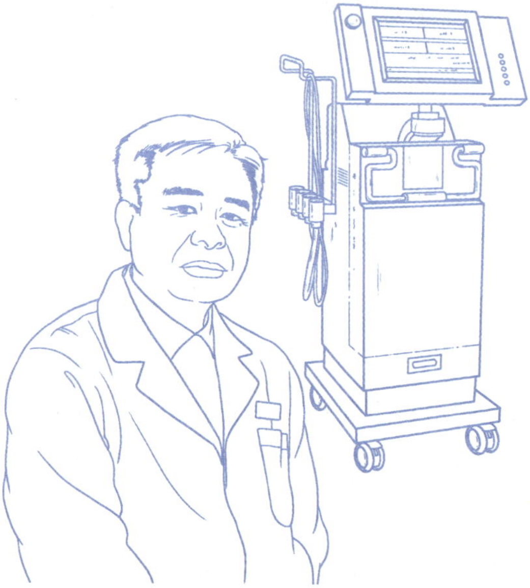

爱岗敬业，还要有一种“干一行、爱一行”的精神。只有“干一行、爱一行”，才能认认真真“钻一行”，才能专心致志搞好工作，出成绩、出效益。随着市场经济的完善和人才的相对饱和，用人单位会倾向于选择那些踏踏实实工作，有良好工作态度的人。所以，“干一行、爱一行”在今天仍有特别重要的意义。中航工业沈阳飞机工业集团有限公司董事长、总经理罗阳，用坚守 30 年的航空报国理念，执着于航天事业。前 20 年潜心设计研发飞机，后 10 年指挥制造生产飞机，以毕生的智慧和心血，一次次托举共和国战鹰完美升空，用生命圆了中国人心中的航空强国梦。

爱岗敬业,还要有一种敢于牺牲的精神。浙江省杭州长运运输集团公司驾驶员吴斌,行车途中被迎面飞来的制动毂残片砸碎前窗玻璃后,刺入腹部致肝脏破裂突遭重创。他强忍疼痛将车停稳,用短短 76 秒的时间挽救了车上 24 名乘客的生命安全,自己却付出了宝贵的生命。他用自己的生命践行了“一切为了顾客”“诚信、爱岗、敬业”和忠于职守的职业道德观,被人们誉为“最美司机”。

诚实守信是品质

诚实,就是忠诚正直,言行一致,表里如一。守信,就是遵守诺言、不虚伪欺诈。“言必信,行必果”“一言既出,驷马难追”这些流传了千百年的古训,都形象地表达了中华民族诚实守信的品质。诚实守信,是为人处世的基本准则,是一个人在社会生活中安身立命之根本。诚实守信是对工作的信仰,对岗位的负责,对职业的操守。诚实守信体现在一个职业人身上,就是一个忠字,即对工作的忠诚,对服务对象的忠诚,对上级领导的忠诚。一个不负责任、玩忽职守、敷衍塞责,对自己从事的工作不忠诚不守信的人,是难以赢得领导、客户以及社会的信任的,也很难干好工作完成好任务,最终还可能丢掉自己的饭碗。

孔子就提倡“忠”,他的短短一本《论语》,就有 18 处提到“忠”字,尽管在各处对“忠”字的释义有不同,但一个中心思想是对事、对人,尤其是对上级所指使的事或工作竭心尽力。孔子的弟子曾子“每日三省吾身”,第一件事就是反省自己“为人谋而不忠乎?”在“忠”字的培育下,历代涌现出多少尽忠报国、尽忠为人的可歌可泣的英烈仁人。如果我们去除其中单纯忠于皇帝的消极成分,那么,忠于他人、忠于工作的思想精华,是今日职业道德需要大力弘扬的。

曾经引起轰动的张高平叔侄“强奸致死案”，[1]书写了一个检察官对检察工作的忠诚，对案件事实的忠诚，对法律信仰的忠诚。2003 年 5 月 18 日晚，搭乘张高平和侄子张辉的货车去杭州的 17 岁女孩王某被害，警方认定这起案件系张高平和张辉所为。次年两人以强奸罪分别被判处死刑、无期徒刑，半年后终审改判张辉死缓、张高平有期徒刑 15 年。然而，到了新疆石河子监狱服刑的张高平却坚称自己无罪。张高平的案子引起了驻监狱检察官张飚的注意，在与张高平的谈话中，他发现这起叔侄“强奸致死案”疑点重重，随后张飚开始了为张高平长达 5 年的申诉。经过张飚的不懈努力，叔侄“强奸致死案”得以平反，真正的凶手被发现，张高平、张辉被法院宣告无罪。张飚坚持依法办案，被人们称赞为尽职尽责、为人低调、有良心的优秀检察官。

新疆无手老师马复兴，[2]1981 年被村党支部书记举荐到下麻尔村小学当民办教师，在三尺讲台上整整干了 27 年，用常人数倍的努力，培养了一批又一批学生，还先后使 200 多名逃学、流失的学生重返校园。一个失去双手的老师，书写了一个大大的“拼”字，这个“拼”字，不仅仅包含马复兴的一份感激，更有他对教育事业的忠诚，对孩子们的责任与爱。

诚实守信也是一个企业行为的基本准则。企业若不诚实守信，它的经营则难以持久。诚实守信四个字说起来容易，做起来不易，在企业经营活动中，仍存在大量“不诚不信”的现象，一些人在私利的驱动下，缺斤少两、坑蒙拐骗、偷工减料、假冒伪劣、不讲信誉、不履行合同、坑害消费者。众所周知的三鹿奶粉事件，就是不守诚信，坑害消费者的典型案例。三鹿

---

① 参见百度百科“浙江叔侄奸杀冤案”及“张飚检察官”，载 https://baike.so.com/doc/5364911-5600537.html，最后访问日期：2017 年 9 月 27 日。

② 参见“马复兴同志事迹，”载 http://blog.sina.com.cn/s/blog-14a96f35e0102vivp.html，最后访问日期：2017 年 9 月 27 日。

集团是一家中外合资企业,其前身是1956年2月16日成立的“幸福乳业生产合作社”。三鹿集团一度是中国最大的奶粉制造商之一,其奶粉产销量连续15年全国第一。然而,因为三聚氰胺污染事件,三鹿集团破产,一个有着几十年历史的知名企业从此灰飞烟灭,令人扼腕叹息。有这么一个段子:一辆失控的劳斯莱斯豪车,不慎撞飞了路边一大爷手里的编织袋。司机忙下车道歉:“大爷,对不起啊,刚才车失控了,您没事吧,用不用去医院?”大爷说:“我没事,可我的编织袋……”司机说:“大爷放心,我赔你,里边装的啥?”大爷:“你恐怕赔不起,我这是‘青岛大虾’。”这个段子是讽刺当时青岛大虾事件的。除了天价虾,还有“天价鱼”“天价螃蟹”“天价面条”……不一而足,这样的不诚信企业的结果是毁掉了声誉,毁掉了营生,最后关门倒闭。

讲究诚信,规矩做事是企业立足之本。规规矩矩酿酒的哈尔滨啤酒集团,以“老老实实做人,规规矩矩酿酒”的“训诫”,靠诚信走过了百年风雨。哈啤集团内部经常听到的一句话就是:竞争对手不可怕,可怕的是对顾客失去诚信。哈尔滨啤酒集团执行主席李文涛说:“历史告诉我们,要做长寿企业,必须讲求诚信。因为,市场经济是法制经济,是信用经济。只有遵循这一规则,企业才能永续经营。”著名的英国劳斯莱斯公司,因为一根断裂的车轴,让工作人员乘坐飞机,为在法国游玩的车主换上一根新的车轴,并一再向顾客道歉。当车主夫妇专程去伦敦向公司支付修理费时,公司负责人说:“我们的车轴折断是创业以来的第一次,我们应该向你们更换一根永远不会折断的车轴。”因为劳斯莱斯珍爱信誉,才能屹立百年不倒,成为大多数人梦想中追求的极品车。

《说文解字》曰:“诚,信也”;“信,诚也”。诚,从言,成声;信,从人,从言。“诚”和“信”本义都是指真心诚意,即诚实守信。一个信字,在《论语》中用了38次,其中心意思是诚实不欺,讲究信任与信用。曾子每日反省的第二件事就是“与朋友交，而不信乎（同朋友往来诚实无欺吗）？”自《周礼》以来，就把“朋友有信”作为五伦道德准则之一。孔儒之学也一直把“信”作为当领导的、当士兵的、当老百姓的一条重要的做人做事的道德准则。孔子云：“上好信，则民莫敢不用情。”子贡问孔子怎样可以称得上士，孔子回答中有一条曰：“言必信，行必果。”所以，我国自古以来一直将诚实守信作为个人在从事当政、脑力工作及其他职业（包括做买卖的）活动的一条道德规范。在社会主义市场经济条件下，更要讲诚实守信用，这是社会主义职业道德规范、社会精神文明的一个重要方面，也是市场经济规律必然的反映和要求。要在市场经济活动中永远立于不败之地，就一定要坚持信誉第一。正所谓“诚招天下客，信纳万家财”。诚实守信才能立业，诚实守信也才能立人，它既是做人之道，也是成功之道。

办事公道是原则

办事公道是很多行业、岗位必须遵守的职业道德，其含义是以国家法律、法规、各种纪律、规章以及公共道德准则为标准，秉公办事，公平、公正地处理问题。其主要内容有：秉公执法，不徇私情，坚持法律面前人人平等的原则，正确处理执法中的各种问题；在体育比赛和劳动竞赛的裁决中，提倡公平竞争，不偏袒，无私心，作出公平、公正的裁决；在政府公务活动中对群众一视同仁，无论职位高低、关系亲疏，一律以同志态度热情服务，一律照章办事，不拉关系、走后门；在服务行业的工作中做到诚信无欺、买卖公平，称平尺足，不以劣充优、以次充好，同时对顾客一视同仁，不以貌取人，不以年龄取人等。

据说，在古罗马军队中，士兵每天定量得到一块面包充当全天的口粮。一开始，切割面包与分配面包的任务是由长官一人担任，于是长官往往切割下最大的一块留给自己,然后按关系亲疏决定切割下面包的大小进行分配,由于分配不公平造成军队内部矛盾甚至内讧的事不少。为了防止因争夺食物产生的争斗,罗马人很快找到了一个极好的规章:当两个士兵拿到了一块面包后,规则要求一个士兵来分割,而另一个士兵首先出来选择属于他的一半。在这种规则下,分割面包的士兵出于自利,只能最大限度地追求平均分配。还有一则叫"所罗门的智慧"的故事。有两个妇人争夺一个孩子,让当时以色列国王所罗门来裁决。所罗门说:"既然你们都说孩子是自己的,然而你们都没有足够的证据证明孩子是自己的,那么就将孩子劈成两半,你们一人一半不就公平了吗。"所罗门的话是严肃的,此时,所罗门的手下要执行所罗门的命令,其中一个妇人同意这个分法,认为所罗门英明;而另一个妇人大哭,说:"亲爱的所罗门,我不要孩子了,整个归她吧。"此时所罗门对那个大哭的妇人说:"你才是孩子的母亲。母亲爱孩子是天性,宁愿不要孩子,也不要孩子死啊。"所罗门命令手下把那个争孩子的假母亲抓了起来,重重惩罚。

办事公道、追求公平是人们的基本要求,但在现实生活中却出现这样那样的不公道不公平现象。比如,足球黑哨就是不公平,里约奥运会惊现的对我国运行员参加的拳击、男女体操、举重等比赛做出的荒谬判决就是不公平,社会上流行的办事托关系找门路找熟人就是不公平。一些官员不给钱不办事,给了钱乱办事,更有个别贪官把法律置于脑后,贪赃枉法。他们在干部选拔任用上,不是按照干部选拔任用工作条例,不是看干部的德能勤绩廉,而是任人唯亲、任人唯钱,谁是自己的人、谁送的多就提拔谁。原全国政协副主席苏荣,卖官鬻爵,把官员提拔作为生财之道,大肆收受贿赂,他在忏悔录中这样写道:“我算了一下,副厅级以上干部给我送钱和贵重物品的人数达40多人。”苏荣卖官,什么人都收,什么东西都要;办成的收,办不成的也收。他的妻子、儿子也参与到卖官中。他还通过掮客卖官:与其妻子熟稔的郭某,被称为“地下组织部长”,他们通过郭某出卖乌纱帽。试想,这样提拔干部还能是公平的吗?

司法不公是群众最痛恨的,过去曾流传着“大檐帽,两头翘,吃了原告吃被告”的顺口溜。司法不公的案例不少,有的司法不公的案例还十分典型,造成了十分恶劣的社会影响。我们说,司法活动承担着权利救济、定分止争的社会功能,人们的生命、财产、健康、安全等各项权益保障都与司法活动密切相关。“公生明,廉生威。”只有司法公正,人们才能对法律产生信赖和尊重,人们遇事才会“找法律”“讨说法”。倘若司法不公,群众的利益就得不到最基本的法律保障,群众的合法权益就会受到严重侵犯,从而影响法律的权威,影响司法公信力。英国著名哲学家培根说:“一次不公正的裁判,其恶果甚至超过十次犯罪。因为犯罪虽是无视法律——好比污染了水流,而不公正审判则毁坏法律——好比污染了水源。”

随着司法改革的深入,让司法在阳光下运行,司法不公的现象得到明显遏制。坚持秉公办案的原海淀法院的法官宋鱼水，[①]曾经办理过这样一起案件。北京一家电子租赁公司，接连打了两场官司，都是宋鱼水审理的，结果是一胜一败。后来又打第三场官司，主审法官又是宋鱼水。判决的结果是他们的诉讼请求一部分得到支持，一部分被驳回。三场官司等于胜了一半，输一半。该租赁公司老板有点不服气，带着律师找到宋鱼水，非要和她“理论理论”。宋鱼水把三份判决书都拿出来，对照法律，分析案情，耐心地作出解释。老板被说服了，代理律师更是服气说：“您这一说，我们真觉得赢也赢得堂堂正正，输也输得明明白白。”两天后，这家公司给北京市海淀区人民法院送来一面锦旗，上面写着“辨法析理、胜败皆服”。法官是公平正义的化身，是国家法律法规的执行者，法官办案手执的是法律的天平，把握好这个天平，做到不偏不倚，公正判决，是一名法官的天职。

办事是否公道关系到一个以什么为衡量标准的问题。办事公道要以科学真理为标准，要有正确的是非观。公道就是要合乎公认的道理，合乎正义。不追求真理，不追求正义的人办事很难合乎公道。办事公道要不谋私利，私利使人丧失原则、丧失立场，为了个人私情不坚持原则，是做不到办事公道的。因此，只有不谋私利，不徇私情，才能光明正大，才能做到坚持原则。要办事公道，就必然会有压力，会遇到各种干扰，特别会碰到那些不讲原则、不奉公守法的有权有势者的干扰。在这种情况下，做到办事公道就要不畏权势，不向压力屈服。办事公道，还要有辨别是非的能力，要加强学习，不断提高认识力、洞察力，明辨是非标准。

---

① 参见王君、梁光旺：《让司法公正的“阳光”关爱到每一个人》，载 http://www. cnr. cn/news/2005ovt20050112 - 307037. shtml，最后访问日期：2017 年 12 月 11 日。

奉献社会是境界

奉献社会是社会主义职业道德的最高要求,是为人民服务和集体主义精神的最好体现。每个公民无论在什么行业、什么岗位,从事什么工作,只要他爱岗敬业、努力工作,就是在为社会做出贡献。在工作中不求名、不求利,只奉献、不索取,体现出宝贵的无私奉献精神,这是社会主义职业道德的最高境界。奉献社会职业道德的突出特征是:自觉自愿地为他人、为社会贡献力量,完全为了增进公共福利而积极劳动;有热心为社会服务的责任感,充分发挥主动性、创造性,竭尽全力为社会做贡献;不计报酬,完全出于自觉精神和奉献意识。

远古时期,大禹接受舜的指令,接替父亲治水。大禹刚刚结婚 4 天,他含泪与新婚妻子告别,踏上了治水的征程。他带领伯益、后稷和一批助手,跋山涉水,风餐露宿,走遍了山山水水,穷乡僻壤。大禹发明了一种疏导治水的新方法,就是疏通水道,使水能够顺利地东流入海。大禹每发现一个地方需要治理,就到各个部落去发动群众来施工,每当水利工程开始的时候,他都和百姓在一起劳动,吃在工地,睡在工地,挖山掘石,披星戴月地干。有一次他治水路过自己的家,听到小孩的哭声,那是他的妻子涂山氏刚给他生了一个儿子。他多么想回去亲眼看一看自己的妻子和孩子,但是他一想到治水任务艰巨,只得向家中茅屋行了一个大礼,眼里噙着泪水,骑马飞奔而走了。大禹治水一共花了 13 年的时间,正是在他的手下,咆哮的河水失去了往日的凶恶,规规矩矩地、平缓地向东流去,昔日被水淹没的山陵露出了峥嵘,农田变成了米粮仓,人民又能筑室而居,过上幸福富足的生活。大禹治水的故事广为流传,他的三过家门而不入为人们交口称赞。

古有大禹治水的故事，今有詹天佑、巴金、钱学森、谭千秋、雷锋、张海迪、郭明义等先进典型。中国著名物理学家、世界火箭专家、“国家杰出贡献科学家”钱学森，为了祖国的科学事业，放弃优越的环境和丰厚的物质生活，在新中国刚刚成立时，就争取从美国回来，投入社会主义新中国建设。当时美国海军次长金布尔说：“钱学森无论走到哪里，都抵得上 5 个师的兵力，我宁可把他击毙在美国也不能让他离开。”钱学森因此受到美国政府的迫害，失去自由。但他报效祖国奉献祖国的信念从未动摇。经过努力，他冲破重重阻力，历经 5 年终于于 1955 年回到祖国。回国后，他满腔热情地投入到我国国防尖端科学研究和人才培养工作中，在当时人力物力各方面条件都很差的情况下，为我国火箭、导弹和航天事业的创建和发展做出了历史性贡献。

新时期的“雷锋传人”、鞍钢集团矿业公司齐大山铁矿员工郭明义，[①]

① 参见百度百科“郭明义”，载 https://baike.so.com/doc/5351318－5586776.html，最后访问日期：2017 年 9 月 27 日。

从1996年开始担任采场公路管理员以来，他每天都提前2小时上班，15年累计献工15000多小时，相当于多干了5年的工作量。他坚持20年无偿献血，累计献血6万毫升，相当于自身总血量的10倍；他为希望工程、身边工友和灾区群众捐款10多万元，先后资助了180多名特困生，而自己一家3口人住在一个80年代中期所建的、不到40平方米的单室里；他8次发起捐献造血干细胞的倡议，有1700多名矿业职工参与；他7次发起无偿献血的倡议，共有600多名矿业职工参与，累计献血15万毫升；他发起的希望工程捐资助学活动，已有2800多名矿业职工参与，资助特困生1000多名，捐款近40万元；他发起成立的遗体（器官）捐献志愿者俱乐部，已有200多名矿业职工和社会人士参与，是目前国内参与人数最多的遗体（器官）捐献志愿者俱乐部。为此，他先后荣获了齐矿先进生产者标兵、模范共产党员、矿业公司先进生产者、道德模范等近20个荣誉称号。郭明义恪尽职守、敬业爱业，克己奉公、奉献社会，扶危济困、团结互助，他的事迹集中体现了钢铁产业工人的可贵品质和中华民族的传统美德，是社会主义和谐社会的坚定实践者，是雷锋、孟泰精神的传承者，是新时代的道德楷模。

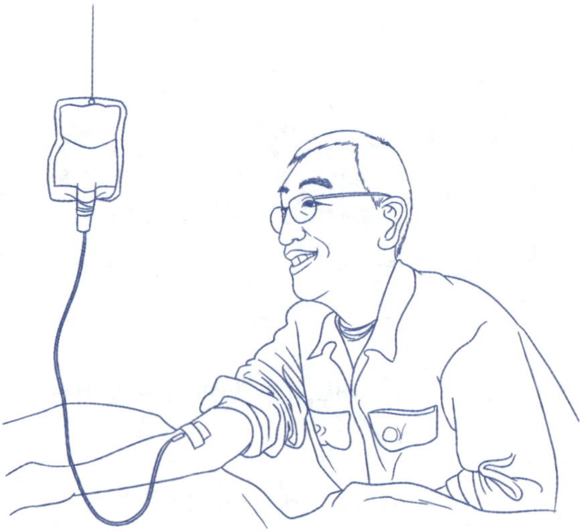

在我们身边，无数平凡工作者工作在环境艰苦、繁重、收入不高的岗位上辛勤工作着，正是他们崇高的敬业奉献精神，才赢得了社会广大人民的尊敬。如果没有亿万农民辛苦种田，没有千百万工人采煤、采油、修铁路，没有军人在天涯海角守卫祖国大门，没有千万个清洁工人清扫城市垃圾，没有几千万人民教师、科学工作者埋头于教学、科研，我们的社会就难以发展，难以取得辉煌成就。

稳定社会基石的家庭美德

家庭是社会的“细胞”，是构成人类社会延续、发展的基本要素。家庭美德是每个公民在家庭生活中应该遵循的行为准则，涵盖了夫妻、长幼、邻里之间的关系。家庭美德不仅对家庭起着至关重要的作用，而且对社会也具有强烈的辐射功能。家庭生活与社会生活有着密切的联系，家庭成员也是社会成员，家庭成员的道德意识和文明行为，对社会公德和职业道德的形成与维护有着重要的影响和作用，直接关系整个社会的安定和文明。社会的稳定和发展，有赖于家庭的稳定和文明，家庭美德是社会稳定、经济发展的文明基石。正确对待和处理家庭问题，培养和发展夫妻爱情、长幼亲情、邻里友情，不仅关系每个家庭的美满幸福，也有利于社会的安定和谐。

家教，家训，家风

家庭是每一个个体的启蒙学校，父母的家庭教育虽然不是一种系统的教育，但是父母的言行对个体的行为心理有重要长期的潜移默化的作用,有着不可估量的影响。一篇《朱之治家格言》,影响中国400年,被千万家庭阅读。历史上,品行高尚的父母往往教育出品行优秀的后代。在中国古代,有四大贤母的故事,说明了长辈的言行对子女品行的重大影响。这四大贤母分别是孟子的母亲、陶侃的母亲、欧阳修的母亲和岳飞的母亲。

孟母是战国孟子之母,位居“四大贤母”之首。她的儿子孟子是中国古代有名的思想家、教育家,是仅次于孔子的儒学大家,被誉为“亚圣”。孟母之所以能培养出如此优秀的儿子,全在于她对子女的悉心教育。其中广为传颂的事迹是“孟母三迁”的故事。[①] 孟母早年丧夫,却志不改嫁,一个人含辛茹苦养育孟子。刚开始她和孟子住在丈夫的陵墓附近,以便每天去祭拜丈夫。只是在这种地方住久了,年幼的孟子竟学起了出殡人士的哭丧胡闹。孟母觉得这样的居住环境不利于孩子成长,便把家搬到了集市。可是把家搬到集市后,孟子却学着小贩商人们做起了吆喝买卖。孟母不希望自己儿子将来成为市井小人,所以又把家搬到了学校附近。从此后,孟子就跟着学校里的士子,学起了“好好读书,天天向上”。孟母之所以三迁,是因为她深谙一个道理:“环境会影响一个人的成长。”孟母还有“子不学,断机杼”的故事,她教育孟子,学业若半途而废,就如织到一半的布匹,是不能为人所用的。同样,人若在年少时不好好读书,长大了便只能做些苦命的劳役,是没有出息的。从此孟子发奋读书,终成一代旷世学儒。

① 参见(西汉)刘向:《古列女传·卷一·母仪》,绿净译注,北京联合出版社2015年版。

陶母是东晋陶侃之母。陶侃是一代名将，在稳定东晋初年动荡不安的政局上，很有建树。而当时陶母“截发筵宾”“封坛退鲊”的教子故事也广为流传。陶侃幼为孤子，家境贫寒。陶母也是早年丧夫，她含辛茹苦，靠纺纱织麻维持生计，供养陶侃读书。在教子上，陶母一直教育儿子，交朋友一定要交比自己更有水平、更有文化之人。有一次，同郡孝廉范逵访贤遇大雪，借宿陶侃家。时天寒地冻，马无饲料，陶母揭去自己床铺上的稻草席，剁碎喂马。由于家中贫寒，无以款客，陶母又偷偷剪下自己的长发，卖给邻人，换钱购买酒菜。在中国人的观念中，“身体发肤，受之父母，不敢毁伤，孝之始也”，所以头发是不可以轻易剪的。陶母如此举动，足见她待客之诚心。所以范逵大为感动，遂举荐陶侃由县吏拜授郎中，从此后，陶侃走上了发达的仕途。这就是“截发筵宾”的典故。根据《晋书》

卷九十六中记载，陶母还有一个广为传颂的故事是“封坛退鲊”。陶侃曾在浙江海阳做县吏，监管渔业，常有下属送东西给他。有一次，一位下属送了一坛鱼鲊（腌鱼）给陶侃，孝顺的陶侃马上念及一生贫居乡间的慈母，便嘱托乡人带给母亲。谁知母亲却原封不动地将这一坛鱼鲊退了回来，并在信中写道：“尔为吏，以官物遗我，非惟不能益吾，乃以增吾忧矣。”陶侃收到母亲退回的鱼鲊和回信，大为震动，更愧疚万分。他下定决心，一生遵循母亲教导：清白做人，廉洁为官。康熙《新淦县志》卷十四《艺文志·记》中记载后人赞誉：“世之为母者如湛氏之能教其子，则国何患无人材之用？而天下之用恶有不理哉？”

欧母是北宋欧阳修之母。欧阳修是北宋卓越的政治家、文学家、史学家，但他的成就也离不开母亲的伟大教育。欧母也是一位单亲母亲，她丈夫在儿子四岁那年便去逝了，留下她孤身一人辛苦拉扯儿子。欧阳修父亲在世时，家中经济比较宽裕，可自从他去世后，家境便一落千丈，日渐贫寒。后来竟到了“房无一间，地无一垄”的地步。孤儿寡母在这样的境况下生活，困难是可想而知的。欧母是一个意志坚强的女人，她家穷志不穷，靠自己的辛勤劳动，将儿子养大，并用最原始的方式教欧阳修识字——这便是著名的“画荻教子”。欧阳修五岁时，欧母便教他读书识字、做人处事的道理。只是当时家里穷，没钱买笔墨纸砚，欧母只好用芦苇杆代替，然后在地上铺一些沙，把地当纸，一笔一画地教欧阳修写字。穷人家的孩子早当家，欧阳修在母亲的悉心教导下，特别懂事，他奋发图强，学习成绩优异，于仁宗天圣八年高中进士。欧阳修在当官期间，积极支持范仲淹维持新法，后因此被贬职。但欧母并没有抱怨儿子的仕途不济，而是宽慰儿子说：“你为正义被贬职，不能说不光彩。我们家过惯了贫寒的生活，你只要思想上没有负担，精神不衰，我就高兴。”有母如此，儿子焉能不伟大？

岳母是南宋名将岳飞之母。岳飞十五六岁时,北方金人南侵,宋朝当权者腐败无能,节节败退,国家处在生死存亡的关头。很多母亲都不希望自己的孩子上前线,希望能在战乱年代保全子嗣血脉。但是岳母却和一般母亲不同,她大义凛然,主动励子从戎,精忠报国。她为了让儿子永远铭记大丈夫当"精忠报国"的训诫,用绣花针把这四个字刺在岳飞的背上![1] 由于岳母的积极鼓励,使岳飞投军后,奋勇杀敌、义无反顾,他很快屡建战功被升为秉义郎。宋都开封被金军围困,岳飞随副元帅宗泽前去救援,多次打败金军,受到宗泽的赏识,称赞他是"智勇才艺,古良将不能过"。后来岳飞终成一代有名的抗金英雄,为历代人民所敬仰。古代的"四大贤母"教子的故事,充分说明了母教的重要及伟大,也说明了父母对孩子成长的重要作用。[2]

当你呱呱坠地的瞬间,当你的第一声啼哭落地的刹那,你便注定了与生你的父母以及所有的家庭成员有了无法割舍的关系,这个家庭也便成为你生存与成长的巢穴。你置身于这个家庭,每天受到这个家庭的熏染、浸润、影响,特别是父母的潜移默化,你的一生都会带着这个家庭独有的气味与气质,这就是家风的影响。家风是上辈人对下辈人的言传身教,是靠自身的行为影响下一代。家风是家族传统、规范及习俗,是一家一族世代相传的道德标准和处世方法。勤劳、孝顺、友善、忍让、守法等都是良好家风的内涵,良好的家风是一种道德的力量。

一个好的家庭,一个有着传统美德的家庭,将让子女受益终生。反之,将对子女产生负能量。在美国,曾有两个迥然不同的家族。一个是有

---

① 岳母刺字始见于元人所编《宋史本传》,书云:"初命何铸鞫之,飞裂裳,以背示铸,有'精忠报国'四个大字,深入肤理。"

② 四大贤母的故事转引自网络文《中国古代伟大的四位贤母》。载 http://www.360doc.com/content/1510501/00/1520294_467/70378.shtml,最后访问日期:2017 年 7 月 19 日。

名的爱德华家族。其始祖爱德华是位满腹经纶的哲学家,他 8 代子孙中出了 13 位大学校长,100 多位教授,80 多位文学家,20 多位议员和 1 位副总统。而与爱德华家族相反的,还有另一家族,即祖克家族。始祖祖克,是个缺乏文化修养的赌鬼和酒鬼,他 8 代子孙中有 300 多名乞丐,7 个杀人犯和 60 多个盗窃犯。一个家族英才辈出,另一个家族则大部分是社会下等人,甚至是罪犯。两个家族为何如此天壤之别,在这里,我们看到的是家庭的教育、家庭环境以及父母的影响。由此,良好的家风熏陶发挥着表率和开创作用,那是榜样的力量,会在家庭内交相辉映;而负面的家风,就会发生交叉感染,结出不良的果子。司马光在《温公家范》中谆谆告诫,长辈们一定要“以德业遗子孙”。

家和,家睦,家兴

家庭是社会的细胞,家庭的和谐,是社会和谐的基础。有首治家格言的诗是这样写的:记住家和万事兴,无须终日口不停;知足常乐家和睦,诸事共商莫相争;自尊自爱同相敬,心里不要藏阴影;富不奢淫贫守节,免去脸耻败名声;教养子女养品德,儿女对你更恭敬;人人都能照此做,自然福至门家中。这首诗浅显易懂,无须解释。倘若家庭不睦,夫妇不和,婆媳争斗,这个家庭就谈不上幸福。

被明太祖朱元璋赐封为“江南第一家”的郑氏家族,[①]以孝义立身、以德治家而名冠天下,“江南第一家”高举孝义、礼廉旗帜,遵循正心、修身、齐家、治国、平天下的儒家伦理,同居、共财、聚食计 15 世历时 332 年,历宋、元、明三朝,长达三个多世纪。一家三朝五次受帝王题赠、六

① 参见千岛遂安:《以德治家的典范——“江南第一家”》,载《精神文明导刊》2001 年。

次旌表,有《郑氏规范》《郑氏家仪》治家,有功德录《麟溪集》激励族人,百余子弟入朝为仕,皆不经科场,不受俸禄,更无一人贪赃枉法,8 人著作入选《四库全书》,其孝义、礼廉事迹载宋、元、明三朝正史。“江南第一家”书写了中国乃至世界上独一无二的家族文明史,为人类历史所罕见。

古有“江南第一家”,今有“新江南第一家”。[①] 在浙江义乌,有一个40 多名成员的大家庭,这是一个被称为“新江南第一家”的大家庭,这个特殊大家庭的主人叫周晓光。周晓光是一个民营企业家,经过 20 多年的辛勤耕耘,周晓光家创办的企业成为行业领军企业。在创业的过程中,周晓光的家庭也不断壮大。周晓光上有 80 多岁的父亲、70 多岁的母亲,平辈有 6 个姐妹和 1 个弟弟,结婚后组成的 7 个小家庭单元,目前家庭成员有 41 人。这个四代同堂的特殊大家庭,一直以来都凝聚不散,他们同心创业、休戚与共,形成了一个源于传统而又区别于传统的新型家庭体系。“和”是他们这个大家庭的一个特点,上下四代 40 多口人,来自不同地域,有不同的社会、家庭背景,文化、性格也有差异,却能相互理解,彼此尊重,和睦共处,携手前行。在 20 多年大家庭聚居的过程中,他们逐步整理和明确了“勤俭持家、孝悌传家、助人为乐、吃亏是福、宽容诚信、知恩图报”的家风和系列家规。家门兴不兴,关键看门风。古今两个大家庭都居江南,这也许是历史的巧合,但他们秉持的都是优秀的传统家庭美德。

---

① 参见周晓光在 2016 年全国“最美家庭”揭晓暨第十届全国五好文明家庭表彰大会上的发言。载 http://news.china.com.cn/2015-05/16/content-38462413.htm,最后访问日期:2017 年 7 月 1 日。

随着社会经济体制的变革,我国的家庭越来越小型化。紧张多变的生活节奏和复杂尖锐的人际关系,经济利益驱动以及各种诱惑,导致家庭矛盾凸显,家庭和睦面临考验。我们常常听到“婆婆难当”“媳妇难做”“十对婆媳九不和”的感叹,我们也见惯了夫妻劳燕分飞,家庭破裂。一个育儿专家在谈到家庭不和睦对子女的危害时说,一个孩子生活在一个充满争吵、不和谐的家庭中,他就学会了和别人争吵。他考虑问题的时候,永远看到的是对方的缺点,在他的世界里永远都是别人对不起他。如果父母经常肢体冲突,孩子会陷入恐惧之中,形成心理障碍。如果冲突导致夫妻离婚,对孩子心灵的伤害可能是终生的,孩子可能一辈子都活在父母离异的阴影下而无法解脱。父母离婚、家庭不睦还会让孩子感受不到爱,从而导致孩子对生活失去兴趣。调查显示,大多数少年犯都来自单亲家庭或者父母对孩子不怎么关心的家庭。

常言道,家和万事兴。家庭是温馨、宁静的港湾,栖息的场所,和谐幸福的家庭为家庭成员从事社会活动提供了强大的精神支柱,使人的精力能够得到休息和恢复,从而以更大的创造热情投入到新的工作中去。有位诗人说得好:“家是什么?是爱心的殿堂,是避风的港湾,是休养生息的领地,是加油充气的驿站。”一个和谐幸福的家庭,应该是互敬互爱、互助互让,既讲爱情、亲情,又讲责任和义务,共同学习、共同提高、共同进步、共同创业、共同奉献的家庭。

尊老,孝老,爱幼

尊敬老人,爱护子女,是家庭和睦相处的重要内容。我国自古以来就倡导“老有所终,幼有所养”,形成了尊老爱幼的良好家庭美德。而那些不孝敬父母、不善待子女者,就会被世人唾骂,情节严重的还会受到法律的制裁。因此,尊老爱幼,不仅是每个公民必须遵守的道德准则,也是每个公民应尽的社会责任和法律义务。

“谁言寸草心,报得三春晖”,对父母的养育之恩,做子女的当知报答。尊老,体现的是“孝顺”二字。我国古代特别讲究孝道,流传许多孝老敬老的故事。如汉文帝刘恒为母亲尝汤药。母卧病三年,其侍奉母亲从不懈怠,常常目不交睫,衣不解带,母亲所服的汤药,他亲口尝过后才放心让母亲服用。春秋时期的鲁国人仲由百里负米,侍奉双亲,自己常常采野菜做饭食。父母死后,他做了大官,锦衣玉食的他常常怀念双亲,慨叹“不能再为父母亲去负米”。春秋时期人郯子,父母年老,患眼疾,需饮鹿乳疗治。郯子便披鹿皮进入深山,钻进鹿群中,挤取鹿乳,供奉双亲。一次取乳时,看见猎人正要射杀一只麂鹿,郯子急忙掀起鹿皮现身走出,将挤取鹿乳为双亲医病的实情告知猎人，猎人敬他孝顺，以鹿乳相赠，送他出山。东汉时期的董永，父亲去世无钱下葬，他卖身换取丧葬费，用卖身钱葬父。他的行为感动了玉皇大帝，派自己的女儿下凡与其结为夫妇，玉皇大帝的女儿还用一个月的时间，织成三百匹锦缎，为董永抵债赎身。返家途中，行至槐荫，董永始知女子乃天帝之女，奉命帮助董永还债，槐荫后改名为孝感。

当代孝老敬老的故事同样感人至深。河南省滑县半坡店乡车村的谢延信[1]，在自己年轻的时候妻子便去世。他不放弃不抛弃，担起了赡养丧失劳动能力的岳母、全身瘫痪大小便失禁的岳父，照顾呆傻的妻弟的重

① 参见《大孝至爱演绎人间真情——谢延信事迹（二十项材料）》，载 http://www. syki. com/Article/zibggzbb/54166. htm，最后访问日期：2017 年 9 月 27 日。

任。为了让岳父母一家人相信他的诚意,原本姓刘的谢延信毅然随岳父谢姓改刘为谢姓。为方便照顾岳父母一家人,他把年幼的女儿留给家人,把岳父母及妻弟带到了自己工作的矿上,每天给岳父翻身、擦背、烫脚,背岳父晒太阳。岳父大便时常干结,他用手一点一点地抠。在照顾岳父的过程中,他曾遭到过岳父心情不好时候的无端发火谩骂。与他年纪差不多的呆傻妻弟连吃饭穿衣都不会,他就喂妻弟吃饭,帮他穿衣,他还不厌其烦地一次次找回走失的呆傻妻弟。岳母不能干活,他包揽了所有家务,为一家人做饭,为岳父和妻弟洗沾满屎尿的衣服、床单……伺候瘫痪的岳父17年,照顾重病的岳母和呆傻妻弟32年。谢延信以他的质朴、执着和善良,支撑了一个与自己没有血缘关系但永远拆不散的家,用大孝至爱演绎人间真情。

“老吾老以及人之老,幼吾幼以及人之幼。”尊敬自己的长辈,也同样的尊敬他人的长辈;爱护自己的晚辈,也同样的爱护他人的晚辈。那是一种大悲悯的情怀。河北省唐山市滦南县司各庄镇洼里村村民高淑珍,用单薄而坚强的肩膀挑起一座“炕头小课堂”,用舐犊情怀支撑起几十个残疾孩子的就学梦想。高淑珍让孩子们住到家中,免费吃住,免费学习,炕头小课堂最多时达到 39 个孩子,孩子们都管高淑珍叫“妈”。这些曾经因为残疾而受过别人歧视和嘲笑的孩子,把高淑珍的家当成了自己的家,“炕头小课堂”被高淑珍坚持了整整 14 年。

团结,友爱,互助

先讲一个六尺巷的故事。

据《桐城县志》记载,清代(康熙年间)文华殿大学士兼礼部尚书张英的老家人,与邻居吴家在宅基地的问题上发生了争执,公说公有理,婆说婆有理,谁也不肯相让。两家大院的宅地都是祖上的产业,时间久远了,本来就是一笔糊涂账。一边是官宦人家,一边是商贾大户,官府和旁人都不愿沾惹是非,纠纷越闹越大,张家人只好把这件事告诉张英。家人飞书京城,让张英打招呼摆平吴家。

张英阅过来信,只是释然一笑,旁边的人面面相觑,莫名其妙。只见张英挥起大笔,一首诗一挥而就。诗曰:“千里修书只为墙,让他三尺又何妨。万里长城今犹在,不见当年秦始皇。”交给来人,命快速带回老家。家人一见书信回来,喜不自禁,以为张英一定有一个强硬的办法,或者有一条锦囊妙计,但家人看到的是一首如此的打油诗,顿时歇了气。后来一合计,确实也只有“让”这个唯一办法。房地产是很可贵的家产,但争之不来,不如让三尺看看。于是立即动员将垣墙拆让三尺,大家交口称赞张英和他家人的旷达态度。张英的行为正应了那句古话:“宰相肚里能撑船。”张英一家的忍让行为,也感动了吴姓一家人,全家一致同意也把围墙向后退三尺,两家人的争端很快平息了。从此,两家之间空了一条六尺宽的巷子,有张家的一半,也有吴家的一半,村民们可以自由通过,六尺巷由此得名。

这是一个如何处理邻里矛盾纠纷的故事，这个故事告诉我们，邻里之间遇事要宽宏大度，主动谦让，问题就能得到很好的解决，邻里之间也不伤和气。在这里，我们特别提到故事中的张英，依张英的官位，帮家人解决宅基地的问题不是什么难事，但张英却做出了令人钦佩之举，他不是帮助家人争夺宅基地，而是劝家人退让。在处理这件事情上，充分体现了张英大度做人、克己处事、恭谦礼让的宽阔胸怀。他的行为，被人们传为佳话，“六尺巷”的故事成为彰显和睦谦让美德的见证。

“远亲不如近邻。”良好的邻里关系，邻居间的互相关心，互相帮助，不仅有助于我们克服困难，还能为我们营造一个良好的生活环境。我国劳动人民一贯重视邻里关系，民间流传着许多名言，如“邻里好，赛元宝”等。然而，随着科学技术的飞速发展，特别是信息时代的到来，我们与离自己远的人联系越来越近，相反，与自己对门而居的邻里关系似乎越来越远了。现实生活中特别是在城市，住在同一小区、同一幢楼，相互之间不了解、不熟悉的人并不少，有的甚至对门住了好几年，也不知邻居姓甚名谁、在哪里工作，真可谓“鸡犬之声相闻，老死不相往来”。

20 世纪 70 年代，某村张王两户人家因为矛盾而导致两家关系紧张，两家大人见面谁也不理谁。有一天，张姓家的孩子突然得了急病，急需送医院救治，此时，村里的劳力都到挖河工地了，张姓妇女的丈夫也去了工地，村里只剩老人孩子。看着痛苦的孩子，张姓妇女急得要哭出来。恰时，在学校当老师的王姓夫妇刚好从学校放学回来，看到这个情况，二话没说抱起孩子就跑向医院。孩子得救了，张姓夫妇十分感激，从此两家和好如初。从这个故事里，可以看到邻里关系的重要性，倘若王姓夫妇还记恨前嫌，不送张姓夫妇的孩子去医院，孩子有个三长两短，张姓夫妇将后悔终生，而王家与张家的矛盾与隔阂也将永远无法解开。处理好邻里关系，要做到相互尊重，相互理解，相互谦让。邻里之间长时间相处，难免会有磕磕碰碰的时候。一旦因生活琐事发生了矛盾，双方都不必斤斤计较，要讲风格、讲谦让，能解释的就解释清楚，不能解释的就让一步，互相让一让就过去了。邻里相争往往是进一步“狭路相逢”，退一步“海阔天空”，只有我们以“让”字去调剂邻里关系，就一定能使邻里和睦相处。

做到团结友爱，还要注意从小事做起，如看电视、听音乐等声音要适当，浇花、养鸟等不要给邻居带来麻烦。要视邻里的事情如自己的事情，视邻里的困难为自己的困难，积极主动地为邻居做好事。要了解邻居的生活习惯，理解邻居的习性，谅解邻居的苦衷。对邻居少一点抱怨，多一点宽容；少一点指责，多一点赞扬；少一点品头论足，多一点相互学习；少一点斤斤计较，多一点热忱关怀。如今，现代家庭的生活方式、休闲方式等发生了很大变化，邻里关系面临许多新情况，特别是城市里的楼房越盖越多、越盖越高，客观上给改善邻里关系带来诸多不便。但是，我们仍要本着团结、友好、互助的精神，建立良好、新型的邻里关系。

治国立身的个人品德

个人品德是一定社会的道德原则和规范在个人思想和行为中的体现，是一个人在其道德行为整体中所表现出来的比较稳定的、一贯的道德特点和倾向。社会公德、职业道德、家庭美德的实现最终都要诉诸个人品德。中国从古至今都十分重视个人品德的修养，并把它提到治国安邦、立身处世的高度。《四书》首篇《大学》开宗明义：“大学之道，在明明德，在亲民，在止于至善。”指出治国安邦平天下学说的道理，在于净化自己光明的德性，在于用这种德性去使民众自新，在于使人们达到善的最高境界。书中接着说道："古之欲明明德于天下者，先治其国；欲治其国者，先齐其家；欲齐其家者，先修其身。"特别地强调了个人品德修养的重要性和源泉性。我们每一个人，无论领导干部，还是平民百姓，都必须加强个人品德修养。

知荣明耻做人大节

欧阳修认为，廉耻是"立人之大节"。龚自珍说："士皆知耻，则国家永无耻矣；士不知耻，为国之大耻。"陈寅恪说："士大夫无耻，是为国耻。"新中国成立不久，毛泽东就指出："治国就是治吏，礼义廉耻，国之四维，四维不张，国将不国。如果臣下一个个都寡廉鲜耻，贪污无度，胡作非为，而国家还没有办法治理他们，那么天下一定大乱，老百姓一定要当李自成。"古人、名人、领袖都把知荣明耻放到如此高的位置，知荣明耻对一个人是何等的重要。

知荣明耻就是讲究信义。在中国古代，诚信被认为是一种比黄金还要贵重的品德。秦末有个叫季布的人，一向说话算数，信誉非常高，许多人都同他建立起了浓厚的友情。当时甚至流传着这样的谚语："得黄金百，不如得季布一诺。"（这就是成语"一诺千金"的由来）后来，他得罪了汉高祖刘邦，被悬赏捉拿。结果他旧日的朋友不仅不被重金所惑，而且冒着灭九族的危险来保护他，使他免遭祸殃。可以看到，正是人们看到了季布的良好信誉，才主动帮助他，从而使他在战败之后面临朝廷通缉时能得到无私帮助，免予被缉拿。

在当代，涌现出许许多多讲究信义的典型。如与战友达成"生死之约"的刘绍安，在硝烟弥漫的朝鲜战场上与战友张志久约定："万一我们中有一人死了，活着的人就要去照顾对方的父母。"战斗中张志久不幸牺牲，刘绍安义无反顾地踏上践诺之旅，数十年精心照顾战友父母。还有代夫还债的辽宁本溪农妇武秀君，在丈夫因车祸去世后，承受着巨大家庭痛苦，靠做油漆工、装饰工程等，代夫还清了200多万元的债务。

知荣明耻要知羞知耻。现实生活中一些人脸皮很厚，他们忘记了羞耻二字，什么话都敢说，什么事都敢做，败坏了社会风气，毁坏了个人品德。在这方面，有的个别官员还不如普通百姓，他们缺了口德，没了官德，打人、骂人、调戏女人，其表演十分丑陋。2013年9月15日，多家网站曝出一段某镇党委书记梁某某一边喝五粮液吃大龙虾，一边骂百姓“给脸不要脸”的视频，引起了社会公众的强烈愤慨。2015年12月，有网友晒出爆料视频称，某县人大副主任田某某醉酒后在吧台前骂服务员，在时长2分38秒的视频中，醉态明显的田某某还对服务员进行调戏。2016年底，天涯论坛一则帖子引起网友围观。网帖称，河北村民曹某某因怀疑村委会发钱不公，给该乡党委书记田某某打电话询问情况发生冲突，互有脏话。之后，田某某带领乡镇干部、职工30人，驱车五六辆前往曹某某家，砸开大门冲进家找人,并在一工地将曹某某打伤。

网上有一篇关于中国官员包二奶之最的文章,文章称原江苏省建设厅厅长徐某某创造了包二奶数量之最,共有情妇146位。原四川乐山市市长李某某创造了包二奶年轻之最,20位情人的年龄都是16岁到18岁的妙龄少女。原重庆市委常委、宣传部部长张某某创造了包二奶“质量”之最,选女人有三个标准:一要大学本科毕业生,二要漂亮,三要没结婚。文章还列举了官员包二奶的花销之最、“创意”之最、“管理”之最、“忽悠”之最、滥交之最等。“无羞恶之心,非人也。”部分官员素质低下,官风不正,为官无德,严重损害官员在百姓中的形象。从古至今,官德对社会道德风气和国家的兴衰成败发挥着决定性作用。古人说:“政者,正也。子帅以正,孰敢不正?”为官者正,则天下正。官德隆,民德昌,国家兴;官德毁,民德降,国家衰。没有好的官德,国家就不能得到好的治理。

知荣明耻就是不坑蒙拐骗。坑蒙拐骗的人是被人唾弃的,经商做生意更要靠诚实赢得顾客的信赖。清代的胡雪岩①是一位非常成功的红顶商人。1866年,晚清重臣左宗棠命徽商胡雪岩筹巨款购买军火,因手头资金不足,胡雪岩准备向英国渣打银行经理史密斯借钱。他知道,只有史密斯才能在短时间内借出巨额资金,但他与史密斯仅一面之交,如何让史密斯信任自己并答应借款?胡雪岩反复琢磨。一天,胡雪岩来到史密斯住处,找他借1000两银子。这么小的数额,史密斯欣然应允。几天后,胡雪岩命人把1000两银子如数还给史密斯,还附上不少利息。又过几天,胡雪岩再找史密斯借2000两银子。有了上次的经历,史密斯爽快应允。到了还款日,胡雪岩再次连本带利还给了史密斯。就这样,胡雪岩隔些日

① 胡光墉(1823～1885年),字雪岩,安徽绩溪人,富可敌国的晚清著名徽商,政治家。曾流行“为官须看《曾国藩》”,为商必读《胡雪岩》。

子就找史密斯借钱,数额不断增大,但还款时必定本息全额奉上,从未拖欠。等到了左宗棠用钱的日子,胡雪岩向史密斯提出借 10 万两银子做生意。有了之前的铺垫,史密斯对胡雪岩的信誉深信不疑,没有丝毫犹豫就答应了胡雪岩的要求。一则小故事既道出了胡雪岩的精明,也道出了他善于建立诚信的商业关系,这则故事给从事商业经营的人以有益的启发。然而,有的人却不遵守诚信原则,坑蒙拐骗,损害消费者。前边我们说过天价虾的事,之后还发生了哈尔滨天价神鱼的事情。2006 年 2 月 12 日,江苏常州的网友"@ jack 光头"微博发帖称,2 月 9 日其在导游带领下在哈尔滨某餐厅就餐,10.4 斤的鳇鱼变成了 14.4 斤,一条鱼竟然花了 5000 多元。同时,另外两种鱼也被乱写斤两。该事件多次出现反转,但最终调查组认定饭馆涉嫌欺诈顾客行为。

"人不可以无耻""宁可毁人,不可毁誉"。在我国历史上,无数志士仁人能够在国难当头时以身报国,就是具有强烈的民族耻辱感的表现。越王勾践卧薪尝胆,岳飞"靖康耻,犹未雪;臣子恨,何时灭!驾长车、踏破贺兰山缺",这就是孔子讲的"知耻近乎勇"。

善良正直体现高贵

著名哲学家卢梭说过这样一句话:“为人善良和正直才是最光荣。”正直善良是高贵品德的根本,其他的品德是正直和善良派生出来的结果,两者是相辅相成的。正直如高山,可以遮挡风雨;善良如流水,可以滋养生命。它们一刚一柔,共同组成生命的根基。

“人之初,性本善。”善良是人性中最温暖、最美丽、最让人感动的,人生不一定人人都很成功,不一定人人都能成为英雄豪杰,但一定要善良仁慈。善良是和谐、美好之道,心中充满慈悲、善良,才能感动、温暖人间。没有善良,就不可能有内心的平和,就不可能有世界的祥和与美好。爱是基本的善良情感,遇到乞讨者,我们就施舍他点钱,遇到老弱病残、孕妇,我们就主动让座,遇到迷路的小孩,我们就把他送回家,为他指点方向。一个微笑,一个简单的动作,一句发自内心的问候,这对我们并不难做到,却可能因此帮助他人走出困境。一切人,一切事物都是相连的,在施予他人的时候,实质是给予自己帮助,当伤害另一个生命时,实质是在伤害自己。所谓善良,就是拥有一颗大爱心、同情心,不害人、不坑人、不骗人。有了善良的品性,就有真心爱父母、爱他人、爱自然的基础和可能。一个善良的人,就像一盏明灯,既照亮了周围的人,也温暖了自己,善良无须灌输和强迫,但却可以相互感染和传播。所以,做人不一定要顶天立地、轰轰烈烈,但一定要善良真诚。

2015 年感动中国十大人物——84 岁的磨刀老人吴锦泉[①],平日里靠磨刀为生,他用磨刀积攒的钱曾为汶川地震、玉树地震、甘肃泥石流灾区

---

① 参见“吴锦泉”,载 https://baike.so.com/doc/5165037-5395509.html,最后访问日期:2017 年 9 月 27 日。

各捐款1000元。他捐献给雅安地震灾区的钱,其中1元硬币1715枚,5角硬币501枚,1角硬币7枚,共计1966.2元。自2008年以来,他累计捐款23392.2元。在他的倡导下,村里成立了以老人名字命名的“锦泉一元爱心社”,企业、村民小组向“锦泉一元爱心社”捐出善款,使“锦泉一元爱心社”的救助资金达到5万多元,救助39人次,发放救助款14000余元。救助的对象包括革命伤残军人、重症患者、空巢老人等。感动中国的颁奖词是这样写的:窄条凳,自行车,弓腰扛背,沐雨栉风。身边的人们追逐很多,可你的目标只有一个。刀剪越磨越亮,照见皱纹,照见你的梦。吆喝渐行渐远,一摞一摞硬币,带着汗水,沉甸甸称量出高尚。同样是2015年感动中国十大人物的张宝艳、秦艳友,被称为“打拐夫妇”。他们是“宝贝回家寻子网”的创始人。自2007年自费创建“宝贝回家寻子网”以来,无数个被拐、被遗弃和走失的孩子以及流浪乞讨儿童得以回家。感动中国的颁奖词这样写道:寻寻觅觅,凄凄惨惨戚戚,宝贝回家,路有多长?茫茫暗夜,你们用父母之爱,把灯火点亮。三千个日夜奔忙,一千个家庭团聚,你们连缀起星星点点的爱,织起一张网,网住希望,网住善良。

做人要正直。心术不正、故弄玄虚、口是心非、用心计、耍手腕、当面一套、背后一套,台上说君子言、台下行小人事,自然谈不上正直。正直就是正派,就是表里如一襟怀坦荡,就是光明磊落心底无私。正直就是不谋私不贪利,不文过饰非,不偷奸耍滑,不阿谀奉承,不溜须拍马,不阳奉阴违,说话有根有据,有一说一,有二说二,该说的说,该做的做,说的都是真话,做的都是正事。品行端正,做人才有底气,做事才会硬气,就会赢得他人的信赖与尊敬。宋朝清官包拯,出生时因长相丑陋,被父母遗弃,他嫂子于心不忍,把他收留在家,她亲自哺乳。让他与亲生儿子包勉一起吃自己的乳汁长大,所以包拯称嫂子为“嫂娘”,可就是这个包勉后来当了贪官。包拯大义灭亲,判了包勉死刑!不管嫂子怎样求情,包公毅然铁面无私。

一代清官海瑞,任知县时,推行清丈、平赋税,并屡平冤假错案,打击贪官污吏,深得民心。嘉靖四十五年任户部云南司主事,上书批评世宗迷信巫术,生活奢华,不理朝政等弊端,遭迫害入狱。世宗死后获释,调升右佥都御史后,一如既往惩治贪官,打击豪强,推行一条鞭法,强令贪官污吏退田还民,有“海青天”之誉。在被排济革职闲居16年重被起用后,在任南京吏部右侍郎、南京右佥都御史时,仍不改初衷,力主严惩贪官污吏,禁止徇私受贿。海瑞一生居官清廉,刚直不阿,深得民众的尊敬与爱戴。据说听到他去世的噩耗时,当地的百姓如失亲人,悲痛万分。当他的灵柩从南京水路运回故乡时,长江两岸站满了送行的人群。很多百姓甚至制作他的遗像,供在家里。

清朝有个让官的故事:一个叫鲁良才的人,受总督之命接替因受贿而被罢官的县令。当他到该县后,听到的却是当地的老百姓对县令的夸赞,而所谓的受贿不过是被人诬陷。鲁良才得知这些情况后,决定不当这个县令,他极力挽留县令,并及时将情况报告给总督。他的行为得到了总督的赞赏,并奖励了他一顶代表正直高洁的珊瑚帽。别人数年追求才得到的位置,鲁良才却拱手相让,鲁良才高风亮节,大义让官被传为佳话。反观如今官场,有的人为了升迁往上爬,投机钻营,不择手段,甚至不惜丧失人格,哪里还有正直之说?我国著名科学家程开甲说,为人应该正直、善良,严于律己,善以待人。“善良、诚信、宽容”是人际交往的基本准则,这是我们应该始终自觉信奉和遵守的。

刻苦勤奋成就梦想

文学家说,刻苦勤奋是打开智慧之门的一把金钥匙;科学家说,刻苦勤奋等于百分之九十九的成功;政治家说,刻苦勤奋是实现理想的基石。刻苦勤奋就是不怕吃苦,不怕困难,夙兴夜寐,肯下功夫。刻苦勤奋不仅是指体力上能吃苦耐劳,更是精神上的勤奋,勤奋是中华民族最优秀的传统美德。

古时有个叫匡衡的人,非常喜欢读书,但是家里贫穷,买不起蜡烛,夜间无法读书。匡衡邻居家日子过得挺好,每天晚上都点起蜡烛,屋里很亮。他想到邻居家去读书,可是遭到拒绝。后来,匡衡想出一个好办法,他在墙上凿了一个小洞,邻居家里的光就透过来了,他把书对着光阅读。匡衡读的书越来越多,可是他没钱买书怎么办呢?有一天,他发现一个财主家,家里堆了很多书,他就去帮财主家干活,不要钱。财主很奇怪,问他:“小伙子,你为什么白白干活呀!”匡衡也不隐瞒,就说:“我帮你干活,不想得到工钱,只想借你家的书看,不知你答应不?”财主非常高兴,就把家里的书借给他。后来,匡衡成了一个有学问的人。伟大的诗人屈原,小时候不顾长辈的反对,无论刮风下雨,天寒地冻,躲到山洞里偷读《诗经》。经过整整三年,他熟读了《诗经》305 篇,从这些民歌民谣中吸收了丰富的营养,写出了《离骚》等不朽诗篇。著名作家鲁迅,少年时读书学习十分刻苦,在江南水师学堂读书成绩优异,学校奖给他一枚金质奖章。他立即拿到南京鼓楼街头卖掉,然后买了几本书,又买了一串红辣椒。每当晚上寒冷时,夜读难耐,他便摘下一个辣椒放在嘴里嚼,直辣得额头冒汗。他用这种办法驱寒坚持读书,后来终于成为我国著名的文学家。

刻苦勤奋助你事业的成功、理想的实现,倍增你的人生价值。张海迪5岁患脊髓病,胸以下全部瘫痪。作为一个高位截瘫的残疾人,对于一般人来讲也许人生从此无阳光,张海迪却勇敢地与命运抗争。在残酷的命运挑战面前,她一边以顽强的毅力和恒心与疾病作斗争,一边自强不息的学习。没有机会走进校门,她在家学完了小学、中学全部课程。她坐在轮椅上阅读了大量的中外名著,自学了美术、音乐、英语、日语、德语等并进行译著,创作了《轮椅上的梦》等作品,在轮椅上唱出了高昂激越的生命之歌。张海迪说过这样一句话:“我不能碌碌无为地活着,活着就要学习，就要多为群众做些事情。既然是颗流星，就要把光留给人间，把一切奉献给人民。”①

“业精于勤，荒于嬉；行成于思，毁于随。”荀子说：“锲而舍之，朽木不折；锲而不舍，金石可镂。”人生充满未知，命运总是颠沛流离，若要经得住大风大浪，一颗坚毅勤奋的心必不可少。坚毅勤奋可以磨炼性格，锻炼意志。雪，越是寒冷，越是晶莹。在风雨中不敢怒放的花朵，在阳光下结不出丰硕的果实。

自立自强彰显骨气

康熙年间，贵州巡抚刘荫枢告老回乡后，想用一生的积蓄为家乡建一座桥。但是子女却反对他：“您当了一辈子高官，我们却没沾到一点光，好不容易盼到您回家，您却如此不顾我们。”刘荫枢很伤心，他觉得自己虽然一身清白，但忽视了对子女的教育。于是，他用尽积蓄，历时五年，修成大桥，取名“毓秀桥”。桥修好后，他对子女说：“我之所以用全部积蓄修桥，就想用事实告诉你们，自己的路自己走，自己的生活自己创，靠天、靠地，不如靠自己。”为了彻底消除孩子们依赖父母的心理，他以十五两白银的价钱把桥卖给了官府。刘荫枢不把积蓄留给子女，而是为家乡修了一座桥，他的行为和目的就是要告诉孩子们做一个自立自强的人。

还有一个小故事：有一个懒汉，他懒得都让人难以想象。每天都躺在床上，不去走动，都是让母亲替自己做事情。后来，母亲要外出，但又害怕儿子因为懒惰而饿死。所以，就做了一块大饼挂在儿子脖子上，在她外出时儿子也可以吃上大饼而不被饿死。母亲离家后的前些天，儿子饿了还

① 参见《张海迪事迹简介》，载 https://baike.so.com/doc/1300765-1385822.html，最后访问日期：2017 年 9 月 1 日。

会吃嘴边的大饼,可后来几天嘴边的大饼吃完了,儿子因为懒得转一下大饼放到嘴边而饿死。这个看似荒诞的故事,说明了一个浅显的道理,那就是一个人如果不能自立自强,事事依赖他人,最终也会落得懒汉的下场。

自立自强是中华民族绵延不断的基础。自立就是靠自己的劳动生活,不依赖别人;自强就是不安于现状,勤奋进取,依靠自己的努力不断向上。“天行健,君子以自强不息;地势坤,君子以厚德载物。”这些名言名句我们不仅烂熟于心,更要把它作为我们自立自强、不懈追求的真正动力。自强是努力向上,是拼搏力争的劲头,坚持还是放弃,时常是一念之差。“天将降大任于斯人也,必先苦其心志,劳其筋骨,饿其体肤,空乏其身,行拂乱其所为,所以动心忍性,曾益其所不能。”每一个人的成功绝非轻而易举,都会经历这样那样的磨难和大大小小的失败,坎坷一路。成功之所以成功,秉持的就是自立自强、不怕吃苦、百折不挠的精神。

陶华碧[①]是“老干妈”牌辣椒酱的创始人,当代贵州首富,“辣椒酱帝国”金字塔尖上的女皇。她的“老干妈”牌辣椒酱,以每天 130 万瓶的数

① 参见“陶华碧”,载 https://baike.so.com/doc/351703-372522.html,最后访问日期:2017 年 9 月 10 日。

量,发往全国各地大小超市以及遍布五大洲的30多个国家和地区,一年销售额高达25亿元,一年净利润4亿元。而60多岁的陶华碧,却是一个地地道道的“草根”创业者。

20岁那年,陶华碧嫁给了贵州206地质队的一名地质普查员,但没过几年,丈夫就病逝了。没有丈夫的陶华碧打过工,卖过米豆腐(贵阳最常见的一种廉价凉粉),开过饭馆。就是在开饭馆中,她发现了人们爱吃她自制的辣椒酱。1996年8月,陶华碧借用南明区云关村村委会的两间房子,办起了辣椒酱加工厂,牌子就叫“老干妈”。刚刚成立的辣椒酱加工厂,是一个只有40名员工的简陋手工作坊,没有生产线,全部工艺都采用最原始的手工操作。“老干妈”的员工回忆说,当时捣麻椒、切辣椒是谁也不愿意做的苦差事,手工操作中溅起的飞沫会把眼睛辣得不停地流泪。陶华碧就自己动手,她一手握一把菜刀,两把刀抡起来上下翻飞,嘴里还不停地说:“我把辣椒当成苹果切,就一点也不辣眼睛了,年轻娃娃吃点苦怕啥。”在她的带领下,员工们也纷纷拿起了菜刀“切苹果”。而陶华碧身先士卒的代价是肩膀患上了严重的肩周炎,10个手指的指甲因长期搅拌麻辣酱全部钙化。在办厂的过程中,陶华碧遇到了数不清的困难,但她从未退缩过。有首歌唱得好,“不见风雨怎能见彩虹,没有谁能随随便便成功”。一个草根创业的民营企业家打造出这么大的企业有多难只有陶华碧最清楚,她是成功到极致的创富者,更是自立自强的践行者。

克己奉公为人称道

东汉初年,颍阳有个人名叫祭(zhài)遵[①]。祭遵从小喜欢读书,知书

① 参见《后汉书·卷十二·铫期王霸祭遵列传第十》。祭遵(?~33年),字弟孙,汉族,颍川颍阳人,今河南许昌人。

达理,虽然出身豪门,但生活非常俭朴。公元24年,皇帝刘秀攻打颍阳一带,祭遵便去投奔他,被刘秀收为门下吏。后随军转战河北,当了军中的执法官,负责军营的法令。任职中,他执法严明,不徇私情,为大家所称道。

有一次,刘秀身边的一个小侍从犯了罪,祭遵查明实情后,依法把这个小侍从处以死刑。刘秀知道后,十分生气,想祭遵竟敢处罚他身边的人,欲降罪于祭遵。但马上有人来劝谏刘秀说:“严明军令,本来就是大王的要求。如今祭遵坚守法令,上下一致做得很对。只有像他这样言行一致,号令三军才有威信啊。”刘秀听了觉得有理,非但没有治罪于祭遵,还封他为征虏将军。祭遵为人廉洁,为官清正,处事谨慎,克己奉公,常受到刘秀的赏赐,但他将这些赏赐都拿出来分给手下的人。他自己的生活却十分俭朴,家中也没有多少私人财产。等他年老安排自己的后事时,他仍嘱咐手下的人,不许铺张浪费,只要用牛车装载自己的尸体和棺木,拉到洛阳草草下葬就可以了。祭遵就是这样一名良臣,即使死后多年,汉光武帝刘秀仍对他十分怀念。后来人们就把祭遵的这种高尚的精神概括为成语“克己奉公”,用来比喻一个人对自己要求严格,一心为公。

中华民族由于家族本位的社会结构和礼教文化的传统,培育了一种整体主义精神,并在此基础上形成了一种克己奉公、国而忘家、公而忘私的美德。中国伦理道德历来把“公义胜私欲”作为道德的根本要求。“公”之核心是去私意,“背私谓之公”。奉公必须克己,克尽己私便是公,亦即是天理。但它并不完全反对私利,关键看它是否合乎道德。克己奉公的精神,本质上是先公后私、个人私利服从社会公利的精神。中国人历来以“廓然大公”“天下为公”作为价值理想。中国文化中的大同境界,墨子的“摩顶放踵,利天下为之”,其基本精神都是一个

“公”字。在这种精神培育下,我国历史上出现无数爱国爱民、为民族为社会舍小家顾大家的杰出人物。史料记载,北宋时期,博州有位州官,在公烛下阅读上司来信时,发现信中有关于家属的情况,立即换上了自家的蜡烛阅读,他认为这是私事,不能点官家的蜡烛。“苟非吾之所有,虽一毫而莫取。”在古人看来,廉与贪之间的界线,就是公与私之间的红线。

早在《尚书》《左传》中,就有“以公灭私”“公家之利,知无不为”“临患不忘国”的规范性要求。墨家主张“举公义,辟私怨”,法家则强调“无私”“背私”,道家提出“圣人无心,以百姓心为心”。作为中国封建社会主流思想的儒家则主张为公之德,提倡“致忠为公”,弘扬“天下为公”的思想。这是要求官员做事,要从公心出发,不能斤斤计较个人私利得失。范仲淹虽三次被贬,却为人所敬仰。北宋天圣六年,刚刚升任秘阁校理的范仲淹上书朝廷,要求执政的刘太后取消垂帘听政,还政于已经年满22岁的宋仁宗。朝廷对此默不作答,却下诏书,贬官范仲淹为河中府通判。同僚饯行,大家称道他的被贬极为荣耀。三年后,刘太后薨。范仲淹回京被任命为右司谏。他再次介入政争,上书极力劝阻宋仁宗废后。朝廷降旨贬官为睦州知州。同僚饯行,举酒赞叹说:“范君此行,愈觉荣耀。”后来范仲淹又被调回京师任开封知府。此时的宰相吕夷简任人唯亲,朝中腐败不堪。范仲淹对宰相吕夷简的用人制度提出尖锐批评。吕夷简却勾结朋党离间君臣关系,导致范仲淹再次被贬官为饶州知州。这次只有好友王质来饯行,并赞叹道:“范君此行,尤为光耀。”范仲淹听后哈哈大笑,说:我已经前后“三光”了,下次如再送我,请备一只整羊作为祭奠吧。范仲淹从国家大事出发,不计个人进退荣辱,三次被贬官,三次光荣。并吟诵出“先天下之忧而忧,后天下之乐而乐”的千古名言,成为后世历代纯臣循吏的准则,受到后世敬仰。在当今时代,官员本身是国家公职人员,无论级别多么高，本质上都是人民的公仆。因此，更应该效法先贤，努力弘扬天下为公的精神，以天下为己任，与国家民众同呼吸共命运，为国家和人民无私奉献。

被称为“县委书记的好榜样”焦裕禄[①]，带领兰考人民治理风沙盐碱。劳累让他得了严重的肝病，疼痛难忍，开会、作报告，经常用右膝顶住肝部，用手揉搓。有时，用一个硬东西一头顶在椅子上，一头顶住肝部。天长日久，他坐的藤椅，被顶出一个大窟窿。焦裕禄生活十分朴素，他的办公桌、文件柜都是原兰考县委初建时买的，有不少地方破损。他用过的一条被子上有42个补丁，褥子上有36个补丁。焦裕禄的衣、帽、鞋、袜都是补了又补，缝了又缝。长期带病工作，组织劝他住院治疗，他怕花钱不去。给他请来一位中医开了药方，他嫌药贵不买。他说，灾区群众生活很困难，花这么多钱买药，我能吃得下吗？后来肝病到了晚期，他才在大家的极力劝说下去了医院，当护士噙着眼泪给他注射止疼针时，他感到自己的病已无法治疗，便摇摇手说：“我不需要了，省下来留给别的需要的人吧！”领导和兰考的群众代表前来看他，他谈的不是自己的病，而是兰考县的生产和群众的生活以及没有写完的文章。他说，我死了不要多花钱，省下来的钱支援灾区建设。数十年过去了，焦裕禄的事迹依然经久不衰，历久弥新，在百姓中广为流传。他的事迹感人至深，催人泪下，感染、教育着一代又一代人，他就像一颗悬挂在天际的明星，照亮人们的心灵。

---

① 参见《人民的好公仆　党的好干部——焦裕禄》，载 http://www.chneic.sh.cn/dxyy4550.html，最后访问日期：2017年9月10日。

克己奉公，于公利于江山社稷，利于社会的安定与长久治安；于私利于个人道德修养的完善，利于个人事业的成功。一个国家需要克己奉公的精神作为支撑，克己奉公就是要克制私欲。古往今来，历史无不在昭示这样质朴的道理：人人找准自己的坐标和定位，然后各司其职，尽忠职守，顾全大局，才能将自己和国家人民融为一体，国家、他人与个人的利益才能最优化，公私才有可能获得最大意义上的结合。一个人如果缺乏克己奉公，就像汽车失去了方向盘和刹车，必然会“越轨”、“出格”甚至“翻车”。权倾朝野的鳌拜就没能自律，放任自己的野心无限制地膨胀，搞得国无宁日，终不得好死。明珠、索额图也曾为康熙稳定皇位立下赫赫战功，一旦位高权重，心魔也渐长，把持不住、克制不了就坏了事，害人害己，在大牢里临老了方才幡然醒悟。贪财嗜欲的和珅，在贪欲的牵引下，没有任何节律与克制，创下八亿银两的贪污金额之最，成了贪官的代名词。受和珅作风的影响，乾隆朝中官员上行下效，大官勒索小官，小官敲诈百姓，政治风气败坏到极点，国库亏空。

当今，在金钱的驱使下，一些贪得无厌的官员早已把克己奉公丢到了脑后，他们动辄几百万元、几千万元甚至上亿元地贪腐。全国人大环境与资源保护委员会原副主任委员白恩培，是党的十八大后落马“老虎”中受贿金额最高的一位。法庭查明，白恩培受贿金额共计折合人民币2.46764511亿元，根据公开资料整理显示，这一数额应该创下了目前已查明的官员贪腐记录。先贤早就告诫我们，“壁立千仞，无欲则刚”。克服了贪念，守住了欲望，心才可能安个好家，而白恩培的心当无家可安。

“国而忘家，公而忘私，利不苟就，害不苟去，惟义所生。”忙于国家事而忘了自家，因为公事而忘了私事，见到利益并不苟且地追求，遇到危害也不苟且地避开，这是正义的表现。克己奉公，是一种优秀的文化传统，是一笔宝贵的精神财富；克己奉公会得到别人的尊重，会得到他人的信任和赏识，能以自己的人格魅力感染人、带动人，有利于形成和谐的人际关系，为自己的事业发展奠定基础，有利于迈进更高的人生目标；克己奉公，是一种难能可贵的信念，是一个人有所成就的必要条件，有了这种信念，会让眼光变得更长远，行为更合法更符合社会道德，更利于成功，更利于个人人格的提升和自我完善。克己奉公，利己利国，作为国家的一分子，我们应该具备这种品质，应该以它为行为准则。

塑造你的道德人格

道德在人们的社会生活中扮演着如此重要的角色，发挥如此重要的作用，那么，在社会中就要努力培养民众高尚的道德情操，增强社会正能量，降低社会治理成本，提高社会治理的成效。古今中外都非常重视人的基本道德的培养，关于如何培养人的道德意识，提升人的品德修养，也有丰富的经验值得学习。

优化环境，培养德行

提升社会个体的道德水平，必须通过一定的途径、一系列的载体以及个体生活环境的优化才可以实现。一般来说，家庭、学校、社会文化环境和人际关系交往，对个体的道德水平有着重要的影响。

家庭是每一个个体的启蒙学校，父母的家庭教育虽然不是一种系统的教育，但是父母的言行对个体的行为心理有着重要的、长期的、潜移默化的作用，有着不可估量的影响。历史上，品行高尚的父母往往教育出品行优秀的后代，上述的古代“四大贤母”就是很好的例证。学校是最系统的教育机构，个人在学校中可以受到系统的科学文化教育和道德教育。因此，凡是文化教育发达的时代，也往往是社会道德水平比较高的时代。在教育事业中开展系统的公民道德教育是世界各国教育系统中的必修课程。中国自古是文明礼仪之邦，重视道德教育一直是中华民族的优秀传统。在当前精神文明建设中，学校道德教育发挥着不可替代的作用，“富强、民主、文明、和谐、自由、民主、公正、法治、爱国、敬业、诚信、友善”的社会主义核心价值观是学校教育的重点，通过系统的教育，把社会主义核心价值观深深根植于每个人的心中。在社会主义核心价值观里，有一条重要内容就是“爱国”。关于爱国多说几句。目前，社会上存在着一种抹黑国家的现象，一些所谓的专家教授以及所谓的知名人士、“网络大 V”公然在网络上甚至公开场合诋毁、攻击、抹黑国家，有人还把爱国者称为“爱国贼”。一个公民连自己的国家都不爱，他还能爱谁？诋毁、攻击、抹黑自己的国家的人,不配做这个国家的公民。爱国,是一个公民应有的道德,也是中华民族的优良传统,爱国一定程度上是保证人的生存自由权利的需要。公民爱国,实际上就是爱自己国家的人民,捍卫公民自己的根本利益。

这里讲一个苏武牧羊的故事。公元前 100 年,汉武帝计划出兵攻打匈奴,匈奴派使者来求和,还把汉朝的使者都放了回来。汉武帝为回应匈奴的善意表示,派中郎将苏武拿着旌节,带着副手张胜和随员常惠,出使匈奴。苏武到了匈奴,送回扣留的使者,并送上礼物。苏武正等单于写个回信让他回去,没想到就在这个时候,出了一件倒霉的事儿。匈奴中有人造反,苏武的手下牵连其中,苏武知道自己有辱使命,决定自尽,未遂。单于把他关押起来不给饭吃,苏武吃雪和毡毛活了下来,匈奴人认为很神奇,就把他流放北海边牧羊。苏武放的所有羊都是公羊,而单于却要苏武放的公羊生下小羊才能回来。

苏武到了北海,这里什么人都没有,唯一和他做伴的是那根代表朝廷的旌节。匈奴不给口粮,他就掘野鼠洞里的草根充饥。日子一久,旌节上的穗子全掉了。直到公元前 85 年,匈奴的单于死了,匈奴发生内乱,分成了三个国家。新单于没有力量再跟汉朝打仗,又打发使者来求和。此时,汉武帝已死去,他的儿子汉昭帝即位。汉昭帝派使者到匈奴去,要单于放回苏武,匈奴谎说苏武已经死了,使者信以为真。后来汉朝又有使者来到匈奴,苏武的手下悄悄与其取得了联系,告诉他们苏武还活着,这才让苏武返回大汉。苏武出使的时候才 40 岁,在匈奴受了 19 年的折磨,这时的苏武已是 60 岁左右的老人,他的胡须、头发全白了。

“牧羊北海边，心存汉社稷。”回到长安的那天，长安的百姓都出来迎接他。他们瞧见白胡须、白头发的苏武手里拿着光杆子的旌节，没有一个不受感动的，说他真是个有气节的大丈夫。苏武牧羊的故事着实令人感动。

中华人民共和国成立后，涌现出了无数爱国先进典型。“国旗老阿妈”次仁曲珍就是典型的一位。[①] 1910 年，次仁曲珍出生在西藏聂拉木县樟木镇沟邦村。旧时代，这个地方的人们主要靠交换土特产品和出卖苦力为生。他们先上山砍伐竹子编织成筐、垫之类的竹制品，然后顺沟而上走五天到聂拉木宗缴纳赋税、换取食盐。顺沟而下，走约 10 天，到尼泊尔王国的巴尔比斯镇换取粮食。返回途中，要向尼泊尔海关缴纳八个尼币关税，回到村子，还不得不向村里的头人进贡。这样一个完整的过程，大约需要 30 天的周期。山路的崎岖和险峻，常常使许多苦力倒毙中途，因此这一带有着“地狱之路”的恶名。长大了的次仁曲珍也加入了这个队伍，为了躲避税收最大限度地获取粮食，次仁曲珍采取了一种最危险和最

① 参见“次仁曲珍”，载 https://baike.so.com/doc/5866735 - 6079585.html，最后访问日期：2017 年 9 月 1 日。

极端的方式，就是独行和走夜路。一个女人在漆黑的夜里、在悬崖边上负重摸索攀行，在生存边缘冒险徘徊，这种经历直到西藏和平解放，中尼公路的修通。

那年年初，打着红旗身穿黄衣服的金珠玛米（解放军）开进樟木沟，为他们修公路、修电站、做好事。他们租用了村民的土地要付租金，借了村民的东西要归还，还要付报酬；雇用了村民干活，要发给盐巴作为工钱。这一切给次仁曲珍留下了深刻的印记，特别是那如火一般的红旗更是在脑海里飘扬。和平解放后，次仁曲珍分得了土地、牲畜，最重要的是发了一面五星红旗，这是老人第一次近距离的观察和抚摸五星红旗。1965 年国庆节那天，次仁曲珍和村民一样，自发地、早早地在自己的窝棚前挂起了五星红旗。从此，次仁曲珍用她那在旧西藏因服徭役、剥毒树皮、向旧政府交造纸原料而老茧遍布、关节肿大和褪不掉色斑的手，在自家的小院里风雨无阻地升起五星红旗。她早挂晚收、日日不辍，从 1965 年到 2013 年她去世，坚持不懈地在自家小院里挂了整整 48 年国旗。老人院子里飘扬的五星红旗，成为边陲山村一道美丽的风景。次仁曲珍把对祖国的热爱融化在了鲜艳的五星红旗里，用朴实的行动表达无限爱国的热情，她创造了“每日升国旗持续年数最长的人”这一吉尼斯世界纪录，被誉为“国旗老阿妈”。

除了家庭环境，学校环境，开展道德教育也需要优化社会环境。个体在良好的社会环境中，一般会形成良好的道德观。如果个体处于不良的社会环境中，则社会中的“灰色因素”“黑色因素”可能会助长个体的不道德行为。因此，除了优化家庭环境、学校环境，开展道德教育，更要注重社会大环境的优化。如果社会大环境被破坏，歪风邪气占了上风，那么官员个体的腐败发展为行业的腐败，最终导致整个社会公民的腐败，国家和社会就会临近危险，甚至面临崩溃。

这种现象在古今中外历史上屡见不鲜，令人深省。例如，古代巴比伦有着灿烂的文明，但是在巴比伦灭亡前夕，整个社会骄奢淫逸，世风日下，卖淫的妓女被称为神女备受尊崇，最终巴比伦文明无力抵御异族入侵而被彻底摧毁。中国明朝末年的社会风气也十分放荡，面对农民起义的打击终于被推翻，而农民起义者李自成的部队在占领北京以后，庞大的军队迅速腐化堕落，最终被吴三桂引清军入关击败，这些历史事实都令世人警醒。因此，大力优化社会环境对于开展有效的道德教育是不可或缺的。总体来看，一个人在优良的家庭氛围、学校环境和健康向上的社会环境中成长，就会比较容易形成良好的道德修养。

提倡节约，俭以养德

人们的欲望是无穷的，相对于人类的无法满足的欲望，资源总是稀缺的。因此，如何在这种矛盾中协调人们的利益关系一直是经济学产生发展的原始动力。伦理学者却可以独辟蹊径，从道德培养的角度来解决这个矛盾。

中国儒家的人生理想情结，莫过于“诚意正心、格物致知、修身、齐家、治国、平天下”。孔子的得意门生颜回因为家贫体弱，32 岁就死了。如果看一看颜回的生活历史，似乎颜回在短暂的生命过程中并没有什么伟大功绩可言。但是，孔子为什么对这个学生一向赞誉有加呢，因为颜回不仅“好学，不迁怒，不贰过”，而且节俭。《论语·雍也第六》中记载子曰：“贤哉回也！一箪食，一瓢饮，在陋巷，人不堪其忧，回也不改其乐。贤哉回也！”翻译过来就是孔子说：“贤德啊，颜回吃的是一小筐饭，喝的是一瓢水，住在穷陋的小房中，别人都受不了这种贫苦，颜回却仍然不改变向道的乐趣。贤德啊，颜回！”这是赞美颜回安贫乐道的精神。如果按照古人的评判标准,尽管颜回没有世俗世界被人称道的历史功绩,但是却立了最大的功绩,就是所谓立德。这种安贫乐道的思想境界是非常值得称道的。

节俭与美德的形成从来都是相辅相成的。《尚书》中说:“克勤于邦,克俭于家。”《左传》中说:“俭,德之共也;侈,恶之大也。”墨子则认为:“节俭则昌,淫佚则亡”。诸葛亮在《诫子书》中说:“夫君子之行,静以修身,俭以养德。”可见,古人很早就认识到节俭在培养美德中的重要意义。可以这么说,凡是崇尚节俭的时代,国家则蒸蒸日上;奢靡成性的时代,则社会必然每况愈下,岌岌可危。唐代的李商隐则在其《咏史》中直接说:“历览前贤国与家,成由勤俭破由奢。”

曹操[①]是历代政治家中在厉行节俭方面做得非常出色的一位。平定河北后,当时贵族和功臣日兴侈靡之风,曹操越来越感到此风不刹,将来天下必丢,因此,他常常教育王公大臣说:要统一中国,必须勤俭,将来要保住天下,必须勤俭。此后,他制定了一系列奉行节俭的制度,并把它当成一种长远的战略去考虑。可在当时,侈靡之风已盛行很久,一时难以刹住,为此,他做了大量的工作。一次,士兵整理征伐袁绍时的战利品,清理出了长短不一很难派上用场的竹片,士兵决定把它扔掉,请示两位后勤官,一位同意把它扔掉,另一位却坚持留存。这事正巧被路过的曹操听到,他当即决定将不同意扔掉的后勤官官升两级,同意扔掉的后勤官就地免职,降为普通士兵。这件事迅速传播开来,王公大臣看出曹操的决心,也都渐渐地收敛了侈靡的习气,节俭之风日兴。

曹操倡导节俭,身体力行。一次,内侍想给他换套被子、床褥,请示曹

---

① 曹操(155~220年),字孟德,一名吉利,小字阿满,沛国谯县(今安徽亳州)人。东汉末年杰出的政治家、文学家、书法家,三国中曹魏政权的奠基人。

操有何要求,谁知曹操只对他说了两个字:“暖和。”他明令不准家人和宫女穿有刺绣的衣服,侍女下人的鞋子丝料不得用两种颜色,不允许有任何刺绣修饰。他对家人也是严格要求,一次,曹植的妻子穿锦绣衣服在宫内走动,恰巧被曹操看见,曹操很生气,立即差人告诫,并命令她立即换下。谁知,曹植的妻子没太在意,她好久没穿这样漂亮的衣服了,于是没有立即换下而是偷偷在屋子里带着两个丫环欣赏。曹操很较真,不一会便派人再去看,差人回来后如实汇报,曹操非常生气,立即找来曹植,让他传令妻子在家自杀,任凭曹植怎么哀求也不为所动。此事传出后,宫内再也没人敢违反曹操的禁令,节俭之风在曹操的周围渐渐盛行起来。

曹操善饮酒,“对酒当歌,人生几何”这一千古名句,就说明戎马一生的他对酒的热爱。然而,曹操却是三国时期提出禁酒的政治家。由于当时连年征战,国家已是千里赤地,粮食奇缺。可当时军营酒风日盛,每征一战取得胜利,必用好酒犒赏三军,因此,许多兵营私下里自营酿酒坊,一方面自用,一方面用于收益。古代酿酒全靠粮食,当时粮食奇缺,可兵营却花费大把的粮食去酿酒。打仗没有酒可以,但没有粮食不行,这显然已危及曹操的用兵大计,必须把粮食省下来用于征战。于是,他果断下令禁酒。一次,曹操到张辽大营视察,随机问路过士兵可否知道全军禁酒,士兵听后立即回答说知道,曹操听后非常满意。可不想,晚上一队士兵偷袭敌营取得小胜,在帐篷里饮酒庆祝,侍卫报告曹操后,曹操非常生气,怒气冲冲地直奔张辽帐篷,带着张辽去士兵们饮酒的帐篷,倒是张辽不紧张,不紧不慢跟在后面。曹操进了帐篷后发现士兵们正在举杯痛饮,刚想发脾气,却闻不到一点酒味,仔细一尝所有士兵碗里装的都是水。曹操感激万分,当即掉下了泪,连说多声“胜利在望”。结果,这些士兵都得到了奖赏。经过大力整顿,曹操在世时社会风气大改,无论是王公贵族还是普通百姓,都把尚廉、戒奢、倡俭付诸实际行动,产生了切实的社会影响。正是在这种勤俭精神作用下，使曹魏在三国之中成为实力最强大的一支，为以后晋朝的统一打下了良好的基础。

开国领袖毛泽东一生节俭，他的一件睡衣整整用了20年，破了补，补了又破，工作人员觉得实在太旧了，要求换一件新的，毛泽东不同意。他说："习惯了，还是这件补丁叠补丁的好穿。"这件睡衣穿到1971年时，竟然补了72个补丁。有一双从1949年开始穿的皮拖鞋，也是毛泽东的心爱之物，他走到哪里就把它带到哪里。1965年在长沙，身边工作人员看到这双拖鞋破得实在不能穿了，就劝毛泽东换一双新的，他仍然坚持补一补继续穿。工作人员将鞋送到鞋匠那里，没想到鞋匠一看就给扔在了地上不肯修。原因是太旧了，没法修。经过工作人员反复请求，人家才勉强接了活儿。有一次，毛泽东休息时，工作人员就把那双拖鞋拿阳台上去晒。结果用时却找不到了，后来才知道是值勤巡逻人员觉得这样破的拖鞋放在领袖的房间不雅观，给扔到垃圾堆里去了。工作人员赶紧找了回来，送还了毛泽东。

而今，随着人们生活水平的提高，有的人忘记了饥饿，忘记了节俭，奢侈浪费。统计数据显示：我国2007年至2008年仅餐饮浪费的食物蛋白质就达800万吨，相当于2.6亿人一年的所需；浪费脂肪300万吨，相当于1.3亿人一年所需。面对如此惊人的浪费现象，社会上呼吁节约的声音逐渐响起。在北京，来自金融、广告、保险等不同行业的成员，组成了用IN_33称呼的团队，发起了"光盘行动"，[①]光盘行动的宗旨是：餐厅不多点、食堂不多打、厨房不多做。2013年1月初，IN_33中的三个成员发出的"从我做起，今天不剩饭"的号召得到广泛响应。1月10日，提议设"光

---

① 参见"光盘行动"。载 https://baike.so.com/doc/5351151－5586608.html，最后访问日期：2017年9月1日。

盘节”,“光盘”成为代号。他们发布微博,把宣传页和海报送到大街小巷的各个餐厅,张贴在饭店大厅的玻璃上、走廊间,并将5万份宣传页送到一些加油站点,跟随加油站的物流车分发到各个小的站点。16日,在某餐厅召开“光盘节”启动仪式。

这一行动首先得到了饮食行业的支持,为减少“舌尖上的浪费”,北京众多餐厅开启了行业内的“光盘行动”,为顾客提供“半份菜”“小份菜”“热菜拼盘”,鼓励把没吃完的剩菜打包带走。价格按照“半份半价,小份适价”原则确定,并提供免费打包服务,使用环保包装,不提供一次性木筷和超薄塑料袋。“光盘行动”在社会上引起了巨大反响,得到了广大民众的热烈响应和大力支持。人们在饭馆就餐时,改变了过去讲面子、摆排场的陋习,吃多少点多少,吃不完就打包。这一行动短时间改变了人们浪费食物的不良习惯,重新唤起了人们的节俭意识。这一行动也得到了政府的支持,商务部表示,要大力发展网络订餐、半成品餐和外卖快餐等餐饮服务模式,同时要清理规范最低消费、包间费等额外收费,减少不合理的餐饮支出。“光盘行动”成为2013年十大新闻热词、网络热度词汇，最知名公益品牌之一。

恬然自安，知足常乐

提升人生的道德境界，还有一个重要的心态修养就是要知足。如前文所述，古希腊苏格拉底是一个甘愿受死也要维护城邦法律的哲学家。从他的事迹中，可以看到他的人生境界的形成在早年就可见端倪。

古希腊哲学家苏格拉底还是单身的时候，和几个朋友一起住在一间只有七八平方米的房子里，但他却总是乐呵呵的。有人问他：“和那么多人挤在一起，连转个身都困难，有什么可高兴的？”苏格拉底说：“朋友们在一起，随时都可以交流思想，交流感情，难道不是值得高兴的事情吗？”过了一段时间，朋友们都成了家，先后搬了出去。屋子里只剩下苏格拉底一个人，但他仍然很快乐。那人又问：“现在的你，一个人孤孤单单的，还有什么好高兴的？”苏格拉底又说：“我有很多书啊，一本书就是一位老师，和这么多老师在一起，我时时刻刻都可以向他们请教，这怎么不令人高兴呢？”几年后，苏格拉底也成了家，搬进了七层高的大楼里，但他的家在最底层。底层的境况是非常差的，既不安静，也不安全，还不卫生。那人见苏格拉底还是一副乐融融的样子，便问：“你住这样的房子还快乐吗？”苏格拉底说：“你不知道一楼有多好啊！比如，进门就是家，搬东西方便，朋友来玩也方便，还可以在空地上养花种草，很多乐趣呀，只可意会，无法言传。”又过了一年，苏格拉底把底层的房子让给了一位朋友，因为这位朋友家里有一位偏瘫的老人，上下楼不方便，而他则搬到了楼房的最高层。苏格拉底每天依然快快乐乐。那人又问他：“先生，住七楼又有哪些好处呢？”苏格拉底说：“好处多着呢！比如说吧，每天上下几次，这是很好的锻炼，有利于身体健康；光线好，看书写字不伤眼睛；没有人在头顶干扰，白天黑夜都非常安静。”①

生活中，很多人不知足，不惜利用公权捞好处。前些年干部队伍中曾经出现过“59岁”现象，又称“最后捞一把”现象。有的领导干部在离退休前夕，眼看自己到了退休年龄，“有权不使，过期作废”，抱着侥幸心理贪污一把，不幸锒铛入狱。孔子曾说：“及其老也，血气既衰，戒之在得。”如果当今的官员都有这样的心态，就不会出现晚节不保的“59岁”现象了。相反，《汉书》中记载的疏广的故事，则让人看到了一个高级官员在晚年是如何知足常乐，如何面对权力、金钱的。

疏广，字仲翁，东海兰陵人。他自幼勤奋好学，深明《春秋》，在家乡教授子弟，后被征召做博士、太中大夫。地节三年，(汉宣帝)立皇太子，选拔疏广担任太子少傅，几个月后，调职为太子太傅。疏广哥哥的儿子疏受，研读礼经，谦恭谨慎，思维敏捷且有口才。宣帝驾临太子东宫，疏受拜迎进见，应答宣帝的提问，宣帝非常高兴。不久，朝廷授给疏受太子少傅的职务。太子每次朝见皇帝时，太傅疏广在太子前引导，少傅疏受在太子后跟随，叔侄俩一起担任太子的老师，朝廷引以为荣。

在他们任职5年后，皇太子已经12岁，通晓了《论语》《孝经》等。疏广对疏受说：“我听说‘知道满足的人不会受羞辱，知道停止的人不会有危险’‘一个人一旦功成名就应及时隐退，这是天意常规’啊。现在我们的官俸已达两千石，官居高位，名声树立，到这时仍不想离开，将来恐怕会后悔的，倒不如我们叔侄告老引退荣归故乡，颐养天年终老此生，这样不也是大好事吗？”疏广终于向朝廷上表请求退休，宣帝因为他年事甚高，

---

① 苏格拉底故事转引自《快乐常在》，载逍遥右脑记忆网，http://www.jiyifa.com/rensheng/330964.html，最后访问日期：2017年7月17日。

就答应了他的请求。

疏广回归故乡后，每天让家人摆设酒食，请家族的人及亲戚朋友宾客，与他们一起娱乐。疏广经常过问家里积蓄还有多少，不停地花钱以设酒食宴请亲朋好友。过了一年多，疏广的子孙私下对疏广兄弟老人中最喜欢信任的一位说："我们子孙辈希望您在见到他老人家（疏广）时劝他多少置办些田产房屋，现在天天设筵席家里钱财将要用尽，应该在他老人家跟前，劝说他老人家（为我们子孙）置办田地房屋。"这位老人就在和疏广闲聊时谈到置办田地房屋的事，疏广回答说："我难道年老悖情不考虑子孙的将来吗？但家中原有田地房屋，只要子孙们在那里勤力劳作，足能有饭吃有衣穿，过与普通人相同的生活。现在置买多余的田地房屋，只能使子孙懒惰罢了。有才德的人如果钱财多，就会削弱他的意志；愚蠢的人如果钱财多，就会增多他的过失。况且富人常会成为众人怨恨的对象，我既然无德教化子孙，也不希望增加他们的过失而招人怨恨。再说这些金钱是圣明的皇上赐予我养老的，所以很乐意和宗族同乡共同享受他的恩赐，这样度过我的余生，不也很好吗？"这以后子孙们心悦诚服，疏广因此尽享天年。①

修养自己的知足之心，大致包括三个境界：一是自甘清贫；二是自安其心；三是自谋其乐。

范仲淹是北宋的大文学家、政治家改革家。但是他幼年却很不幸，出身贫寒，无力上学，只好跑到寺院中的一间僧房中去读书。在寺庙读书期间，他将自己关在屋内，足不出户，手不释卷，读书通宵达旦。由于家贫，生活得十分艰苦。每天晚上，他用糙米煮好一盆稀饭，等第二天早晨凝成冻后，用刀划成四块，早上吃两块，晚上再吃两块，没有菜，就切一些腌菜

① 疏广的事故来源于《汉书·疏广传》，根据原文翻译整理。

下饭。生活如此艰苦，但他毫无怨言，专心于自己的读书学习。后来，范仲淹的一个同学看到范仲淹的生活如此艰苦仍好学不辍，就回家告诉了父亲。同学的父亲听说后，被范仲淹刻苦学习的精神所感动，也深深同情范仲淹的贫穷处境，于是吩咐家人做了一些鱼肉等好吃的东西，叫儿子带给了范仲淹。那个同学将做好的鱼肉送给范仲淹，说："这是我父亲叫我送给你的，赶快趁热吃吧！"范仲淹回答说："不！我怎么能够接受你的东西呢？还是带回去吧！"那个同学以为范仲淹不好意思接受而推辞，连忙放下东西回家去了。过了几天，那个同学又来到范仲淹的住所，发现上次给他送的好吃的东西丝毫未动，已经变坏了，就责备范仲淹说："看，叫你吃你不吃，东西都变坏了，你为什么不吃呢？"范仲淹回答说："并不是我不想吃，只是我已经过惯了艰苦的生活，如果吃了这些美味佳肴，以后再过这种艰苦的生活就不习惯了，所以我就没有吃。感谢你父亲的一片好意。"那个同学回家，将范仲淹的话如实告诉了父亲。他父亲夸奖说："真是一个有志气的孩子，日后必定大有作为呀！"范仲淹断齑画粥的故事，显示了早年的范仲淹甘于清贫自求上进的精神品质。

更进一步，修炼知足之心，还要自安其心，不为外界利诱所动。孔子的弟子子路经常穿着破衣服，和穿着狐貉皮袍的人在一起也不感到羞耻。孔子赞叹他说："衣敝缊袍，与衣狐貉立，而不耻者，其由也与？'不忮不求，何用不臧？'"子路终身诵之。[1]

知足的最高境界，莫过于他的弟子颜回，在贫困之中自得其乐。孔子自己也是"饭疏食饮水，曲肱而枕之，乐亦在其中矣。不义而富且贵，于我如浮云[2]。"也就是说吃粗粮，喝白水，弯着胳膊当枕头，乐趣也就在这中间了。用不正当的手段得来的富贵，对于我来讲就像是天上的浮云一样。

君子慎独，修身为上

"慎独"是指人们在独自活动无人监督的情况下，依然可以评价高度的自觉性，按照道德规范行动，而不做任何有违道德理念和做人原则的事情。这是进行个人道德修养的重要方法，也是评定一个人道德水准的关键性环节。

《大学》中说："小人闲居为不善，无所不至，见君子而厌然揜其不善而著其善"。是指小人住在家里闲着没事就会做坏事，没有什么事是做不出的，看到品德高尚的人，却又躲躲藏藏企图掩盖他们所做的坏事，而装出一副似乎做过好事的模样，设法显示自己的美德。而君子则不同，即使在独处时候也会小心谨慎，不会像小人那样放纵自己。

中国古代有很多故事记载了慎独的高尚行为。东汉时期，杨震四次

---

① 参见《论语·子罕》。

② 参见《论语·述而第十五章》。

升迁,担任荆州刺史、东莱太守。当他到郡上任,路过昌邑时,过去他曾举荐的荆州秀才王密正做昌邑的县令。晚上,王密去拜见杨震,怀中揣了十斤金子,送给杨震。杨震说:“我了解你,你却不了解我,这是怎么回事呢?”王密说:“这么晚了,没有人能知道这件事。”杨震说:“天知道,神知道,我知道,你知道。怎么能说没人知道!”王密羞愧地退出去了。杨震在无人知晓的夜晚,在没有第三人知道的情况下毅然拒绝了王密的高额馈赠。[①]

无独有偶,清朝也有类似的故事。清代的叶存仁,先后在浙江、河南等地做官,比较清正廉洁、律己律人。因为政绩卓著,他被升任巡抚,是当时的封疆大吏。叶存仁雇好船只准备赴任,昔日的同僚们却凑在一起商量起来。有同僚说,叶大人在任期间,对我们十分关心和照顾,如今调走了,我们怎么也得表示表示呀。同僚们来到江边给叶大人送行,可临开船时,船家却说船坏了需要修补。于是,叶存仁就和同僚们坐下来一边叙旧

① 杨震的故事出自(宋)司马光:《资治通鉴》卷四十九。

一边等待。直到天完全黑下来，船只才修好，叶存仁向同僚们告辞，登船离去。船开得不快，慢悠悠地行驶着。夜色中，岸边有一艘大船快速追上来。叶存仁觉得奇怪，细看船上，竟是跟随自己多年的师爷。师爷拱着手诚恳地说："叶大人待我们恩重如山，实在无以为报，这是我们的一点心意，请叶大人无论如何也要收下呀。"叶存仁借着月光看到大船上载着几只沉重的大箱子，心里马上就明白了。他马上阻止大船靠近，严肃地对师爷说："你们的心意我领了，但是礼物坚决不收。你跟随我多年，怎会不知我的秉性呢？"原来，那些同僚认为叶存仁白天不肯收礼，一定是怕别人看到会有麻烦，便商量好晚上送。于是买通船家，推迟船行时间，然后趁着夜色，再用大船装满礼物赶过来。叶存仁让手下拿来笔墨纸砚，就着月光写下一首诗交给师爷："你们的心意我领了，我的心意就在诗里面。"师爷只好乘船带着礼物返回。同僚们展读那首诗："月白风清夜半时，扁舟相送故迟迟。感君情重还君赠，不畏人知畏己知。"诗的最后一句很明白，不是害怕别人知道，而是害怕自己知道，因为那是明知故犯，所以自知更可怕。[①]

杨震和叶存仁都是在夜色之中拒绝了礼物馈赠。这种"不畏人知畏己知"的慎独精神，堪为历代师表。当代的贪污贿赂许多行为也是在他人不知道的情况下发生的，因为他们没有慎独精神，一个个官员最终一步一步落入贪污受贿的泥潭，天网恢恢，最终难逃惩罚。

要做到慎独，就是要抵御住诱惑。正如老子所言："见欲而止为德。"见所欲知道控制自己往往需要激烈的思想斗争，正是在这种斗争中坚持了原则，才可以一步步达到慎独。

明代的曹鼐在江西吉安府泰和县担任典史时，因为缉拿盗匪，抓到了一个年轻美貌的女强盗，由于距离县衙太远，到了夜晚，只能暂时押在一

① 叶存仁故事改编自汤金发：《自知便可怕》，载《青年日报》2014 年 8 月 14 日，第 15 版。

座庙里。那女子的美丽让曹鼐怦然心动,女贼也千方百计引诱他。他忍不住想去一亲香泽,可是又觉得这样做不妥;情欲和理智展开了拉锯战,美色和不妥来回在他脑海里折腾。被诱惑得快意志动摇时,曹鼐用毛笔蘸墨在一张小纸片上写“曹鼐不可”四个字,然后放在烛火上烧了。一会儿,那女子姣好的容貌和诱人的身材又浮现在眼前,他持笔再写“曹鼐不可”四字,用火把小纸片又烧了。就这样写了烧,烧了写,一夜之间写了数十次,终于没有乱来。①

垂范社会,上行下效

汉代班固的《白虎通义·三教》曰:“教者,效也,上为之,下效之。”效:仿效,跟着学。上面的人怎么做,下面的人就跟着怎么干。

春秋时,齐景公自从宰相晏婴死了之后,一直没有人当面指责他的过失,因此心中感到很苦闷。

有一天,齐景公欢宴文武百官,席散以后,一起到广场上射箭取乐。每当齐景公射一支箭,即使脱靶,文武百官都是高声喝彩:“好呀!妙呀!”“真是箭法如神,举世无双。”事后,齐景公把这件事情对他的臣子弦章说了一番。弦章对景公说:“这件事情不能全怪那些臣子,古人云:‘上行而后下效。’国王喜欢吃什么,群臣也就喜欢吃什么;国王喜欢穿什么,群臣也就喜欢穿什么;国王喜欢人家奉承,自然,群臣也就常向大王奉承了。”景公听了弦章的话,认为弦章的话很有道理,就派侍从赏给弦章许多珍贵的东西。弦章看了摇摇头,说:“那些奉承大王的人,正是为了要

① 曹鼐故事根据《官德的力量》书中故事改编,参见刘详编著:《官德的力量》,中国言实出版社2014年版,第172页。

多得一点赏赐,如果我受了这些赏赐,岂不是也成了卑鄙的小人了!”他说什么也不接受这些珍贵的东西。

这就是上行下效的故事,从这个故事中,我们看到上边对下边的影响之大。

在前文的案例中,许多著名的古代圣贤和高级官员的高尚品行和行为,都成为社会的典范,这些榜样对于整个社会道德的提升具有示范意义,发挥着不可估量的影响。在我国古代,按照封建社会的道德水准,对于品行高尚的人进行表彰就是常见的做法。当代中国,每年度对道德楷模人物的道德先进行为进行表彰宣传也是类似的做法。实际上,社会上层精英人物的道德水准对整个社会的道德建设具有重要意义,尤其是国家公职人员的道德品行对于整个社会风气有着巨大影响。因此,提升社会整体道德水平,就要首先提升官员的道德水平,官风变了,民风就会变,社会风气也会随之改变。

在一个单位系统中,领导干部的作风关乎整个单位的风气,也关乎下级官员的工作作风和道德水平。紧紧抓住领导干部的工作作风改善不放松,就抓住了改善一个单位风气的牛鼻子。

清代康熙年间,有一位叫郭琇的是著名的清官,官至一品。郭琇是山东即墨郭家巷(今属即墨市)人。他为国为民,廉洁清正,勤勉干练,善断疑案,在地方任职期间,“治行为江南最”,很受好评。他不计私利,弹劾权奸,在“势焰熏灼、辉赫万里”的权臣面前毫无惧色,被称为“铁面御史”。郭琇平生耿直,以三次弹劾而名动天下,留名史册。郭琇这三大疏,特别是后二疏,有力地抨击了贪官污吏的腐败以及结党营私的不正之风,对“康乾盛世”功不可没。然而这位郭琇却曾是一位贪污腐败的官员。据史书《啸亭杂录·卷四·汤文正》记载,清朝康熙年间,任江苏吴江县知县的郭琇,贪污纳贿,名声不好,新任巡抚汤斌得知,准备罢他的官,治他的罪。郭琇去见汤斌,说:“我之所以贪污受贿,是为了供给前任巡抚需索,满足他的欲望,现在你来接任了,我当然用不着这样做,请你给我一个改过的机会。”汤斌表示同意。郭琇返回县衙,立即命手下挑水冲洗厅堂及内室,表示去污更新,并公开对百姓说:“前任县官郭琇已死,现在是新的郭琇了。”从此,他果然清操自守,尽心治理,成绩斐然,得到地方群众赞许。郭琇现象非常生动的说明,上级领导的官德直接影响下级官员的品行。[①]

近朱者赤,近墨者黑。跟着好人学好人,跟着巫婆下假神。“一个榜样胜过书上二十条教诲。”榜样的力量是无穷的,榜样是旗帜,代表着方向;榜样是资源,凝聚着力量。用毛主席的话讲,榜样本身就是一种政治力量。要从自身做起,以“典型”为镜,反复检视自己、透视自己,从中查找自身不足。“照镜子、正衣冠、洗洗澡、治治病”,找差距、明方向、修身正己,垂范社会。

慎重交友,净化关系

一个人道德水平的提高也和他的人际关系有很大关系。人生在世,必然会有很多朋友,但是交结什么样的朋友是一门学问。交往不慎,会对个人的品行产生重大影响。

中国人对慎重交友有很多古训。诸葛亮在《诫外甥书》中说:“夫志当存高远,慕先贤,绝情欲,弃凝滞,使庶几之志,揭然有所存,恻然有所感;忍屈伸,去细碎,广咨问,除嫌吝,虽有淹留,何损于美趣,何患于不济。若志不强毅,意不慷慨,徒碌碌滞于俗,默默束于情,永窜伏于凡庸,不免

① 郭琇的故事根据郭琇故事改编,参见刘洋编著:《官德的力量》,中国言实出版社2014年版,第1177~118页。

于下流矣！”宋人许棐说：“与邪佞人交，如雪入墨池，虽融为水，其色愈污；与端方人处，如炭入薰炉，虽化为灰，其香不灭。”说的就是朋友对自己的潜移默化的影响作用。在一定意义上，选择朋友就是选择自己的前程和命运。

朋友可以分为多种类型。子曰：“益者三友，损者三友。友直、友谅、友多闻，益矣。友便辟，友善柔，友便佞，损矣。”①古代对于怎样交友，交结什么样的朋友有许多动人的故事，给人深深的启迪。

管仲是春秋时齐国政治家，一代贤相。管仲早年经营商业，后从事政治活动。在齐国公子小白(齐桓公)与公子纠争夺君位的斗争中，管仲曾支持公子纠。小白取得君位后，不计前嫌，重用管仲；管仲亦辅佐齐桓公，施行改革，使齐国成为春秋五霸之一。管仲和鲍叔牙是好朋友。起初，管仲和鲍叔牙合伙做买卖。管仲家里穷，出的本钱没有鲍叔牙多，可是到分红利的时候，他却要多拿。鲍叔牙手下的人都很不高兴，骂管仲贪婪。鲍叔牙却解释说：“他哪里是贪这几个钱呢？他家生活困难，是我自愿让给他。”有好几次，管仲帮鲍叔牙出主意办事，反而把事情办砸了，鲍叔牙也不生气，还安慰管仲，说：“事情办不成，不是因为你的主意不好，而是因为时机不好，你别介意。”管仲曾经做了三次官，但是每次都被罢免，鲍叔牙认为不是管仲没有才能，而是因为管仲没有碰到赏识他的人。管仲曾经带兵打仗，进攻的时候他躲在后面，退却的时候他却跑在最前面。手下的士兵全都瞧不起他，不愿再跟他去打仗。鲍叔牙却说：“管仲家里有老母亲，他保护自己是为侍奉母亲，并不真是怕死。”鲍叔牙替管仲辩护，极力掩盖管仲的缺点，完全是为了爱惜管仲这个人才。管仲听到这些话，非

① 参见《论语·李氏》，是孔子教育弟子交朋友的法则，载 https://baike.so.com/doc/6779128-6995227.html，最后访问日期：2017年9月1日。

常感动，叹口气说：“生我的是父母，了解我的是鲍叔牙啊！”管仲和鲍叔牙就这样结成了生死之交。

齐襄公乱政，鲍叔牙随公子小白出奔至莒国，管仲则随公子纠出奔鲁国。齐襄公被杀，纠和小白争夺君位，小白得胜即位，即齐桓公。桓公囚管仲，鲍叔牙知道管仲之贤，举荐管仲替代自己的职位，而自己则甘居于管仲之下，齐国果然因为管仲的治理而日渐强盛，被时人誉为“管鲍之交”。[①]

同样，也有朋友绝交的故事令人称颂。三国时魏人管宁和华歆，[②]小时候在一起读书，朝夕相处，算是比较要好的发小。不过两人的性格品行有诸多差异。管宁俭朴好学，不慕富贵，华歆则恰恰相反。有一天，他俩在菜园里锄地，忽然锄出一块金子来。管宁好像根本没有看见此物，仍然闷头锄地。华歆却惊喜异常，立马把金子捡起来，想悄悄装进腰包，可是当他看见管宁一副冷淡不屑的表情后，才一脸羞涩把金子丢到地上。

还有一回，他俩都在书房读书，恰好有一位达官贵人从此处路过，前呼后拥，威风凛凛。管宁好像啥也没有听见，仍然专心致志地读书。华歆却丢下书本，跑到门外去看热闹，好一会儿才回来，随后大谈那位达官贵人的排场和阔气，流露出无比羡慕的神色。管宁对华歆的俗陋感到厌恶，一气之下，抽出刀来，把两人同坐的一条席子，从中割成两半，并严肃地对华歆说：“你不是我的朋友，你别同我坐在一起！”

管宁“割席断交”的做法看似有些过分，但从“物以类聚，人以群分”的大原则上讲，他这种勇于同品行不洁者划清界限的精神是值得赞誉的。现实生活中有一些人就是因为与品行不端的人划不清界限，甚至勾勾搭搭，互相利用，结果臭味相投，同流合污，最后一起栽进深渊。

---

① 管鲍故事转引自刘洋编著：《官德的力量》，中国言实出版社2014年版，第173页。

② 参见朱碧莲、沈海博译注：《世说新语》，中华书局2011年版。

专业篇

每个人都想拥有一份稳定且收入高的工作，之后才会有好的生活。说实话，这个标准不高，但是要想达到这个标准也很难。

世上无难事，只怕认真。要想拥有一份高收入的工作，前提是要有过硬的专业技术水平，也就是一技之长。歌星名利双收靠的是唱歌；影星靠的是演技；聂卫平靠的是围棋；姚明靠的是篮球；齐白石等书画名家靠的是画笔。所以，学校里开设了音乐专业、体育专业、美术专业、新闻专业、销售专业、法律专业、医学专业等。三百六十行，行行都有专业。有的人从幼年起就钻研一门专业，直到学不动为止。有的人好高骛远，这山望着那山高，到头来一事无成，生活周围的成败例子举不胜举。

要想掌握一门过硬的专业，并且有所建树，既要选准自己喜欢的工作，也要认真地坚持到底。卡耐基说："成功的第一要素，就是一定要喜欢自己的工作，或者做你喜欢的工作。"爱迪生喜欢发明，常常废寝忘食，每天在实验室工作十几个小时，从不觉得苦累，还说"我每天其乐无穷"。报童出身的爱迪生不仅改变了美国也改变了世界。[①]

专业没有高低贵贱之分，只要在平凡的岗位上做出成绩，为国家和人民做出贡献就是光荣的。厨师为人们做出可口的饭菜；技工为人们做出衣服、鞋子，建造高楼大厦，为飞机、高铁、导弹上打磨一钉一铆等。因此，专业没有什么神奇和贵贱。说白了，专业就是一个岗位，一个让你付出劳动有丰厚回报的一技之长。把这一技之长学好、练好、用好，发挥出来就是成绩。

成就梦想实现理想，需要匠人持之以恒、精益求精、锐意进取、爱岗敬业的"工匠精神"。什么是"工匠精神"呢？"工匠精神"是一种热爱工作

① 参见《卡耐基金言》，中国国际广播出版社1991年版。

的职业精神。和普通工人不一样的是,工匠的工作不单是为了谋生,而是能够耐得住清贫和寂寞,数十年如一日地追求着专业技能的极致化,靠着传承和钻研,凭着专注和坚守,缔造奇迹。

看看技术惹的祸

你学的什么专业？你有什么特长？你能做什么？以上问题是所有寻找工作的人都曾被应聘单位问到过的。无论你是从田间走进城市务工的农民兄弟，还是从最高学府走出来参加招聘的莘莘学子。不管你文化高低，只要你想找工作都是绕不开也躲不过这个必答题。专业的含义是什么？什么是专业？

你有没有金刚钻

如果非要给专业一个定义，也许专业是人们在社会技术进步、生活、生产实践中，用来描述职业生涯某一阶段、某一人群，用来谋生，长时期从事的具体业务作业规范。俗点说，你想做事，有没有那个本事。没有金刚钻就别揽那个瓷器活。

古人最早记载专业的书散见于《后汉书·孝献帝纪》："今耆儒年逾六十，去离本土，营求粮资，不得专业。"《文心雕龙·养气》说："至如仲任置砚以综述，叔通怀笔以专业，既暄之以岁序，又煎之以日时。"《续资治通鉴·宋太宗淳化二年》也有专业一说："愿精选五经博士，增其员，各专业以教胄子，此风化之本。"唐代《上张明府书》也有提及："峤，西垂之贱吏耳，技非专业，未始存于剑书。"

关于专业的定义，从各大院校的学业设置可以更好被理解。它指高等学校或中等专业学校根据社会专业分工的需要设立的学业类别。中国高等学校和中等专业学校，根据国家建设需要和学校性质设置各种专业。

各专业都有独立的教学计划,以实现专业的培养目标和要求。生活中三百六十行,行行都有独特的专业技能和标准。

专业的起源。人类的漫长进化历史告诉我们,人类的不同进化历史阶段,如蛮荒时代、直立行走、火燧氏钻木取火,分化出狩猎族、驯化族等,进而进入神农氏的百草品尝,开辟了人类辉煌的农业文明。如果我们使用现代的词汇“专业”来解释这些分化,神农氏的专业就是初始的农业专业,而狩猎族则是狩猎专业和驯化专业的始祖。

上古时代的《黄帝内经》表明,黄帝是上古中国的专业医学工作者。

专业的发展:

1. 以工具为代表的先进技术的开创。

人类的石器时代、铜器时代、铁器时代,直到古代中国著名的四大发明,原始的石匠、铜匠、铁匠、木匠等,作为原始的专业雏形,至今仍然流行于家庭作坊。

2. 以蒸汽机为代表的工业革命开创了人类现代专业的发端。

我们都知道,现代工业的发明大王爱迪生,作为专业的发明家,为人类贡献了非常多的发明,包括至今仍然使用的白炽灯、电话。

出现了工厂、作坊等为单元的工业原始结构。在这些地方,长期从事不同的产品加工和服务分工,出现的是现代工业专业化分工的原型。

3. 以教育、工业等现代科学技术迅猛发展为代表的现代专业的出现。

由于大量的社会化分工,不断的催生了教育实践和工业、商业实践,为某一特定的人群的工作的名称和工作内容的规划、设计、研究,促进了新职业的专业化理念传播。

4. 以专业化的培训、教育、人才培养为代表的现代化专业模式。

由于规模化的工业发展,需要对于某种特定的技能、技术、科学理论、科学研究、科学试验、科学检测、科学评测的人才群体，进行大规模的人才人力输出，满足社会和企业的巨量需求，所以奠定了现代的、信息化条件下的专业的基本概念。

清晰的专业分工从三百六十行到三千六百行，甚至三万六千行都细分不尽。但有一点是严肃的，也是共同的。无论你从事什么专业，在什么岗位都必须尽职尽责。否则你就是一个麻烦的制造者。由于你的不专业，导致你所做的事情半途而废，或引发事故，或使你所在单位声誉受损。

技术问题引发的灾难和思考

兴登堡号是德国的一艘齐柏林飞艇，全长245米、高41米，其长度足足有波音747的三倍半、比泰坦尼克号短24米，是当时世界上最大的飞行器。于1935年开始打造，1936年3月4日首航升空，采用四具各1200匹马力的戴姆勒——奔驰柴油引擎推动，时速可以高达135公里，内部一流的设备有如豪华的空中游轮，其高贵与快速的特色，吸引了许多社会上流人士的搭乘，先后完成了10次成功的往返飞行，共载客1002人次。

1937年5月6日，兴登堡号从法兰克福飞往美国新泽西州的雷克霍斯特海军航空站。准备着陆的飞艇在离地面300英尺(feet)的空中起火，船体内的氢气和易燃的蒙皮导致大火迅速蔓延，飞艇在34秒内被焚毁，造成飞艇上的35人及地面上的1人死亡，成为当时航空界最惨重的灾难之一。美国国家运输安全委员会领空安全高级调查员提出灾难是由于船长为赶时间强行降落急转，使钢索断裂打破氢气囊、静电打火引燃泄漏的氢气引发大火。兴登堡号的坠毁和36个生命的逝去，正式宣告了飞艇时代的结束。

兴登堡号坠毁是因船长不专业的操作造成,下面的事故则是因不按专业设计要求施工引起的。

1995 年 6 月 29 日下午 5 点 52 分,韩国三丰 5 层高的百货大楼仅仅 20 秒,5 层大楼层层塌陷进地下 4 层内,造成 502 人死亡、937 人受伤,是韩国历史上在和平时期伤亡最严重的一起事故,也是世界上建筑自行倒塌的最大伤亡事故。三丰百货曾是首尔地标,由三丰集团兴建,位于今日首尔副都心的黄金地段。1987 年,集团开始在这片原本用作垃圾掩埋场的开阔地上建设百货大楼。按照最初的设计,大楼要建设成一栋 4 层的办公楼,但是三丰集团会长李鐏却在建设工程中,将其重新设计成一栋百货大楼。这一改动,导致了很多承重柱被取消,以腾出空间来安装自动扶梯。原先的建筑承包商,拒绝按照新的设计继续施工。李鐏因此解雇了他们,并让自己的建筑公司进行施工。

由于专业技术问题引起的事故每天在上演,每次都让人们心惊肉跳。

1940 年 7 月 1 日,位于美国华盛顿州塔科马海峡的大桥建成通车,四个月后戏剧性地被微风摧毁倒塌,这一幕正好被一支摄影队拍摄了下来。

大桥设计为悬索桥,主跨 853 米、全长 1524 米,使用浅支撑梁的决定最终在不久的将来被证明是造成桥梁坍塌的重要原因。2. 42 米的支撑梁不足以使路基拥有足够的刚度,从而使大桥经不住风的侵袭。轻度至中度的风就可以导致大桥来回摇摆,中心的摆动可达每 4 到 5 秒几英尺。司机在桥上行驶可以明显感觉到桥的摆动。幸运的是在大桥坍塌中没有人失去生命。

大桥由坚硬的碳钢和混凝土建成的。原先的设计是在路基下使用格状桁架梁。按照原先的设计,风只会直接通过桁架,但新的设计将风转移到了桥面上下两端。大桥建成后不久,人们就发现大桥在微风的吹拂下会出现晃动甚至扭曲变形的情况。这种共振是横向的,沿着桥面的扭曲,桥面的一端上升,另一端下降。司机在桥上驾车时可以见到另一端的汽车随着桥面的扭动一会儿消失一会儿又出现的奇观。这就是力学上的扭转变形,中心不动,两边因有扭矩而扭曲,并不断振动。这种振动是空气弹性颤振引起的。颤振的出现使风对桥的影响越来越大,最终桥梁结构像麻花一样彻底扭曲了,使钢梁发生断裂。拉起大桥的钢缆断裂后使桥面受到的支持力减小并加重了桥面的重量。随着越来越多的钢缆断裂,最终桥面承受不住重量而彻底倒塌了。究其原因就是对空气动力学和结构分析不严密所致。

事故,又是事故,残酷无情的事故除造成巨大的经济损失外,还让无辜的人失去生命,给无数的家庭带来终生的伤痛。

印度博帕尔毒气泄漏案是历史上最严重的工业化学意外,影响巨大。1984 年 12 月 3 日凌晨,印度中央邦的博帕尔市的美国联合碳化物属下的联合碳化物(印度)有限公司设于贫民区附近一所农药厂发生氰化物泄漏,引发了严重的后果。灾难造成 2.5 万人直接致死,55 万人间接致死,另外有 20 多万人永久残废的人间惨剧。因这一灾难,现在当地居民的患癌率及儿童夭折率,仍然远比其他印度城市要高。

挑战者号航天飞机失事。灾难发生于美国东部时间 1986 年 1 月 28 日上午 11 时 39 分。在美国佛罗里达州上空刚起飞 73 秒的挑战者号航天飞机因右侧固体火箭助推器(SRB)的 O 型环密封圈失效,使原本应该是密封的固体火箭助推器内的高压高热气体泄漏。这批气体影响了毗邻的外储箱,在高温的烧灼下结构失效,同时也让右侧固体火箭助推器尾部脱落分离。最后,高速飞行中的航天飞机在空气阻力的作用下于发射后的第 73 秒解体,机上 7 名机组人员无一幸免。

“埃克森·瓦尔迪兹”号油轮漏油事故。1989年3月24日,美国埃克森公司的一艘巨型油轮在阿拉斯加州美、加交界的威廉王子湾附近触礁,原油泄出达800多万加仑,在海面上形成一条宽约1公里、长达800公里的漂油带。事故发生地点是一个原来风景如画的地方,盛产鱼类,海豚海豹成群。事故发生后,礁石上沾满一层黑乎乎的油污,不少鱼类死亡,附近海域的水产业受到很大损失,纯净的生态环境遭受巨大的破坏。这是一起人为事故,船长痛饮伏特加之后昏昏大睡,掌舵的三副因为太不专业的操作,在发现暗礁后未能及时转弯,致使油轮撞上一处暗礁。

事故还在继续发生,每次事故都刺激着人们的神经。看到这些故事,该思考什么?是的,事故是怎么发生的,发生事故的原因是什么?人们都想知道真相。

切尔诺贝利核电站位于乌克兰北部,距首都基辅只有140公里,它是苏联时期在乌克兰境内修建的第一座核电站。切尔诺贝利核电站曾经被认为是最安全、最可靠的核电站。1986年一声巨响彻底打破了这一神话。核电站的第4号核反应堆在进行半烘烤实验中突然失火,引起爆炸,其辐射量相当于500颗美国投在日本的原子弹。爆炸使机组被完全损坏,8吨多强辐射物质泄漏,尘埃随风飘散,致使俄罗斯、白俄罗斯和乌克兰许多地区遭到核辐射的污染。

意外发生后,马上有203人立即被送往医院治疗,其中31人死亡,当中更有28人死于过量的辐射。死亡的人大部分是消防队员和救护员,因为他们并不知道意外中含有辐射的危险。为了控制核电辐射尘的扩散,当局立刻派人将135,000人撤离家园,其中约有50,000人是居住在切尔诺贝利附近的普里皮亚特镇居民。卫生单位预测在未来的70年间,受到5~12艾贝克辐射而导致癌症的人,比例将会上升2%。另外,已经有10

人因为此次意外而受到辐射,并死于癌症。

截至2006年,官方的统计结果是,从事发至今共有4000多人死亡。但是绿色和平组织基于白俄罗斯国家科学院的数据研究发现,在过去20年间,切尔诺贝利核事故受害者总计达9万多人,且随时可能出现新的死亡案例。因此,绿色和平组织认为,官方统计的结果比切尔诺贝利核泄漏造成的实际死亡人数少了至少9万人,这个数字是官方统计数字的20倍!

唐山地震世人皆知,河南板桥水库溃堤死亡人数堪比唐山地震。

板桥水库是一座位于河南省泌阳县板桥镇、淮河支流汝河上游,以防洪为主,兼顾灌溉、供水、发电、水产等综合利用的丘陵区水库,控制流域面积768平方公里。

1951年开始由苏联专家援助设计与施工了五座大型水库,以及大批中小型水库。板桥水库于1951年4月开工建设、1953年6月竣工。顶部高程113.34米,高21.5米,长1700米。控制流域面积768平方公里,总库容2.44亿立方米。1956年2月至12月,按百年一遇洪水设计,千年一遇洪水校核进行扩建,大坝加3米,坝顶海拔116.34米,坝顶建混凝土防浪墙高1.3米;溢洪道泄量450立方米每秒;新增开非常溢洪道,最大泄量1160立方米每秒。

1975年8月,多灾贫困的驻马店遭遇历史上千年一遇的特大暴雨。几天之内,板桥水库垮坝及全地区大小26座水库相继崩堤垮坝,9县1镇东西150公里,南北75公里范围内一片汪洋。400多万群众被洪水围困,30多万头大牲畜漂没,300多万间房屋倒塌,直接经济损失34.97亿元,相当于建专区以来十几年财政收入的总和。打捞到尸体10万多具,后续因缺粮、感染、传染引起的死亡人数为14万,共24万多人死亡,与次年的最大自然灾害唐山大地震死亡人数相仿。

专业不精，害人不轻。大小事故背后的原因都是操作不当、设计不科学、管理不规范、技术不过硬。无数个悲惨的事故告诉我们，尤其是那些工作在第一线，从事航空飞行科研、从事交通工具研发、从事电子研究、从事图纸设计、加工制造等等各行业的千百万工程师和技术工人，如果专业水平不高，专业知识不够，专业能力欠缺，一个数字或者一个螺丝的偏差就会酿成难以想象的灾难。

假如兴登堡号飞艇船长按照专业要求操作，不强行降落；

如果三丰集团会长李鐏对原来设计不改动，不取消很多承重柱；

假如挑战者号航天飞机火箭助推器不使用过期失效的密封圈，原本应该是密封的高压高热气体就不会泄漏；

如果……假如……

现实是残酷无情的，容不得如果和假如。

专业对一个普通人就是一份工作，俗气一点的说就是能够赚钱养家糊口的技能，或许你就是一个快递投递员，或许你就是一个餐厅服务员，或许你就是一个医生、一个法官、或者一个电焊工……或者是制造汽车、飞机、航空航天的设计师等。

无论从事什么岗位，做什么工作，作用都是不可小视的。但是不熟你的工作范畴，不按工作要求去做就可能走弯路，出乱子，甚至出差错酿灾祸。

山东潍坊35岁的徐女士在12年前曾经实施剖宫产生育第一个孩子，新的生育政策实施后，她在潍坊市妇幼保健院再次剖宫生育第二胎。剖宫手术后，她腹痛难忍，家人曾经带她到潍坊市其他医院B超检查，发现子宫内有异物。后来经过反复检查，是医生在剖宫时把医用纱布遗留在了徐女士腹中。可见，每年发生的伤医案除了患者的原因外部分医生专业水平不高和个别医务工作人员不负责任引起民愤也是原因之一。

生活中因为专业水平低下酿成的错误天天都在发生，给人们生活造成无尽的烦恼和痛苦。

1996年4月，内蒙古自治区呼和浩特市毛纺厂年仅18周岁的职工呼格吉勒图被公安机关确定为“4·9”毛纺厂女厕女尸案凶手。案发61天后，法院判决呼格吉勒图死刑，并立即执行。

2005年，被媒体称为“杀人恶魔”的内蒙古系列强奸杀人案凶手赵志红落网，其交代的数起杀人案中的一起就是“4·9”毛纺厂女厕女尸案，从而引发媒体和社会对呼格吉勒图案的广泛关注。

此后，呼格吉勒图的父母开始申诉，并四处奔走求援。一次次复查，司法机关都没有给出明确结论。

事情终于出现转机是2015年11月20日上午，内蒙古自治区高级人民法院向该案申诉人、呼格吉勒图的父母送达了再审决定书，正式启动对该案的再审程序。12月15日，当内蒙古自治区高级人民法院公布呼格吉勒图案再审无罪的结果后，呼格吉勒图的母亲忍不住流下两行长长的眼泪。为了这一天，她等了足足18年。

呼格吉勒图冤案的纠正，除观念上、体制机制上的原因外，与司法实践中的专业理念的转变、专业知识的运用、专业办案能力的提升都有直接或间接的关系。

在公众的印象中，典型的冤假错案，如佘祥林案、赵作海案，是由于“真凶再现”或者“亡者归来”而真相大白。但在纠正的冤假错案中，大多数是因为“证据不足”，如徐辉案、念斌案。2014年纠正的12起重大冤假错案中，仅有2起是因为出现了真凶。

纠正的冤假错案在类型上由“真凶再现型”“亡者归来型”转变为“证据不足型”，说明了什么？

法律规定要真正落实并不容易，迫于观念上、体制机制上的原因，一段时间以来,疑罪从有、疑罪从轻、疑罪从挂的现象时有发生。对疑案,司法机关常常作出“留有余地”的判决。

这些判决通常是在面对公安机关、检察机关和被害方要求定罪的压力时,法院采取的折中办法。

在中国人民大学法学院教授陈卫东看来,“真凶再现型”和“亡者归来型”冤假错案不难纠正,因为真相显而易见;而现在纠正“证据不足型”冤假错案,却压力重重。人民法院敢于纠正这些冤假错案,说明其在依法独立公正行使审判权,落实尊重和保障人权、无罪推定、疑罪从无、证据裁判等理念方面有了长足的进步。这是一个非常可喜的变化。

这一变化来得并不容易。既是执法理念的转变也是法律人运用专业知识办理专业案件,减少盲目、减少干预、减少情大于法,秉承专业精神的进步。

专业不精八宗“罪”

第一,不负责任。

责任是一个人应尽的义务,是一种良好素质的体现。对人对己,严肃负责。对自己的工作不负责任,没有集中精力,不能及时有效的专心正在执行的工作,这种不负责任的行为很容易埋下灾难的种子。

2016 年 10 月 11 日,上海虹桥机场发生两架飞机险些相撞事件。东航 A320 航班,12 时 3 分按照塔台指挥,机组在执行完起飞前检查之后进入跑道,并按指令在确认跑道无障碍的情况下,执行起飞动作,然而这时机长突然发现一架 A330 准备横穿该跑道,机长短暂判断后决定起飞,随即飞机拉升,从 A330 上空飞越。民航局指出,经调查,该事件是一起因塔台管制员遗忘动态造成的严重事故征候,事后华东空管局、华东空管局管制中心、华东空管局安全管理部 13 名领导干部党内警告、严重警告和行政记过、撤职处分;吊销当班指挥席和监控席管制员执照,当班指挥席管制员终身不得从事管制指挥工作。对成功化解危机的东航 A320 客机当班机长何超记一等功并给予奖励人民币 300 万元,机组全体也获得表彰和人民币 60 万元奖励。

民航局当天约谈了空管局领导班子,严肃指出了空管系统在“10·11”不安全事件中暴露出的问题,要求空管系统坚持问题导向,盯住问题多发的重点区域、重点单位,切实落实安全领导责任、安全主体责任、安全岗位责任,防止重复性问题再发。

无论航空管制指挥中心、还是机械制造环节的流水线,或者任何一项工作的环节存在隐患,稍有疏忽和松散就可能遗忘自己的责任和使命,造成难以估量的后果。

第二,不是理由的理由就是借口。

一个对工作认真务实的人,遇到问题或困难时会主动想尽一切办法解决问题,不会靠等待上级或他人的帮助。但能力低下的不仅不会靠自己,甚至找理由和借口躲避困难或问题。

蒋介石“围剿”红军时期,曾让胡宗南和白崇禧部队对红军进行堵截,但是胡宗南和白崇禧各打算盘,找各种理由推迟出兵,贻误战机,于是红军顺利通过胡白两军控制的境地到达陕北,胜利走完了两万五千里长征路。

工作和生活中,有人为了自己的一点私利,或为了自己的舒心,不愿付出,不愿意吃一点亏。而一个有素养有能力的员工会积极主动地完成任务,不会逃避和退缩。为什么总有人为自己不会、不懂、不能、不行、不通、不想、不做、不闻不问寻找借口呢?如果及时有效、精心细致、积极主动、追求卓越,问题可能就是另一个结果。因此,有许多事情因为拖延、逃避、懒散等错过机会。这种员工就是嫌弃麻烦，工作上没有成就，一辈子没有成就。找理由让你错过表现的机会，也让你错失展现自我能力的机会，让你永远处于被动的角色。为自己的借口辩解，那么你注定是被淘汰的下一个人。

第三，消极怠慢。

消极是对自己和工作极大不负责任，这类人通常是在工作或者生活中受到打击，工作生活态度发生变化。有的是升迁不顺利，有的婚恋遇到变化，有的因工作受到批评等，从而产生消极悲观情绪，并且把这种情绪带到工作中，工作热情消失，甚至破罐子破摔，混日子。

有一教师因为在评定职称时没有如愿以偿，对校长和同事产生偏见，教学中经常带着情绪，多次谈话教育批评后仍我行我素，严重影响教学质量。一年后仍不悔改，为了防止他的态度误人子弟，只好把他调到后勤工作，于是他情绪更加低落，不久妻子和他离婚，最后辞职离校了。

遇到一点点挫折就举手投降，意志就消沉，没有了斗志，放弃了努力和奋斗的精神。这是弱者共有的表现，任何一个队伍里有了这种软弱的人，都会被拖后腿，影响整个团队的建设。

态度决定行为。有一个好的心态，就会用真情去工作，用感恩的心去工作，在工作中体会乐趣。一个人的态度决定了他对待工作是敷衍了事还是尽心尽力，是安于现状还是积极进取。你可以选择维持现状，也可以选择拼搏进取，这取决于你内心是否热爱这份工作，有无工作激情和进取心。

第四，应付、对付。

应付工作、应付检查、应付领导、应付上级。俗话说就是糊弄，不按照工作标准和要求去做，使标准降低，质量下降。

有个老木匠准备退休，他告诉老板要离开建筑行业，回家与妻子儿女享受天伦之乐。老板舍不得做得一手好活计的木匠走,再三挽留,但木匠决心已下不为所动。老板只得答应,又问他是否可以帮忙再建一座房子,老木匠虽然很不情愿,但勉强答应了。在盖房过程中,老木匠的心已不在工作上了,用料也不那么严格,做出的活计也全无往日水准。老板并没有说什么,只是在房子建好后,把钥匙交给了老木匠。"这是你的房子,"老板说,"我送给你的礼物。"老木匠愣住了,同样,他的后悔与羞愧大家也都看出来了。他这一生盖了多少好房子,最后却为自己建了这样一幢粗制滥造的房子。

工作中为了应付,只把是好的一面展现出来,差的一面隐藏起来,做表面文章,真相被掩盖。隐藏掩盖的后果就是隐患,等隐患爆发,事情暴露出来已经酿成灾难。不知道老木匠应付建造的房子有多少隐患,遇到暴风暴雨会是什么后果。

这种现象在每个单位都存在。工厂的某台机器坏了,负责维修的师傅只是做一下最简单的检查,只要机器能正常运转,他们就不会对整个机器做一次彻底清查。只有当机器完全不能运转了,才会引起人们的警觉。这种应付、应对,只满足于小修小补的态度如果不转变,将会给公司和个人带来巨大的损失。

第五,马虎大意、轻率忽视。

马虎大意造成的后果,和应付、怠慢的后果是相同的,只是马虎是对工作不负责任的又一种态度。只是形式的不同。

有个 11 岁的美国男孩踢足球时,不小经意打碎了邻居家的玻璃。邻居向他索赔 12.5 美元。在当时,12.5 美元是笔不小的数目,足足可以买 125 只生蛋的母鸡!闯了大祸的男孩向父亲承认错误,父亲让他对自己的过失负责。男孩为难地说:"我哪有那么多钱赔人家?"父亲拿出 12.5 美元说:"这钱可以借给你,但一年后要还我。"从此,男孩开始了艰苦的打工生活,经过半年的努力,终于挣够了 12.5 美元这一“天文数字”,还给了父亲。这个男孩就是日后成为美国总统的罗纳德·里根。他在回忆这件事时说:“通过自己的劳动来承担过失,使我懂得了什么叫责任。”

里根没有因为不经意的打碎玻璃酿成大事,但通过这样一件小事,使他懂得了严谨和努力,也锻炼了他的责任意识。

做事大意马虎,或是不守规矩,工作莽撞,不进行细心的专业规划和专业研究草率决定进行,致使进行的事情结果达不到质量要求,被停止或半途而废,前功尽弃。最典型的是关羽大意失荆州和诸葛亮失街亭。后者不仅挥泪斩杀了自己一向信任的马谡,而且自贬丞相之职。

马虎大意,轻率疏忽是对生命的亵渎。失荆州和失街亭,失去的不仅是军事要地,还有为战斗而牺牲的将士生命。

第六,玩忽职守。

玩忽职守是严重不负责任,尤其是工作敬业观念淡薄,不把工作放在心上,工作时间打游戏、上网聊天、擅自离岗,对工作纪律和各项规定熟视无睹。

1996 年 9 月 30 日上午 10 时许,河南省博爱县制药厂退休工人李明金到博爱县人民医院就诊。医生冯春林诊断李明金为脑栓塞、冠心病、贫血。随后病人接受输液治疗。中午 12 时,冯医生下班,将李明金的病况转告值班医生皇甫汉良。12 时 50 分,皇甫汉良到街上吃饭。此时李明金病情加剧,便让妻子呼喊医生,楼道里却无一人到场。如此反复呼叫多次,医护人员还是无一人出现。李辗转反侧,痛苦异常。待门诊部司药闻讯赶到街上叫来值班医生皇甫汉良时,李明金已经气绝身亡。

1982 年 5 月 28 日,一列旅客列车从东北驶向关内的途中,就是因为一个 20 岁的铁路工把起道机放在线路上没有拿下来,便擅自离开岗位去买冰棍吃,造成了一起震惊中外的列车翻车事故。这次事故使 10 节车厢报废,3 名旅客丧生,给国家造成 119 万元的经济损失。这次事故,无疑是由于这个青年工人玩忽职守造成的。

第七,有始无终、虎头蛇尾。

自始至终、始终如一,不用多讲,都会知道它们的含义。有始无终、虎头蛇尾,正好与其相反,含义十分明了。有去有回,有上有下,有大有小,有阴有阳等,是大自然的规律。现实中工作布置下去,具体人会遵照规定要求去完成,遇到困难自己克服,最终高效完成。然而有人却恰恰相反,受领任务后虽然做了,但事后没有结果,怎么做的,结果如何一概不汇报,自己全部"贪污"了,领导不追不讲,领导问时才讲。这种人完成工作虽然不汇报,但却能把事情做完。有的人让你恨不得,打不得,把事情做一半,留一半,不催促不做,推一步走一步,否则就搁置不前,典型的虎头蛇尾。

美国马里兰州的农夫戴比,曾经被卷入横扫美国的淘金狂的旋风,他卖掉全部家产到矿山去寻觅。结果,他真的发现了金矿。眼看开采的金矿石一车车地运到精炼所炼出金子,戴比估计再继续运两三次就可捞回全部资本了。然而,金矿竟忽然枯竭,戴比拼命地挖掘,但再也掘不出金矿石。他失望地把开凿工具当作废铁卖给旧货商,颓然返回故乡。为此欠了许多债务。而旧货商是一个脑筋灵活的人,他雇用一个矿山技师,到现场作专门勘察,发现的是断层矿脉,他立刻雇用矿工从戴比放弃的地方掘下去,果然掘不到几公尺就出现蕴藏量丰富的矿脉,旧货商因此变成了百万富翁。戴比虽然进入宝山,但因缺乏专门知识,未能"百尺竿头再进一步",当他从报纸上获悉真相后,顿足捶胸,追悔莫及。

古人云:"行百里者,半于九十。"有人无法取得成功,不是能力不够、热情不足,而是缺乏一种坚持不懈的精神。做事的过程也是东拼西凑、草草了事,或对自己目标产生怀疑,犹豫不决。看准了一项事业,充满了热情做下去，做到一半又觉得另一件事更好，正是俗话说的“这山望着那山高”。

第八，懒散拖延、观望等待。

工作积极主动、勤奋，不仅是一种责任，更是一种良好的职业品行。

任何一个行业团队中都有懒散者、拖延者的影子，虽然这种人贴极少数，但在机关却不是个别人，因为端的是铁饭碗，不愁没有保障。而在公司，尤其是一个萝卜一个坑的高效公司，这种人待不住，都是被炒鱿鱼的对象。领导不交代工作就不知道干什么；或者对与自己无关的事，本可以伸把手大家一起很快就完成的事，却袖手旁观，视而不见；以及领导交办了工作，自己却不主动联系要找的人，等待领导给联系好。

懒散、拖延和观望等待就是懈怠。在极端的不负责任的懈怠下，时间在观望等待中流失；美好的青春时光在拖延等待中逝去；因为错失良机，客户被别人抢走；因为拖延，升迁的机会错过；因为等待，一些本该自救扑灭的火情酿成大火；一些突然发生的疾病，本可以自救能够延缓的生命在等待救护中离开了人间；一些诸如坍方等自然灾害引起的损失，本可以通过自救减轻，却因观望、等待和拖延，增加了生命和财产的损失。

在庆祝中国共产党成立 95 周年大会上，习近平指出，“明镜所以照形，古事所以知今”。[①] 历史总是要前进的，时间从不等待一切犹豫者、观望者、懈怠者、软弱者。只有积极争取、勤奋上进的人，才能赢得光明的未来。

① 参见习近平：《在庆祝中国共产党成立 95 周年大会上的讲话》，载 http://cpc.people.com.cn/n1/2016/0702/c64093-28517655.html，最后访问日期：2016 年 7 月 2 日。

不忘初心是真爱

业精于勤。这是每个公民的价值准则,也是基本的道德要求。无论你从事什么工作,在什么岗位,任什么职务,都应坚持立足本职辛勤工作这一朴素而崇高的职业道德。

业精于勤、爱岗敬业是中华传统美德的重要元素。

《礼记》中有"敬业乐群"之说,孔子也主张"敬事而信"[①]"执事敬"[②]。梁启超在《敬业与乐业》一文中,专门阐述了敬业的职业精神。他认为,"敬业"就是"凡做一件事,便忠于一件事,将全副精力集中到这事上头,一点不旁骛"。[③] 简单来说就是用敬畏、敬重的态度对待自己的工作,认真负责、一心一意、精益求精。

第一,忠于职守的工作态度。

敬业的人会对自己从事的职业具有献身精神,将自己的一生与其联系起来,在事业发展中实现人生价值;会拥有强烈的责任感,明确认识到自己承担的特定职责,忠实履行职责,勤勤恳恳工作,任劳任怨付出。这样,工作就会由外在的强制和被动转化为内在的自觉和主动。正如美国黑人领袖马丁·路德·金所说:"如果一个人是清洁工,那么他就应该像米开朗基罗绘画、像贝多芬谱曲、像莎士比亚写诗那样,以同样的心情打扫街道。他的工作如此出色,以至于天空和大地的居民都会对他注目赞美:'瞧,这儿有一位伟大的清洁工,他的活儿干得真是无与伦比!'"工作岗位没有高低之分,没有贵贱之别。每一项工作都值得我们去做,值得我

① 《论语·学而》。

② 《论语·子路》。

③ 参见梁启超:《敬业与乐业》,载《饮冰室合集·敬业与乐业》,中华书局1936年版。

们用心去做。只要我们勤勤恳恳、尽职尽责、精益求精，都会做出不平凡的成绩。①

第二，干一行爱一行的职业情感。

“爱而不敬，非真爱也；敬而不爱，非真敬也。”事实证明，真正的专业者必然有爱业情怀。对专业的热爱是敬业的深层动力，会燃起人们巨大的工作热情，激发人们奋进的强大动力。高尔基说：“天才是由于对事业的热爱感而发展起来的，简直可以说，天才——就其本质而论——只不过是对事业、对工作过程的热爱而已。”爱业的人会把工作当作快乐、当作幸福，会保持一股积极进取的干劲、一种拼命奋斗的热情，想方设法把工作做好、做到极致。一个人无论身处什么岗位，只要在岗一天，就应当踏踏实实、尽职尽责地干好分内工作，正所谓“在其位，谋其政”。

第三，勤业、精业的专业素养。

敬业是精神和状态问题，专业、精业是能力和水平问题。一个人无论本领多大、能力多强、素质多高，凡事拈轻怕重、应付了事，就很难有所成就。同样，一个人无论多么爱岗敬业，如果认识水平不高、技术能力平平，恐怕也很难取得大的成绩。特别是在知识经济飞速发展的现代社会，树立终生学习的观念，不断提升专业素养和业务水平，显得十分重要。今天，各行各业涌现出来的标兵、模范，如被誉为新时期产业工人杰出代表的许振超、“蓝领专家”孔祥瑞、“金牌工人”窦铁成、“知识工人”邓建军，他们既是爱岗敬业的杰出代表，也是专业、勤业、精业的先进模范。他们干一行精一行，刻苦钻研，勇于创新，练就了高强的本领，突破了一个又一个技术难关，创造了一流业绩，在本职岗位上作出了突出贡献，也将专业精神提升到了新的境界。

---

① 参见侯宁：《奉业操守，平凡中的精神坐标》，载《人力资源》2015年第3期。

第四，看似平凡，实则不易。

职业和工作岗位是人们生存和发展的基本保障。任何岗位都意味着机会和平台，它可以成就我们的事业、成就我们的人生。人生的意义和价值正是通过从事一定职业显示出来的。人生在世，成就一番事业，在职场上大有作为，是大多数人的职业愿景。而事业有成，实现自己的人生目标，展现生命的意义和价值，在很大程度上取决于个人的工作态度和敬业精神。机遇青睐专业者，只有勤勉敬业的人，才能在平凡的岗位上铸就不平凡的业绩，最大限度地实现自己的理想。

第五，你中有我，相互作用。

任何一个工作单位都是一个有机联系的整体，只有人人热爱本职工作、兢兢业业，各个工作部门协调运转，才能产生整体效用，也是促进社会和谐的道德基础。古希腊哲学家柏拉图认为，公正即和谐，正义是个人和国家的"善德"；城邦的正义体现为不同阶层的人们各司其职、尽展其能所形成的秩序。在现实生活中，和谐社会的建构需要每个社会成员在各自岗位上勤勉工作:公务员廉洁奉公、法官秉公执法、军人保家卫国、商人诚信经营、教师教书育人、医生救死扶伤、科技人员发明创造……唯有社会成员各守其道、各司其职、各尽其责,才能形成正义的良善社会。也只有各司其职,当公正执法的法官身体健康遇到问题时,作为医生会为法官的尽心医治,使法官有一个健康的身体更好地维护公平正义;同样,当医生的子女进入校园读书时,作为老师应该辛勤教书育人,把医生的子女教育好培养好,让医生无忧无虑的为患者服务。

第六,脚踏实地,躬身践行。

掌握过硬的专业技术,树立良好的专业素养。这不是一句简单的口号,不是随便说说就能实现的,需要每个人树立正确的岗位意识,认识到每个岗位都可以施展理想抱负、奉献聪明才智、展示人生价值;保持良好的工作态度,在岗言岗、在岗爱岗、在岗为岗,做到心无旁骛,专心致志,埋头苦干、积极奋进;争创一流业绩,刻苦学习工作所需要的各项技能,努力成为本行业、本岗位的行家里手、业务骨干,在平凡的岗位上书写非凡的人生篇章。

学习是唯一途径

毛泽东同志说过:“读书是学习,使用也是学习,而且是更重要的学习。”①

专业水平的高低不是生来就有的,都是后天通过学习得来的。专业水平除工作专业技术,它还包括协调能力、应对复杂问题的能力、解决问

① 《毛泽东选集》(第一卷),人民出版社1991年版,第181页。

题的能力、组织领导能力、学习理解能力、吃苦耐劳能力、亲和力等，都是后天工作生活中学来的。一是向书本学；二是向实践学；三是向同事学；四是超越自我地学习；五是学习的关键在思考。

专业过硬，没有捷径

任何专业和学问不是生来就有的，从母体中来到这个世界的那一天，每个人都是一个相同的肉体，所不同的是，从落地那刻起到后来你整个成长过程中学会了什么？

说起郎朗，世人皆知。郎朗3岁学钢琴，5岁获得当地比赛一等奖，9岁进入中央音乐学院，14岁在美国纽约斯坦威音乐厅举办了音乐会。15岁，他考入美国费城科蒂斯音乐学院，成为院长格拉夫曼的得意门生。3个月后，他与国际著名的IMG演出经纪公司签约，从此走上了职业演奏家的道路，两年后又签约著名的德国DG唱片公司，成为最受重视的艺术家之一。

郎朗真正为世人所知是1999年在芝加哥拉文尼亚音乐节明星演奏会上，紧急代替身体不适的安德鲁·瓦兹与芝加哥交响乐团合作演奏柴可夫斯基《第一钢琴协奏曲》，由著名指挥大师埃森巴赫指挥。开场前，著名艺术大师斯特恩对观众介绍郎朗说："你们将从这位中国男孩身上听到世界上最美妙的声音。"果然，当最后一个音符演奏完毕，听众全体起立欢呼，如雷般的掌声经久不息。

这场成功的临时替代演出，被美国三大报纸之一的《芝加哥论坛报》赞扬"郎朗是世界上最伟大、最令人激动的钢琴天才，是音乐史上的奇迹"。

郎朗辉煌的生涯就此展开。2005年6月8日，郎朗与维也纳爱乐乐团合作演出，现场有10万观众，全世界有6亿电视观众。维也纳所有的报纸说："郎朗是这个世纪最伟大的钢琴家、艺术家。"同年6月15日，郎朗首演维也纳金色大厅，再次与维也纳爱乐乐团合作，创下几十年来音乐会最高的票房纪录。演出结束后，乐团艺术家们激动地说："卡拉扬出世了。"

郎朗是第一位与柏林交响乐团、维也纳爱乐乐团和美国五大乐团长期合作的中国钢琴家。郎朗的音乐会在欧美票房排名第一，并创造了公开售票20分钟之后一扫而空的奇迹。同时，他的CD销售量在美国、德国、维也纳都排行第一。

美国前总统老布什："郎朗是伟大的钢琴天才。"

德国前总统希尔："听郎朗的演奏，能延长我的生命。"

英国查尔斯王子："当我聆听郎朗的演奏时，我一直都在流泪。"

联合和国前秘书长安南："郎朗是世界和平的使者。"

英国《泰晤士报》："郎朗的旋风，历史的创举。"

德国《世界报》："郎朗，当今世界最成功的钢琴家。"

美国《纽约时报》："郎朗，当今古典音乐星球最受追捧的艺术家。"

法国《星期天日报》："郎朗，中国的莫扎特。"

郎朗创造了许多"第一"，堪称世界乐坛的一个奇迹：

第一个与世界所有主要乐团长期合作、并在世界所有主要音乐厅举办过独奏会的中国钢琴家；

第一位在美国白宫举办专场独奏会的中国钢琴家，并被美国总统当场称赞为"世界和平的使者"；

第一位在北京人民大会堂举办独奏会的钢琴家；

第一位在天安门广场演奏钢琴协奏曲《黄河》并由中国中央电视台向全世界转播演奏实况的钢琴家；

第一位在纽约时代广场同时由七块大屏幕转播他与中国爱乐合作的钢琴协奏曲《黄河》的钢琴家；

第一位在世界杯足球赛开幕音乐会进行演奏的钢琴家；

第一位进入卡内基音乐厅董事会的中国人，也是其历史上最年轻的董事；

第一位获得“伯恩斯坦艺术成就大奖”的中国人；

他是第一位获得格莱美古典音乐最佳演奏奖提名并在颁奖仪式上演奏的中国人；

他的每张音乐专辑，都在全球古典音乐排行榜上名列第一；

他的演奏会长期在世界各地的票房雄踞第一。

郎朗的荣耀数不尽，成名背后的艰辛却鲜为人知。在北京求学期间，郎朗的父亲放弃工作，离开沈阳陪儿子到北京音乐学院读书。父子俩每月靠着郎朗妈妈省吃俭用寄来的700块钱过日子，只够买食物、租房子。为了支付昂贵的学费，家里不得不常常借债。但是，学琴的路也是几多坎坷——有的老师并不喜欢郎朗，甚至对郎朗说，我不教你了，你以后成不了钢琴家，以“反应太慢”等四条理由把他赶出了师门。父亲工作没了，自己被老师赶出家门，一家情绪都糟透了。晚上，父亲火冒三丈地赌气说“要不你就跳楼吧”，郎朗却还天真地笑答：“跳楼多疼啊，我还是吃药吧。”回忆过去的辛酸事，郎朗说：“我那时真的准备了100片安眠药。”当然，个性阳光的他最终还是顶住了压力走到了今天。

郎朗的故事让人想起一句话：“阳光总在风雨后。”父子俩人在几乎绝望的无奈中坚持了下来，命运发生了改变，正是绝处逢生。然而有的人满腔热忱，甚至倾家荡产的投入却没有实现自己的理想时，没有再坚持一下，而是最后一刻在精神、经济的双重压力下消极对待，自暴自弃。

世上无难事，难的是怕认真。郎朗从三岁自始至终就认真学习钢琴，并靠着这一特长实现人生价值。

状元的由来

“三百六十行,行行出状元”在中国可谓家喻户晓,妇孺皆知。其意是说,无论从事什么行业,都能做出成绩,成为这一行的专家、能人。

关于行业,自唐代开始就有三十六行的记载。其中的“行”,最早似乎是指街巷所设的贩卖摊和商店的行列。此外,街巷也可以称“行”,因为在一条街上,往往会出现同类店铺,因此同种职业也称为“行”、同行,如“冶铁行”“织锦行”。同职业的店铺间产生一种组织,所以“行”也指同类店铺的组织,即行会。唐代的“行”,已非单纯的区域组织,而主要是同业的组织。“行”也由原先的行列、街巷的称谓衍变成行业协会、职业、行当的专称。

宋人周辉在《清波杂志》一书中曾将“三十六行”记为:肉肆行、鲜鱼行、海味行、米行、酱料行、花果行、宫粉行、酒行、茶行、汤店行、药肆行、柴行、棺木行、丝绸行、成衣行、顾绣行、针线行、皮革行、扎作行、故旧行、仵作行、网罟行、鼓乐行、杂耍行、彩舆行、珠宝行、玉石行、文房行、纸行、用具行、竹木行、铁器行、陶土行、花纱行、驿传行、巫行。

随着农业、手工业的发展,新的行业不断出现,而且各行各业的分工也越来越细化,人们又将“三十六行”扩大为“七十二行”。明代田汝成在《西湖游览志余》中提到杭州有“三百六十行”,可见,随着社会的发展和社会分工的精细化,至少在明代,“三百六十行”之说就已经出现了。清人徐珂在《清稗类钞》中说:三十六行者,种种职业也。就其分工而约计之,曰三十六行;倍之,则为七十二行;十之,则为三百六十行;皆就成数而言。

另有一说,“三百六十行,行行出状元”,这则谚语源自一个民间故事。[①] 传说宋神宗元丰年间(公元 1078 ~ 1085 年)有个名叫叶元清的新科状元,他得知幸运夺得榜首后,欣喜若狂,谢过皇恩后,穿上皇帝亲赐的衣冠,骑着披着彩绸红花的马,带着侍从,威风凛凛地回乡。一路上,所有的乡民都争相观望状元爷的风采,使得他神气飞扬。正得意之时,走到一处较为狭窄的路段,只见一卖柴的樵夫挑着柴担,不慌不忙地在前面走着,听见后面“梆、梆”作响的声音,樵夫丝毫没有避让的意思。随从大声呵斥樵夫,令其让路。谁知樵夫不仅不听,还放下柴担,挡住去路大声道:“新科状元不就是仗着会舞文弄墨吗?有啥了不起的!要不是咱家里穷,从小没钱上学读书,说不定也能考中状元咧。”说罢,竟旁若无人地坐在柴担上擦起汗来。叶状元大怒,下了马,快步逼近樵夫,用马鞭指着樵夫的鼻子问道:“你虽无钱读书,但做一行熟一行,倘若你真是聪明,那么就把你会的本事露两手出来给我看看。”樵夫应道:“我是砍柴的,我的本领就是劈柴。你可以随便挑一截木柴,不管什么角度,我都能按照你的要求把它劈开。”状元一听,立即命侍从找来一根歪七扭八的木柴,放在路中间,又让侍从在木柴中间画了一条线,然后让樵夫按线把木柴劈开。路人见状都涌了过来,一时间狭窄的道路上挤满了人,只见樵夫不慌不忙地对着木柴左右瞧了一下,眼睛眯了眯,然后抡起板斧,“嗨”一声,刀落处,木柴按黑线一分为二。众人拍手叫绝,把这个新科状元也看呆了。恰在此时,又走过来一个卖油郎,嚷着说:“这有什么了不起,如果我是樵夫,我也能这样!”叶元清一听,就说:“好!我买你一斤九两油,但得用手倒。”随后,便叫侍从取来一个大的葫芦,口子只有两三厘米,叫卖油郎往里面装油。卖油翁接过葫芦又在葫芦口放了一个铜板,拿起油桶便倒。

① 参见《“三百六十行,行行出状元”的由来》,载《初中生》2009 年第 8 期。

只见油如同一根线一样落入钱眼中，称一称，除去葫芦本身的重量，刚好一斤九两油。

这时，有个看热闹的乡下妇人说："卖油郎也算不得什么大本事，熟能生巧罢了，不足为奇。"叶状元听到妇人的话后心想，连一个乡下妇人都如此狂妄，于是问道："妇人家，你有什么本领？也拿来瞧瞧！"妇人说："状元爷，我是一个乡下女子，文武不通，也只会做些家务事。比如筛米，你去量一升谷，一升米，混在一起，我筛上几遍，能使米中无谷，谷中无米！"状元又叫随从把米和谷拿来混在一起，要妇人当众表演。只见妇人不慌不忙，双手紧握米筛，左筛几下，右筛几下，米和谷便立即分开了，米中没有粒谷，谷中也没有粒米。

状元看了三人的表演，叹了口气说："真是三十六行，行行出状元啊！"后来，人们又把三十六行改为三百六十行，就成了我们现在说的"三百六十行，行行出状元"了。其实古代行业的分工种绝不止"三百六十行"，如今分工更加细化，其行业或职业之多几乎无法统计。只不过习惯成自然，说起来方便，听起来顺耳，行业还是笼统地称"三百六十行"。当然,在古代,科举“状元”与其他行业的“状元”的含金量还是有天壤之别的。

总之,状元是科举时代的最高功名,一旦获得,就感到荣耀、快慰至极。“三百六十行,行行出状元”,意指各行各业,都有自己的技术含量、都可以干出好的业绩。就当代而论,“三百六十行,行行出状元”用来形容各行各业都有杰出的人才,告诫人们不要妄自尊大,目空一切;与此同时,也可用来提醒有自卑意识的人不要妄自菲薄,要相信自己能在平凡的工作岗位上取得卓越的成就!

学习学习再学习

专业过硬的秘密,除了学习还是学习。如何掌握过硬的专业和技术能力?没有秘密,没有途径,更没有捷径。唯一的就是学习,学习,再学习。

有个叫阿巴格的少年,生活在蒙古大草原。有一次,阿巴格和爸爸在草原上迷了路,阿巴格又累又怕,到最后快走不动了。爸爸就从兜里掏出5枚硬币,把一枚硬币埋在草地里,把余下4枚放在阿巴格的手上,说:“人生有5枚金币,童年、少年、青年、中年、老年各有一枚,你现在才用了一枚,就是埋在草地里的那一枚,你不能把5枚都扔在草原里,你要一点点地用,每一次都用出不同来,这样才不枉人生一世。今天我们一定要走出草原,你将来也一定要走出草原。世界很大,要走出去,学习外面的东西。人活着,就要多走些地方,多看看,不要让你的金币没有用就扔掉。”在父亲的鼓励下,那天阿巴格走出了草原。长大后,阿巴格离开了家乡,成了一名优秀的船长。

每个人在成长路上都会经过十字路口,那么向左还是向右?有人迷茫,迷失方向;有人选定方向,实现梦想。

任正非和少年阿巴格一样,在他人生的紧要关头,他的爸爸给予了他鼓励和信念。19 岁那年,任正非考上重庆建筑工程学院(现已并入重庆大学)。分别时,父亲脱下唯一的翻毛皮鞋给他:“记住,你的童年已过去,人生刚刚开始。别人不学,你要学,不要随大流。”后来任正非苦修数学、哲学,并自学了三门外语,为今天的创业奠定坚实的基础。

学习是一辈子的事,人的一生是有限的,而知识的海洋是无限的。数不清的行业,无穷无尽的专业知识,即使你有三头六臂也不能把多如牛毛的行业技术全都掌握。正所谓隔行如隔山,道理很简单,书画家不一定会开铲车,语文老师不一定会做销售,即使是农民也有不会种地的,法官也有判糊涂案的。因此,学习永远在路上。曾在四川省监狱管理局工作过的 80 岁老人张冰,通过自学考过 15 门法律专业课程。老人 1932 年生于四川剑阁,61 岁报名参加全国高等教育自学考试。因为早上 7 点多就要出去干农活,他一般早上四五点的时候就起床开始看书,白天忙完农活收工后,就又接着看书。“刀不磨要生锈,人不学要落后。读书是一种信念和追求。”张冰老人从 61 岁开始参加自学考试,累计参加自学考试达 60 余次,到 2012 年通过法律专业 15 门课程的各项考试,已经是 80 岁的老人了。后辈称他是 80 岁的学霸。

这样年龄的学霸古已有之。82 岁的梁灏是宋太宗时期的状元郎。他从五代后晋天福三年(938 年)起就不断地进京应试,历经后汉和后周两个短命朝代。虽然屡试不中,但他毫不在意,总是自我解嘲地说:“考一次,我就离状元近了一步。”直到宋太宗雍熙二年(985 年),他才考中进士,被钦点为状元。他一共考了四十七年,参加会试四十场,中状元时已经是满头白发的老翁了。在大殿上,太宗问他的年岁,他自称:“皓首穷经,少伏生八岁;青云得路,多太公二年。”言明自己是八十二岁了。短短两句话,包含多少考场上的艰苦和辛酸!

80 岁老人自考法律是适应社会发展的进步,而梁灏 82 岁中状元是那个时代的悲哀,因为他生逢五代乱世,人生坎坷在所难免。但他的那种坚忍不拔的精神却是极为可贵的。80 岁老人学习的故事,说明在求学路上,为达到目标不惜追求到须发皆白,那么,即便最后不能功成名就,至少可以满腹经纶垂名后世。这种坚毅的求学精神值得每个人称颂和学习。学习不在于年龄,人的一生是一个不断学习、不断完善的过程,只要正确对待,持之以恒,就能达到目标,实现自己的理想。

然而,在知识更新、技术不断创新的当下,有的人对功利赤裸裸甚至不择手段地追逐与攫取,使社会中弥漫、充斥着急功近利的气息,它不仅反映在人的行为上,也反映在人的气质以及社会气质上。稍作观察便可发现,在大多数人已经解决了温饱问题、过上小康生活的当下,身边气定神闲、安之若素、淡泊宁静之人越来越少,心急火燎、心浮气躁的人越来越多,人们身上,戾气、霸气、匪气、怒气、肝火气日增,温和、儒雅、良善、谦让之气日减。在这样的社会环境下,有谁还会注重专业技术的学习?

博学才是硬道理

书籍作为知识的载体,是获得知识的重要渠道。古往今来,但凡有造诣、有学问、有作为、有修养的人,特别是杰出的历史人物,没有一个不是勤学善读的。毛泽东同志终生与书为伴,博览广学、孜孜不息。他曾说:“我一生最大的爱好是读书。”新形势新任务对员工自身的素质和能力要求越来越高,员工加强学习显得越来越重要。为此,员工要树立终身学习观念,把学习当作工作需要,养成勤学善读的好习惯,做勤学善读的模范,营造勤学善读的好风气。通过坚持不懈地学习,知事明理、思维豁然、心胸宽广、触类旁通。

学习不仅是个人的生活方式、精神追求,更是一种责任、岗位要求,不仅事关个人进步,更关系个人专业能力的提高和发展。加强学习要把握好三个方面:一是在学习内容上做到“博”。也就是说要博学多才。除了要熟悉业务,还要从事管理、协调等多方面的工作。这就需要渊博的知识、多方面的才学。二是在学习效果上要做到“悟”。通过学习要发现规律、运用规律。善于把零散的东西归纳成系统知识,把感性认识上升到理性思考,把复杂事物理出头绪。三是在学习目的上要做到“用”。学习不在于死记书本,而在于应用,在于实践。要善于把学习的知识融会贯通,善于在实践中找到事物之间、工作之间的内在联系,应用各类知识,解决问题,推动工作。

用博学的追求充实自己。学习是人类道德修炼的基本方法。“教化”帮助人类消除野蛮、走向文明。人们常讲“腹有诗书气自华”,说的就是学习能改变人的气质与品质。当前,员工队伍的文化程度普遍比较高,但学习能力参差不齐,有的甘当“五不员工”:不思进取、碌碌无为,不愿学;忙于事务,不勤学;装点门面、走走过场,不真学;心浮气躁、浅尝辄止,不深学;食而不化、学用脱节,不善学。由于不重视学习,一部分员工内心变得空虚,思想发生变化。空虚是天敌,它让人四处寻找刺激。学习是治虚最好的办法,它让人内心变得充盈。

学习是成事之基。《论语·子张》篇中,子夏曰:“仕而优则学,学而优则仕。”这句话告诉我们,做事成事可以更好地学习,学习搞好了,有利于做事成事。所以,要在“重学、好学、善学”上下工夫。

要“重学”。习近平总书记曾援引联合国教科文组织的埃德加·富尔先生预言:“未来的文盲,不再是不识字的人,而是没有学会怎样学习的人。”[①]现代人才学中有一个理论叫作“蓄电池理论”，认为人的一生只充一次电的时代已经过去，只有成为一块高效蓄电池，进行不间断地、持续地充电，才能不间断地、持续地释放能量。员工要适应时代发展的这种基本趋势，要把加强学习不仅当成个人的兴趣和喜好，而且看作自己的一种追求。

要“好学”。要懂得“不吃饭则饥，不读书则愚”的道理，学习是掌握新知、认识真理、探索规律，提高改造客观世界的能力途径。要把学习当成一种精神追求、一种价值观念、一种思想境界、一种生活方式。只有加强学习，才能不负重托。当前我国正处在进一步发展的重要战略机遇期。能不能适应这样的新形势、新任务和新要求，员工的能力素质至关重要。应当看到，员工总体上是好的，能够担领导交给的任务。但也有部分员工的思想理论水平、科学文化水平与时代的需要还有不小的差距。缩小这个差距，根本出路在于加强学习。只有加强学习，才能不断进步，走在时代前列。当今世界，知识已成为关键性的战略资源。面对严峻的知识的竞争、人才的竞争，作为员工学习上绝不能有丝毫的忽视和懈怠，谁放松了学习，思想就会落后于形势，能力落后于任务，被时代淘汰。只有加强学习，才能精神富有，信念坚定。一个人有所作为，必然要有较高的精神境界，而精神境界的高低往往又是与学识联系在一起的。掌握的知识多了，学问多了，精神境界自然就会高起来。反之，放弃了学习，饱食终日，无所用心，就必然会落后，甚至可能滑入精神颓废的泥坑。

要“善学”。追求成功是多数员工的愿望。要达到这个目标，既要有重学的态度、好学的习惯，还要有善学的方法。注重学习与思考相结合、学习与工作相结合、学习与实践相结合，做到知行合一，学以致用。还是

① 参见向贤彪：《学贵日新，政贵日进》，载《人民日报》2016年11月18日，第4版。

老办法:从书本中学,在学习基本理论的同时,广泛学习哲学、历史、优秀传统文化,学习做好本职工作所必需的各种新知识、新技能;从实践中学:现实生活中,我们往往看到有这样一些不正常的现象,一些员工,学也学了,懂也懂了,但就是不落实在行动上——学习如果不落实到“用”上,就没有任何实质意义。

专业学习无止境

在人生路上实现成长的目标,前提是有过硬的专业能力。它包括组织协调能力,学习思考能力,知识技术水平,勤奋刻苦,牺牲奉献,忠于职守,敢于负责。要具备各种能力,不仅学习专业知识,还要学习专业技术之外的内在素养。

18 世纪中叶以来,我们失去了工业革命、世界现代化浪潮、科技革命和产业变革浪潮所带来的发展机遇。直到 1978 年之后,我们抓住了机遇,中华民族才大踏步赶了上来。今天,从我国国际环境总体稳定,到经济发展能力和潜力巨大,主客观条件都对我们全面深化改革有利,我们从来没有这样接近实现中华民族伟大复兴的目标。这个历史性机遇千载难逢。“来而不可失者,时也;蹈而不可失者,机也。”

党的十八届三中全会着眼“两个一百年”目标的战略全局,制定了全面深化改革的总目标,为的就是不断推进中国特色社会主义制度自我完善和发展,为实现亿万人民的中国梦释放强大动力。其中加快发展社会主义市场经济、民主政治、先进文化、和谐社会、生态文明,让一切劳动、知识、技术、管理、资本的活力竞相迸发,让一切创造社会财富的源泉充分涌流,让发展成果等更公平惠及全体人民是实现中华民族伟大复兴最有特点也是最重要的内容之一。实现中国梦,凝聚落实改革蓝图的正能量,不仅要靠党的坚强领导,也要靠每一个中国人发挥自己的聪明才智。一个行业的发展除了良好的管理、严格的制度,离不开人才队伍的良好素质的培养。

总结任何一个行业成功发展的经验,其中一条就是有支高素质的人才队伍。

人才既是企业发展的基础,也是行业发展的骨干力量,重视增强人才的素质培养,既是提高人才能力水平,发展壮大行业队伍的内在需要,也是实现中华民族伟大复兴的迫切要求。素质包含道德品质、性格、学识等。

内在素养更重要

道德是维系社会生存和有序运行发展的基本准则,道德体系的建立是人类社会由野蛮、蒙昧走向文明的重要标志。中华民族是礼仪之邦,尚德崇文是中华民族最为优秀的文化传统。

“德”在中国历史发展的不同阶段,被不同时代的思想者赋予了不同的价值内涵,但其精神内核与基本的价值判断却是一脉相承。主要体现在三个方面:传统文化无时无刻不在强调道德修养的重要性。孔子儒家道德经典在自我道德修养上倡言“君子谋道不谋食”“君子忧道不忧贫”,主张从“自省、克己、忠恕、慎独、中庸、力行”等环节加强自我修炼。

道德修养的要求时刻体现在我们的生活中。例如,提倡宽厚待人,日常生活中有“宽容大度”“宽宏大量”等道德评价;提倡以“让”为处世美德,“孔融让梨”式的礼让妇孺皆知;倡导以诚相见,形成“待物莫如诚”的古训;重视信用承诺,“一诺千金”“一言九鼎”等成语生动显示了信用在中国人心目中的价值和地位。

道德评判标准无时无刻不在影响我们的行为。先贤提出了“四端”评价体系(“仁之端”的恻隐之心、“义之端”的羞恶之心、“礼之端”的辞让之心、“智之端”的是非之心)作为社会善恶的价值评判尺度。这些标准都是在引导人们弃恶扬善、和谐共处。这些思想至今和将来仍是我们宝贵的精神财富,应当继承发扬、争当表率。

道德修养问题是一个古老而又崭新的课题,不同时代赋予社会不同的道德标准和要求。历史和现实都表明,道德在人类社会发展和进步中具有重要作用。道德水平的高低、修养的好坏,是判断人格优劣的重要标准,是衡量一个人有没有素质的重要尺度。

德性是选人用人的首要标准。选拔使用人才把“德”作为选用的首要标准,是从历史与现实的经验教训中得出来的结论。有教育者说,德才兼备是上品,有德无才是次品,无才无德是废品,有才无德是危险品。“劣质员工比战争和瘟疫更可怕。”因此,新形势下“德”的问题日益突出,一些人出问题主要不是出在“才”上,而是出在“德”上。有人形容说,在单位里德高的人“属牛”,与世无争、只管干活;德庸的人“属猪”,得过且过、无所事事;缺德的人“属狗”,上蹿下跳、不咬便叫。可见,做人的学问比做事的学问更为重要,也更难掌握,“取士之道,德行为先”也就不奇怪了。我们党在选拔领导干部时强调德才兼备、以德为先的原则。各行业在选人用人时注重能力,更要看重品德。只有立人先立德,树人先树品,才能让属牛的生气勃勃,属猪的不敢偷懒,属狗的夹起尾巴,队伍才会有生机、有前途。

一个人的思想境界、道德情操,直接影响着一个地方、一个单位风气的形成,是社会行为规范的风向标。由于自身所处位置的影响,个人的言行举止对一个单位、一个团队或一个地区的风气具有明显的示范引导作用。如果忽视了做人,品行不端,情趣低下,不仅败坏社会风气,而且影响工作开展,损害了单位形象和威信。

随着改革的不断深化和发展,在选人用上也发生了变化,过去能吃苦、有力气、诚实可靠是评价人的基本标准。而今,随着人们文化水平的不断提高,在选人用人中不仅看勤劳,还要具备网络技术、产品研发测试、外语对话翻译等外在的能力。同时,更要有较高的大局观念、危机意识、进取精神、强烈的责任心、坚强的意志、良好的性格、健康的情绪、高尚的品德等内在素质。

提高素养要修心

良好的素质不是一朝一夕养成的,需要一个长期的修炼过程,它贯穿到工作、学习和生活的各个方面。做一个品行高尚的人应当是每一个人的自觉追求。

养成坚守信念、追求理想的品格。拥有坚定的理想信念,是员工最宝贵的品格。首先要胸怀理想。理想信仰的力量是无形而巨大的。一个人最大的破产是绝望,最大的资产是希望。远大的希望造就伟大的人物。美国黑人领袖马丁·路德·金说:"世界上所做的每一件事都是抱着希望做成的。"在北京奥运会获得 8 块金牌的美国泳坛健将菲尔普斯认为:"最大的奇迹就是一切都有可能,只要你敢于去梦想。"理想信念坚定,就能够执着前行、成就事业。员工要有所作为和建树,必须对工作充满希望,始终保持干事创业的旺盛热情。其次要坚忍不拔。有人讲:"事不三思必有败,人能百忍自无忧。"清朝孝庄太后曾以"雄心的一半是耐心"劝诫一心急于削除三藩的康熙皇帝。法国作家大仲马说,人类所有的智慧加起来只有两个词:忍耐和等待。学会了忍耐和等待,我们就能获得成熟与成功。员工应有耐心,有十年磨一剑的恒心,一心一意干工作,全力以赴钻业务,心无旁骛创佳绩。敬业才能创造辉煌,专业才能出奇制胜,创业才能别开生面。

要养成求真务实的品格。求真务实是每个员工应有的优秀品质,务实才能干成事。员工不管从事什么工作、在什么岗位都要时刻保持务实的态度、诚恳的人格。一要革除浮躁。浮躁是作风不实的表现,是员工健康成长的大敌。浮躁之风不除,求真务实就会成为一句空话。一个人不论水平多高,能力多强,心浮气躁就是落后的开始。摒弃浮躁,就要培养谦虚之德,胜不骄、败不馁,能够在鲜花和掌声中看到自己的不足,在困难和挫折面前看到希望的曙光。乐于接受困难,主动迎接挑战。二要任劳任怨。选择每一项工作,就是选择了一种责任意识强的神圣职业,就要时时保持一种奉献的精神、平和的心境、吃苦的心态。人们常说:“苦不苦,想想长征二万五;累不累,想想革命老前辈!”要始终保持任劳任怨的心境,大事急事难事上冲锋在前,要吃苦在前,享受在后;要默默无闻,多做少说,不表功、不炫耀;要脚踏实地,不畏艰苦,心无旁骛地做好自己分内工作。

要养成通达的心态调理自己,修身养性首在养心。员工修炼自己首先要调理内心,减少名利得失困扰、进退留转的影响,看得开、控得住、放得下,常保内心的平和安宁。

要看得开。以平常心态对待周围一切,把提高自身素质看得重一些,把进退留转看得淡一些。常持这种心态,就不会对世事他人牢骚满腹,攀比妒忌。“非淡泊无以明志,非宁静无以致远”,这是诸葛亮在《诫子书》中留下的千古名言。著名经济学家茅于轼说:“我活了一辈子,差不多到人生的最后几年才明白一个道理:人生的终极目标是快乐。”怎样才能快乐?这就要看每个人的心态。著名作家海伦曾经说过一句话:“当我哭泣我没有鞋子穿的时候，我发现有人却没有脚。”同一件事，看开了是天堂，看不开是地狱。有哲人说：烦恼的一半源于生存，一半源于比较。在现实生活中，使人高兴或者沮丧的，与其说是事实，还不如说是攀比。决定自己心情的不在于环境，而在于心境。人生就是这样，想通了，想开了，就能快乐一生。作为员工，都应有一种拿得起、放得下、看得开、想得通的心境。

要控得住。让人失去理智的，是外界的诱惑；最终耗尽一个人精力的，往往是自己的欲望。控制欲望最有效的办法，不是坐怀不乱，而是避而远之。控制欲望，可以得到财富；控制餐饮，可以得到健康；控制情绪，可以得到快乐；控制感情，可以得到幸福。学会控制，我们可以获得很多。在工作、生活、社交中牢记“千里之堤，溃于蚁穴”的道理。理智把握人生，真正把精力用在学习上，把时间花在工作上，不为名利所动，不为浮华所惑。

要放得下。放弃是一种智慧。当一个人失去名利时，他什么都没有失去；当失去自由时，一切都已失去。只有经常清理思想上的行装，放下那些身外之物，才能得到灵魂的自由和精神上的解脱。唐代大将郭子仪平息安禄山叛乱后，皇帝赐他汾阳王府。在兴工修建的时候，他闲来去监工，吩咐一个正在砌墙的泥工说，墙基要筑得坚固。这名泥水匠对他说，请王爷放心，我家祖孙三代在长安，都是作泥水匠的，不知盖了多少府第，可是只见过房屋换主人，还未见过哪栋房屋倒塌了的。郭子仪听了，拄着杖走了，再也不去监工了。这个泥水匠讲的是实际经验，而郭子仪听了以后，就想通了人生的一个道理，不是消沉，而是通达了。

学习的关键在思考

坚持用反思的利刃警醒自己。保持警醒对企业员工尤为重要,要明是非、知荣辱、辨善恶、分美丑,一日三省,时常反思,思想上不打擦边球,行动上不碰高压线,把个人兴趣、爱好、欲望等,严格控制在时代的道德范围之内。

要懂得敬畏。反思的思想前提是敬畏。有所"畏",正是我们进入角色和做好工作的心理起点和思想基础。对知识敬畏,就会发奋学习;对法律敬畏,就会遵纪守法;对工作敬畏,就会勤勉努力。康德有句名言:"我畏两样东西,一是头上的星空,一是心中的道德律令。"自律在很大程度上要靠有所"畏"、有所怕。古人讲得好:"不自重者致辱,不自畏者招祸。"提醒人们要严于律己,谨慎从事,切不可胆大妄为。

要经常反思。反思自己的言行举止。一要慎言。现在员工队伍中有一种不好的现象,就是一些员工在公开场合讲话口无遮拦,不分场合、不分对象地说一些有悖于中央精神的话,津津乐道于一些消极颓废、格调低下的所谓"黄色段子",满口荤话、粗话、脏话。希望大家言必适时、言必适情、言必适度。二要慎好。有点爱好是正常的,员工也不例外。但是,对自己的兴趣、爱好、习惯,不能恣情放纵。员工对自己的爱好如果不善节制,就有可能被别有用心的人所利用,成为不法之徒腐蚀企业员工的缺口。三要慎平。有些人在困境、险境、恶境之中做到了谨慎小心,格外警惕,而在顺境、佳境之中容易怠心懈志,忘乎所以。四要慎友。要谨慎交友,冷静交友,从善交友,选良交友,择廉交友。

素质是文化、智慧、善良和知识所表现出来的综合美德,是崇高人生的内在力量。修养在身,而内心的厚重,不是先天得来,而是依靠不断学习来积累的。一个人若能持之以恒地学习积累并善于思考，身心内外就不会清浅浮薄，就不会故步自封、自设局限，做到在为人处世中明辨是非、洞察本质、把握规律、沉着果断、处乱不惊，以谦虚、友善、大度、落落大方、游刃有余赢得人们的尊重和仰慕。

专业知识不可少

知识是人们在改造世界的实践中所获得的认识和经验的总和。不同时期，不同岗位需要不同的技能和知识，每个员工所负责的工作，都是与一定的专业知识相联系的，都需要相关的专业知识作为支撑。长期安于当外行，不学无术，不精通业务，不熟悉业务的员工不可能是一个称职的、合格的员工。既有技术才能又有丰富专业知识的员工少而又少。这就需要加强对专业技术的学习。

每个员工虽然不可能熟练掌握所有的专业业务技能，但起码应做到熟练掌握其中一、二，如果能有一手绝活更好。这并不是哗众取宠的作秀，而是为了把工作做得更好。在这方面，有的员工本身就是佼佼者，在一线工作时就练就了为人称道的一手绝活。实践证明，这样的员工在单位具有很高的威望，领导和同事有了疑难问题都愿意找他请教。

在掌握一种专业知识的同时，也要熟悉和掌握相关领域的知识。一是能够触类旁通，有助于对专业知识的补充完善。在知识的海洋中，各种学科之间都不是相互独立的，而是有机联系。每一种专业知识都需要从其他领域汲取营养，与别的专业学科相互借鉴，才能共同发展。要全面系统地掌握专业知识，也必须遵循这一客观规律。只有与其他领域的专业知识取长补短、融会贯通，才能对专业知识理解得更加深刻，掌握得更加牢固，运用得更加自如。二是能够开拓思路，有利于知识创新。任何专业知识都要随着社会发展、科技进步不断有所创新。没有创新、知识就会陈旧,不仅不能很好地起到推动历史发展的作用,还会成为历史发展的阻力。企业员工要想站在社会发展的潮头,就要自觉当好知识创新的推动者,关心更多领域的相关知识和动向,从中受到启发,获得灵感。如果把自己封闭在某一个专业的小圈子里,对其他领域漠不关心,思想就会被束缚,眼界就会被局限,势必导致因循守旧,止步不前。

熟悉和掌握的相关领域知识有两类情况:一类是与员工工作直接相关;另一类是与专业领域直接相关。无论从事哪个专业领域,既然是员工,就要熟悉掌握工作所不可缺少的相关知识。如电子信息方面的知识在各行各业十分普及,得到广泛应用。如果不懂计算机的应用,不懂电子政务,则无法满足工作所需。随着对外开放的不断扩大和对外交流的不断增多,熟悉掌握外语知识也显得越来越重要。员工不懂外语,对外交流的效果会大打折扣,员工个人和单位也会失去很多机会。此外,各个专业领域也都有着与本专业领域密切相关的业务领域,熟悉掌握这些相关领域知识对于互相借鉴、互相补充、共同发展十分必要。如搞医学的,不能不懂一点生物学;搞能源的,不能不懂一点环保学;搞民政的,不能不懂一点社会学;搞交通的,不能不懂一点运筹学;搞农业生产的,不能不懂一点气象学;搞航天的,不能不懂一点宇宙学等。

专业为主,广泛涉猎。员工在知识能力方面的修养,是做好本职工作的需要。因此,在知识能力修养方面,应重点着眼于与本职工作关系最密切的专业知识。俗话说,干什么吆喝什么。员工从事什么工作,就必须成为这个领域的行家里手,工作才能走在同行业、同领域的前列,工作才能具有开拓性、创造性,成为出色的员工。在加强专业知识能力修养的同时,员工还要力求一专多能,不可忽视本人所从事专业以外知识能力的培养。仅具有专业知识能力是远远不够的,只有成为一个复合型人才,才能满足工作职责的需要。实践证明,员工的知识面越宽,综合能力越强,他就越有发展。

知行合一,重在应用。员工加强知识能力的修养,不是为了装点门面,而是以满足工作需要、提高工作效能为最终目的。检验员工知识能力修养水平的唯一标准,也是看员工是否能够灵活运用自己所掌握的各种知识,是否能够自如发挥自己所具有的多方面能力。在加强知识能力修养的过程中,必须树立正确的指导思想,做到脚踏实地,决不要为了哗众取宠而去搞那些华而不实的东西。要坚持实践第一的观点,重视在实践中提高自己。一是重视在实践中学习,提高自己的知识能力;二是注重知识能力在实践中的应用,不断提高解决实际问题的能力水平;三是注重在实践中的锻炼,不怕挫折,不怕困难,使自己的知识能力在实践锻炼中不断得到提高。

专业传承求极致

与“千军万马过独木桥”的高考不同，郎朗选择的是自己的爱好，他数十年如一日地追求，靠着传承和钻研，凭着专注和坚守，缔造了一个又一个“第一”奇迹。长久以来，因为缺乏对专业的坚持、追求和积累，导致当下个人成长之路崎岖坎坷，组织发展之途充满荆棘。这种缺乏也让持久创新变得异常艰难，更让基业长青成为凤毛麟角。

在自然资源日渐匮乏的平庸时代，在互联网思维“泛滥”的年代，重提专业的“工匠精神”、重塑工匠价值，不啻一种追本溯源，也是中国制造业转型升级的不二选择。有人能在牛皮纸一样薄的钢板上焊接而不出现一丝漏点，有人能把蜜蜂精度控制到头发丝的五十分之一，还有人检测手感，堪比 X 光那般精准。中国航天科技集团高级技师高凤林，给火箭焊“心脏”，是发动机焊接的第一人。0.16 毫米，是火箭发动机上一个焊点的宽度。0.1 秒，是完成焊接允许的时间误差。非常人所想，如此高超的焊接技术，让人佩服为之点赞。北京 APEC 会议上，送给外国领导人及夫人的国礼之一“和美”纯银丝巾果盘，是国家高级工艺美术技师孟剑锋在只有 0.6 毫米的银片上，经过上百万次的精雕细琢才打造出的“丝巾”。中国著名宣纸高级技师周东红，是我国书画家御用宣纸制作师。他日复一日，年复一年地做捞纸的工作，不嫌简单和重复。经他手捞出晒成的宣纸，每张重量误差不超过 1 克。一直以来保持着宣纸成品率 100% 的记录。[①]

① 央视《大国工匠》专题片于 2016 年 10 月 1 日播出共八集，介绍了 24 个不同行业的当代中国工匠的人生故事，展示了他们非凡的职业绝技。

内在外延都需要

以精湛为内核，追求专业的及至，精益求精不仅是我们的核心标准，也是国内外任何行业共同的追求。意大利的古老品牌“诺悠翩雅”坚持以质取胜，用90年时间从几间厂房拓展为集面料、成衣、配件为一体的“国宝级”奢侈品品牌。

从守护传统工艺，到经营现代企业，在许多国家，“工匠精神”已成为一种职业操守，一种行业自律，滋养着全社会继承传统，开拓创新。

专业极致，是匠人匠心的内在。着眼细节、品质为本是所有匠人共同的信念。以修书过程中缝制书脊这一环节为例，意大利小城米尼70岁的修书匠梅伊·阿戈斯蒂诺一般会选用结实的布料打底，而不像一些大批量生产的工厂那样用纸板代替。从业已50年的阿戈斯蒂诺说，这部分的材料顾客是看不见的，布料成本远超纸板，工艺也更为复杂，却是修书匠的责任心所在。

“顾客看不见，但我看得见，时间也看得见。”阿戈斯蒂诺说。伦敦市中心的萨维尔街以出品定制西装享誉世界。数百年来，萨维尔街被誉为男装工艺典范。追求极致、力求完美正是它经久不衰的秘诀。

全英梅是萨维尔街百年老店韦尔什&杰弗里斯的合伙人。她告诉记者，全定制西装最基本的标准是不能在衣服外部看到车线。量体时需要测量50多处，记录顾客肌肉形状、体型等细节。完成这样一套西装，至少要50小时，经7人之手，客人需要等待两三个月。在全英梅看来，真正的工匠精神，除了要有匠人的精湛手艺，更要有一颗真诚对待客户的心。“最近，一位80多岁的老顾客拿了件1950年做的西装回店里修补，他是一位英国勋爵，”她说，“这不算最久的，我还修补过一件1932年做的西装。不管年代多久远,我们一直保存着当年为顾客定制西装时记录的信息。”

专业恒久,求新求变的外延。年复一年的积淀,持之以恒的传承,是匠心的另一种体现。酿酒业的成功不在一朝一夕,澳大利亚的泰来斯葡萄酒庄正是依靠这份坚持慢慢成长起来。20 世纪 70 年代初,澳大利亚还在流行波特酒等强化酒时,泰来斯酒庄酿造出澳大利亚第一瓶百分之百的赤霞珠,斩获澳大利亚葡萄酒展金奖。[1]

酒庄第三代掌门人米切尔·泰勒说,从种植园中的葡萄到货架上销售的成品酒要花大约 10 年时间,因而每一个策略性的决定都代表着家族的一代人,“今天做出的艰苦工作都是为了让下一代人可以从中获益”。

---

① 参见郭倩等:《以精湛为内核 借创新拓外延——工匠精神何以生生不息》,载《中国产经》2016 年第 4 期。

传统手工艺行业中诞生的对品质孜孜以求的匠人匠心,不仅在小作坊中留存传续,而且伴随“工业 4.0”时代到来,融入企业的管理、经营理念之中。

大约 40 年前与兄长一起接管诺悠翩雅的皮埃尔 · 路易吉告诉记者,20 世纪 50 年代至 70 年代,更容易发展的是以量取胜的企业。然而接手公司后,他和哥哥没有沿袭这一普遍做法,而是不断寻找最优质原料,开发最先进技术,还开辟成衣、鞋包等新生产线,丰富产品门类。

他坦言,现在看来,专注精品高端路线是一种优势,而在当年却是一种挑战。不过那时候面临的困难就像一所学校,磨炼自身的同时更坚定了他们对品质的追求。

专业极致,植根社会的丰盈。匠人匠心是工匠精神的根基,崇尚这一精神的社会体系和氛围是助其抽枝长叶的养分。

在德国、奥地利、瑞士等德语区国家,除了诸多知名的汽车、钟表、家电品牌,还有一大批成功的中小企业,它们专注生产和制造,注重创新研发,并拥有大批高技能劳动力。这些企业在某些细分的行业领域不断积累优势,做到全球领先,却不被外人所知,称得上是“隐形冠军”。

过硬质量的背后是高素质人才。在欧洲德语区盛行的双元职业教育模式,为各类企业源源不断输送“专业型人才”,而整个社会对于这些专业人才也尤为推崇和尊重。

以奥地利为例,约 40% 的奥地利学生在完成义务制教育后不继续进入大学深造,而是成为学徒,接受 2 年到 4 年不等的双元制职业教育。他们 80% 的学习时间被安排在工厂车间,直接接触最新的技术并操作实践,其余时间在职业学校学习理论和专业知识。毕业后成为技师,不仅收入可观,社会地位也与大学毕业生没什么两样。

“专业极致”离不开历史的传承,离不开追求品质和创新的企业文化,离不开成熟的职业教育体系,更离不开社会对工匠价值的认可与尊重。正是这些元素构成了滋养“工匠精神”的沃土。

做好现代工匠是国外“劳模”精神的重要内涵,也是“工业 4.0”时代国际劳动者们的重要追求目标。

找好“两点”,看“三高”

专业极致找“两个点”,即在技术和手工之间寻找平衡点,在现代科技与传统之间结合点。美国中西部城市芝加哥西郊,世界最大的竖琴公司之一——美国莱昂-希利竖琴公司厂房内,女工芭芭拉手握一把由马尾巴毛制作的小刷子,在自己的脸颊上轻轻摩擦两下,然后小心翼翼地用刷子粘上小块金箔,准确快速地贴在原木琴柱上,之后开始细细抛光。

工作 37 年的匠师史蒂夫·弗里茨曼深有体会,这个过程看似简单,实际非常复杂。贴金片前要先给原木部件涂上黏土和石膏打底剂,然后一层层打磨;贴金箔时,先用刷子在人脸上摩擦产生静电,吸起金箔、粘贴、打磨……整个过程一气呵成,不容丝毫差错。

“100 多年前,莱昂-希利(竖琴公司)就使用这一工艺,是莱昂-希利的独有工艺。”这位美国历史上首家竖琴制作公司的老匠师说。

弗里茨曼承认,近年来公司引进了一些机器设备,但他说这是为了帮助提高手工制作。

“演奏者对这个乐器是机器制造还是手工制作并不关心,他们关心的是乐器产生的声音和演奏舒适度,”他认为,“打造音乐家想要的声音和演奏舒适度,就是我们在技术和手工之间要寻找的平衡点。”

马西莫·马吉是意大利一家家具企业经营者,他在一年一度的米兰国际家具展期间说:“虽然我们用的工具要比祖父几十年前的先进很多,但在家具的最后制作阶段还是有些‘画龙点睛’之笔，以区别工业生产和手工艺制作。”他认为，也正是“我们家具中的文化内涵使这一技艺传统延续了数百年时间”。

北京国际设计周组委会办公室副主任孙群的总结是：意大利人的工匠精神体现在从设计到制造的全过程，其中设计阶段体现在对文化与用户的理解与尊重上，制造阶段体现在对工艺与技术的传承与创新上。

专业极致，无形动力看“三高”：收入高、地位高、成就感高。当国内莘莘学子千军万马过独木桥决战高考，个别考生非一流名牌大学不去时，在西方发达国家瑞士，当地年轻人的求学、择业观却有所不同——完成九年义务教育后，半数以上瑞士初中毕业生会选择进入各类职业技术学校。

正是这些人，日后将成为拥有熟练技术的瑞士“现代工匠”，是铸成“瑞士制造”基石的重要人才来源。

在瑞士，技校之所以“火”，与当地人对于职业教育的社会尊重与认可程度有着直接关系，技校学生不会受到社会歧视。据统计，瑞士约有300余种职业技能的培训，职业技校体系相当完善，毕业生更容易找到合适工作，有的甚至在培训期间就被企业“预定”，报酬也不比从高等学校毕业的人差。

在日内瓦联合国办事处工作的官员帕特里克的孩子，上职业技校已经一年，学室内设计专业。谈起孩子的选择，帕特里克向记者表示，假如高端研究人员扎堆，失业风险将不可避免。

当欧洲多个邻国因金融危机而失业率高达两位数时，瑞士的失业率却一直稳定保持在3%左右。世界经济论坛每年发布的《全球竞争力报告》排行榜上，瑞士一直名列前茅，成为全球最具竞争力的国家之一。这些都与其重视教育的均衡发展和人才的综合培养有很大关系。

而对于世界竖琴界经典品牌莱昂－希利而言，良好的社会认可度，加之良好的个人成就感,是这一品牌旗下公司员工坚持几十年如一日践行工匠精神的重要源泉。

弗里茨曼透露,在美国,工人为一家公司工作平均约4年就会跳槽。而代表当今最高竖琴制作标准的莱昂–希利公司员工的平均工作期限是这一数据的3倍。匠师们之所以能够坚持,有收入因素,更有认同和成就感。

弗里茨曼说:“在一天结束的时候,人们对自己的工作感觉良好,这不是能用金钱衡量的。我想,这也是一个匠师献身精神的源泉,是我们公司产生了大量像我这样的工匠并且能够静心坐下来做30多年的原因所在。”

改变需要过程。“德国制造”闻名于世,但“罗马不是一天建成的”,这一美誉也从来不是一夜间获得的,而是千千万万个普通劳动者的踏实劳动造就的。

事实上,“德国制造”并非自古就是质量和信誉的代名词,早在约130年前更多的是一种侮辱性符号。当时,德国刚刚步入工业化时代,抄袭其他国家的技术,仿造其他企业的产品。

这些商品进入英国后掀起轩然大波,英国议会为此特别修改商标法,要求所有从德国进口的货品必须注明原产地是德国。1876年,一名德国籍评奖委员会委员在一次世界性的展会上甚至公开表示,德国商品价格低廉、质量糟糕。

科隆大学历史学家英戈·克勒也承认,当德国工业化刚刚起步时,无论是钢铁制品还是机械制造,德国在创新方面远远落后于当时经济遥遥领先的英国。直到第二次世界大战后,“德国制造”才成了世界范围内无可争议的品质保障。

痛定思痛后,德国每年制定超过1000个高规格的行业质量标准;建立行之有效的双轨制职业教育体系,不仅重视前沿行业或学科的领军人物,同时重视培养“蓝领”,发挥个人在普通行业中的专长;搭建完善的法律保障和认证监督体系等,这才让“德国制造”逐步成为标杆。

培育创新精神,做好“现代工匠”。在“工业4.0”时代,工匠精神还被赋予了创新的时代内涵。美国拉斯韦加斯,美国广播电视展,拥有一万平方英尺展位的国际商业机器公司(以下简称IBM)展台前人头攒动。来自世界各地的参观者与IBM工作人员热烈地讨论着“认知商务解决方案”“云计算服务”“大数据与分析”这些IBM近年来推出的转型之作。

IBM之所以屹立百年仍引领行业,绝非偶然,其发展的动力源泉得益于鼓励创新研发的机制。不断创新研发,将IBM服务融入世界各地文化,正是IBM员工所具备的工匠精神。

此外,公司每年投入约13亿美元用于研发工作,鼓励每个员工投身研发工作,一旦员工的创意被专利部门认可,公司即帮助员工申请专利并由公司支付相应的专利申请费。这使IBM每年获得多达9000~11000个专利技术。

一名IBM的员工告诉记者,公司很多员工都有自己的专利。虽然奖励机制更多偏向于在公司内部以表扬信的形式公布喜讯,但每个员工都以获得这封表扬信为荣。“这是一种无形的动力,没有什么比获得公司对我们的认可更让人兴奋了,这也算是IBM给我们培养的‘工匠精神’吧。”

经济增长“减速换挡”之际,曾以“大干快上”著称的中国企业也开始有意识地调整步伐:耐心一点,专心一点,精心一点。做到这“三点”培育专业技术才是关键。

过去力推“机器换人”的广东格兰仕集团有限公司,如今把重心放在了培训工人上。在这家中国知名的家电制造企业里,每天都有三四千工人在接受各类职业技能培训。

用该公司海外市场总监刘清宇的话说,光靠机器“做不出好的产品”,过硬的品牌质量离不开过硬的员工,“要让劳工变成技工,即使只是拧螺丝钉,也要当拧螺丝钉的专家”。

这些话语背后,是“工匠精神”。“培育精益求精的工匠精神,增品种、提品质、创品牌”,2016年中国政府工作报告的这一号召之所以为企业所认同并转化为行动,缘于“中国制造”正处于进退的关键时刻。

经过几十年的高速发展,中国工业如今已告别了简单扩张产量的阶段。如工信部部长苗圩所言,目前制造业存在的问题是“大而不强”,先进工艺、产业技术基础薄弱,低端产能过剩、高端产能缺乏,高精尖产品和重大技术装备生产不足。

中国民众赴海外抢购马桶盖、电饭锅,更凸显出“中国制造”的“硬伤”。

此外,劳动力等要素成本快速上升,来自新兴经济体的竞争日趋激烈,也在倒逼中国企业转型。如果不切实补上短板,中国将难以成为世界制造业强国。

而要打造高水平的制造业,离不开对质量和技术“从99%到99.99%”的执着,离不开几十年如一日的坚持,更离不开“板凳甘坐十年冷”的定力,这正是“工匠精神”的要义。

实际上,作为世界第二大经济体,中国并不缺少技术精湛的工匠。但不可否认,由于种种原因,“工匠精神”眼下对中国经济还是“奢侈品”。

一是知识产权保护相对薄弱,伤及“匠心”。这对中国企业来说是一大心病。“我们花费大量心思研发出的新产品,最快不到三个月市场上就有仿制品出现,”主营电动车的雅迪进出口有限公司部长屈鹏飞说,“这样一来,公司的大笔投入就付之东流了。”

二是职业教育发展不够，影响“匠人”。造就工匠首先要从培养工人做起。官方数据显示，目前中国职业院校每年输送近1000万技术技能人才，占新增就业人口的60%。但社会上仍然存在轻视职业教育的现象，职业教育在校生人数有近900万缺口。

决策层也在不同场合多次表示，要加快职业教育发展，注重增强学生实践能力，多为学生提供动手机会，提高解决实际问题的能力，助力提升中国产品的质量。

有理由期待，多管齐下之后，技艺精良的匠人和认真做“工匠”的企业在中国将越来越多。

让“工匠精神”擦亮“中国制造”。鼓励企业开展个性化定制、柔性化生产，培育精益求精的工匠精神，增品种、提品质、创品牌。2016年政府工作报告把宣传工匠精神提上议事日程。

“工匠精神”是一个古朴的词汇，它首次出现在政府工作报告中，令人耳目一新。

何为“专业”？工匠与专业有何不同？不同的人有不同的解读，但不外乎“一丝不苟、精益求精、专注极致”等内涵，而要达到这一境界，则需做到“耐得住寂寞，受得住诱惑，克服得了困难”。

耐住寂寞好成长

矢志报国，隐姓埋名三十年。88岁的黄旭华，背后有着惊涛骇浪的故事。他是我国第一代核潜艇总设计师，中国工程院院士、中国船舶重工集团公司第719研究所名誉所长。

1926年出生广东汕尾的黄旭华，上小学时正值抗战时期，家乡饱受日本飞机的轰炸，就此立下报国之愿。他高中毕业后，被中央大学航空系和上海交通大学造船系同时录取。

20世纪50年代,中国面临着掌握核垄断地位的超级大国不断施加的露骨核威慑,危机重重。毛主席痛下决心:“核潜艇,一万年也要搞出来!”

“我被调过去说要搞核潜艇。”黄旭华告诉记者,这得益于自己一直从事潜艇的研究工作,是名老党员,组织上放心。但接受任务后必须隐姓埋名。

接受任务前,黄旭华回到阔别许久的老家。母亲再三嘱咐道:“过去颠沛流离,如今工作稳定了,要常回家看看。”他答应了。

但是,从1957年到1986年,30年时间家人都不知道他在做什么,父亲直至去世都没有见到他。家中慈母,从63岁盼到93岁才终于又见到儿子。

攻坚克难,殚精竭虑一生情。研制初期最大困难不是物质匮乏,而是根本没有知识和人才。“当时我们只搞过几年苏式仿制潜艇,核潜艇和潜艇有着根本区别,核潜艇什么模样,大家都没见过。”黄旭华回忆。

谁都想不到我国的核潜艇是从研究玩具开始的。当时,他们弄来一个核潜艇玩具模型,拆了装,装了又拆,计算推理核潜艇的形状、布局。最终黄旭华选择了难度很大却也是最科学的水滴线型为艇体形状。

研制核潜艇和综合国力相关,工程曾几上几下,被搁置时有单位高薪聘请他,都被他谢绝了。

确定了核潜艇的艇型,仅仅是万里长征第一步。核潜艇技术复杂,配套系统和设备成千上万。设备和技术的落后,让黄旭华曾经用最“土”的办法来解决最尖端的技术问题。

从核潜艇的艇型方案到弹道方案、从模型制造和模拟试验……黄旭华对记者说:“计算数据,当时还没有手摇计算机,我们初期只能依靠算盘。每一组数字由两组人计算,获得相同答案才能通过。常常为了一个数据,我们会日夜不停地计算,争分夺秒。”

在进行核潜艇的试潜和定重测试时,黄旭华用“秤”的土办法。他要求所有上艇设备都要过秤,安装中的边角余料也要一一过秤。几年的建造过程,天天如此,使核潜艇下水后的数值和设计值几乎完全吻合!

1970 年 12 月 26 日,当凝结了成千上万研制人员心血的庞然大物稳稳浮上水面时,黄旭华难掩眼泪长流。正如钱学森所说:“没有一万年,也没有一千年和一百年,只用了十年,我们就建造出了自己的核潜艇。”

与对家里人隐姓埋名相比,妻子要承担更大的压力。结婚 8 年后结束两地分居,李世英才知道丈夫是做什么的。忙时,一年中他有 10 个月不在家。他对家里不闻不问,甚至不会给自己买双袜子。“他生活简单随意,出去理发都嫌时间长。后来,我买了理发工具学会理发,给他理了几十年。”她说。

照顾家、照顾孩子、照顾他,这些都不难——她最揪心的是丈夫的平安。

核潜艇只有深深地、静静地隐蔽在海洋中,才能对敌人产生真正的威慑,形成战斗力。而战斗力的关键在于极限深潜试验。

“所有的设备材料没有一个是进口的,都是我们自己造的。开展极限深潜试验,并没有绝对的安全保证。我总担心还有哪些疏忽的地方。”黄旭华告诉记者,“为了稳定大家情绪,我决定和大家一起深潜”。

接近极限深度时,庞大的核潜艇载着黄旭华和 100 多名参试人员,一米一米地下潜。巨大的海水压力压迫艇体发出“咔嗒”的声音,惊心动魄。黄旭华镇定自若,了解数据后,指挥继续下潜,直至突破此前纪录。在此深度,核潜艇的耐压性和系统安全可靠,全艇设备运转正常。

新纪录诞生,全艇沸腾了!当年,62 岁的黄旭华,世界上首位亲自参与核潜艇极限深潜试验的总设计师，抑制不住内心的欣喜和激动，即兴赋诗一首："花甲痴翁，志探龙宫。惊涛骇浪，乐在其中！"

黄旭华是世界上首位核潜艇极限深潜试验的总设计师，隐姓埋名为国家，虽苦犹荣。

忍受羞辱创奇迹

他出生于德国一个普通的家庭，父亲是当地一位小有名气的鞋匠，从小到大，他穿的鞋子都是父亲亲手打造的。父亲做鞋的技术十分精湛，做出来的鞋子不仅舒适耐穿，而且新颖别致，他穿在脚上，总能引来小朋友们羡慕的目光。小时候，父亲一直是他心目中的英雄、崇拜的偶像，他曾暗暗发誓，长大以后也要做一名像父亲那样的鞋匠。可是，随着他一天天长大，父亲在他心目中的高大形象开始一点儿一点儿地泯灭。特别是当他进入中学后，发现其他同学的父亲不是政府官员、富商，就是律师、医生时，他心中仅存的那点儿自豪感随之荡然无存。他感到十分自卑，从来不去父亲工作的地方玩，也从不让父亲到学校来找他。每每有同学问起他父亲是做什么的时候，他要么撒谎，要么支支吾吾地跑开。

有一次，他与一位同学闹了矛盾，那位同学不知从什么地方打听到他的父亲是一位鞋匠，于是当着全班同学的面，指着他的鼻尖大声地骂道："一个臭鞋匠的儿子，有什么了不起的！以后少在我的面前装腔作势。"那一刻，他的自尊心受到了莫大的伤害，真恨不得能找一条地缝钻下去。

这本来只是同学的一句戏言，而他却当了真，并把所有的罪过都归结到了父亲的身上。回到家里，他愤怒地朝父亲吼叫："你为什么不是政府官员，为什么不是富商，为什么不是律师，为什么不是医生……社会上那么多种职业，你为什么偏偏选择做鞋匠呢？"

听了他的哭诉,父亲没有生气,而是极力地宽慰他说:“孩子,鞋匠怎么了,不偷不抢,靠自己的双手吃饭,有什么好自卑的?再说,无论是总统,还是平民百姓,只要他在这个世上生活,就得穿鞋。如果没有他们这些鞋匠,那些嘲笑你的人就只能光着脚丫在大街上行走了。你可别小看做鞋这项工作,如果你做好了,大家都喜欢穿你的鞋子,那么你将成为本世纪最了不起的人。孩子,你务必记住,无论什么时候,别人可以看轻你,但你自己绝不能看轻自己。”

听了父亲的回答,他的眼前不觉一亮,是啊!全世界有60多亿人口,如果有一亿人穿自己做的鞋子,那将是一笔巨大的财富。从那以后,他不再自卑,开始跟着父亲认真地学习做鞋的技术,并且还在传统工艺的基础上进行了大胆的创新,发明了七百多种与运动相关的专利产品,生产出了世界上第一双运动鞋,第一双冰鞋,第一双多钉扣鞋,第一双胶铸足球钉鞋……当别人再次问起他父亲是做什么工作的时候,他总是理直气壮地说:“我父亲是一位了不起的鞋匠。”

多年后,他成了世界上的风云人物,他的产品成了专业运动员和普通市民追捧的时尚,他就是风靡全球的体育用品制造商阿迪达斯(adidas)的创始人阿道夫·阿迪·达斯勒。从创业至今,阿迪达斯一直是行业的领跑者,产品远销世界150多个国家,每年的营业额达到几十亿美元,而这个奇迹的创造者就是一名鞋匠的儿子。

阿道夫·阿迪·达斯勒的故事告诉后人,不要轻视自己的出身,也不要小瞧任何一种看似不起眼的职业,只要从实际出发,抓住身边的每一次机会,你会惊奇地发现,你的心胸有多宽广,你的理想有多远大,你脚下的路就有多长。

逆境行舟扬美名。逆境并不可怕,可怕的是在逆境中沉沦。年轻人只有从坎坷和失败中不断总结经验,吸取教训,才能使自己不断地成长,并通过历练,矫正自己错误的人生观、价值观,树立正确的世界观,努力学习文化技术,掌握一技之长。

18 岁那年使用自制雷管炸鱼,结果发生了悲剧,右手被炸没了。这让农村出生的谭传华丧失干农活劳动能力,成为村人眼中的无用之人。他开始练习左手写字和画画,很快就当上一名民办教师。凭借优异的教学成绩,成为全县有名的教师尖子。但他并不满足,23 岁的他告别父母兄弟,开始了一段长达 2 年的"盲流"生活。流浪生活并未让谭传华圆梦,窘迫的他一度靠卖画为生,他曾想在峨眉山选个好地方自尽,是大雪封山阻止了他轻生的脚步。

结束颠沛流离的流浪生活后,他尝试过卖红薯、卖魔芋块儿、卖中药材、开花店等各路活计。当县城同类花店逐渐增多,利润日渐微薄之时,谭传华开始考虑转行去做祖传木匠的活计——木雕。不过这次转行亏掉了他的全部 6 万元钱积蓄。

1992 年,带着凝聚全部身家和工人心血的木雕去深圳参展时,谭传华从商场售货员处打听到几千种产品中唯独木头梳子最畅销。他大吃一惊开始琢磨梳子这个"巨大的缝隙市场"。

他当时并不知道梳子如何生产,在请教老一辈梳子匠后得知得用锯子锯,用铇子铇,相当于传统手工,他决定通过研发设备进行技术改造。几个月后,他的机器生产出第一批梳子,第一把梳子卖了 2 元钱,这让他看到了希望。

他给梳子起名叫"谭木匠",后来很多消费者第一次听到"谭木匠"都以为是百年老牌。"谭木匠"成为享誉中外的品牌,在全国各地及新加坡、马来西亚建立 337 家连锁专卖店,荣获中国驰名商标。2009 年 12 月 29 日,香港交易所最后一场上市仪式举行,内地工艺木梳"谭木匠"及首家赴港上市的德国企业星亮控股正式挂牌。谭木匠首日涨幅为港股第三，谭木匠上市首日收盘价，较招股价大涨 52%，谭传华夫妇持股市值猛增超过 2 亿元，身家达 6.67 亿港元，折合 5.9 亿元人民币，一天时间就暴增约 2.29 亿港元。谭木匠目前在全国拥有 853 家古色古香加盟店，遍及 300 多个城市，产品销往 13 个国家和地区。

《庄子》中记载了一个“庖丁解牛”的故事。一个叫丁的厨师给梁惠王宰牛，手所接触的地方，肩所靠着的地方，脚所踩着的地方，膝所顶着的地方，都发出皮骨相离声，刀子刺进去时响声更大，这些声音都合乎乐曲的节拍。

传说当然只是传说，但这背后对于技术精益求精的追求，却是中国历史上绵延不绝的一笔精神财富。在璀璨的中国文明中，无数巧夺天工的珍品，正是工匠们数十年如一日坚持的产物。这样的追求，曾一度在对量的追求和低成本的追求过程中，被人们忽视过。如今，这精神正在李万君身上重新焕发生机。[①]

外人看来,电焊枪发出的刺眼蓝光晕染着飘散的烟尘,可怕又危险。但在李万君看来,电焊枪发出的声音和火花却是美妙的音乐,四散飘落的火花胜过夜空绽放的烟花。李万君最喜欢手握焊枪制造出这美妙的声音,正是这把握了多年的焊枪使他获得"中华技能大奖"以及多项发明创新奖项。如今依然手握焊枪活跃在生产一线,以精湛技能打造最安全可靠的中国制造高速列车。这位五一劳动奖章获得者,自从拿起焊枪到现在,始终不懈地兢兢业业、孜孜以求。

李万君职高毕业被分配到长春客车厂电焊车间水箱工段。焊枪喷射着2300度的烈焰,瞬间将钢铁融化。焊工们在炎热的盛夏焊着客车上供水的水箱、制动的风缸,车间里火星四溅,烟雾弥漫,声音刺耳,味道呛鼻。

披挂着厚重的帆布工作服,扣着封闭的焊帽,李万君和工友们在烟熏火燎中淬炼意志。一年后,当初和他一起入厂的28个伙伴,25个离了职,而李万君留了下来。入厂第二年,李万君在车间技能比赛中夺冠。他首次代表长客公司参加长春市焊工大赛,虽然是最年轻的选手,但他将三种焊法的三个第一轻松收入囊中。此后,经常与不同单位焊接高手切磋的李万君技艺越来越高,并顺利考取了碳钢、不锈钢焊接等6项国际焊工(技师)资格证书,成为全能型焊工。20米外,只要听到焊接声,李万君就能判断出电流电压的大小、焊缝的宽窄、焊接质量如何,绝无差错。

自从有高铁至今短短几年时间,中国高铁完成了时速250公里、350公里、380公里的"三级跳"。高速度需要高技能人才队伍支撑,李万君主动请缨,传技能,教绝活。

---

① 关于李万君的通讯报道见:《经济日报》2016年10月20日,《工人日报》2017年4月21日等,经笔者整理。

2008 年,长客公司引进德国西门子时速 350 公里高速动车组技术,但与之相匹配的大量高技能工人却一时难求。德国人提供的转向架焊接试验片,只有李万君一人能焊出来。为了新项目,公司成立了新产品车间,抽调高素质人员,还从技校招来了 400 多名学生让李万君培训,要求短时间内迅速形成生产能力。

德国的工艺标准是全新的,李万君从头学起,常常彻夜不眠,思考如何将复杂的工艺操作过程分解成具体的步骤教给学员。那时候李万君上厕所都一路小跑,生了病就用药顶着,体重掉了 20 多斤。最终,400 多名学员全部提前半年考取了国际焊工资格证书。德国西门子的焊接权威布鲁诺竖起了大拇指说:“李,你创造了奇迹!”

现在,这些经过李万君培训的员工已成为时速 380 公里动车组的生产主力,也使长客公司焊接技术整体水平和欧洲西门子实现同步。“李万君国家技能大师工作室”成立了,这里既是传承技术的培训站,也是解决企业生产难题的攻关站。不仅培训企业内部和吉林省内其他企业的焊工,李万君还赴新疆阿勒泰地区对 400 多名技术工人进行培训,把自己的技能变成社会财富。

“我的技能传给企业和社会才更有价值。”李万君说,大国工匠就应该把本事总结出来,把技能传承下去,把创新开展起来,为中国梦提速。

几年来,作为全国铁路第六次大提速的主力车型,时速 250 公里动车组在长客公司试制生产。列车转向架横梁与侧梁间的接触环口,是承载整车约 50 吨重量的关键受力点,按常规焊法焊接段数多,接头易出现不熔合的缺陷,质量无法保证,一时间成为阻碍生产的“拦路虎”。

“能否一枪把这个环口焊下来呢?”李万君提出这个想法,来自阿尔斯通的法国专家认为不可能。经过 1 个月的反复钻研摸索,李万君总结出“构架环口焊接七步操作法”,一枪焊完整个环口。这连最先进的焊接机械手也无法完成的操作，让倨傲的法国专家对中国工人竖起了大拇指。

中国高铁搭载着中国梦提速，而高速度更要有高质量做保证，李万君在质量管理创新上大显身手。“原来他们生产的列车时速 80 公里，只要焊结实就行，外面的焊碴都不用清理。”李万君说，现在时速 300 公里的高铁，掉一个焊渣都可能造成重大事故，所有焊件必须表里如一、没有瑕疵，每一个焊件都得是艺术品。

为了做到这一点，李万君编辑了图文并茂的《焊接典型质量问题汇编》，制定了《转向架铆焊工标准操作手册》，提炼出《焊接艺术化标准》，创新工艺填补了我国氩弧焊焊接转向架环口等方面的空白，以高超技能和实践经验完善大国制造。

专业技术没有物种那么神奇，没有宇宙那么神秘，没有分子粒子那么复杂。任何一个高大上的物品都离不开最基础的技术，坚持把最基础、最简单的事做好，一样做出大贡献，一样的实现自己的梦想。隐姓埋名的黄旭华、忍受羞辱的阿道夫·阿迪·达斯勒、逆境行舟的谭传华、兢兢业业的李万君等都是值得学习的榜样。

呼唤与反思

榜样的力量是无穷的，但如何拥有榜样的匠心之道，却值得思考。

工匠精神在中国具有深厚的底蕴，是我们要珍视并发扬光大的宝贵财富。然而，现代化工业中，在短平快的工作节奏和社会价值多元化的多重冲击中，原本“干一行，爱一行；干一行，精一行”的传统理念在人们的思维中开始动摇，所带来的直接影响是业之宗师、国之巨匠寥若晨星。对于更多的中国制造领域，我们仍然缺乏响当当的“中国名片”，其背后所折射的是优质技术人才的缺失，其本质是“工匠精神”的缺失。

中国企业缺失“工匠精神”，主要原因是中国工业化起步晚，在工业发展的过程中过度追求速度，从而陷入了一种浮躁的状态，很多人追求的是多、快、好、省，追求的是一夜暴富，而不是脚踏实地和精益求精。

在企业家们看来，中国在从制造大国迈向制造强国的道路上，那种精益求精、追求卓越的“工匠精神”是全社会都必须补齐的“短板”。

匠心之道。中国制造业很长时间以来缺乏精益求精的工匠精神，即使目前个别企业做得不错，但仍然无法摆脱低端廉价的整体印象。

据媒体报道，中国人在日本疯狂抢购的马桶盖产自杭州。原来，国内厂家从日本进口了生产马桶盖的模具后，就可以按照日本标准生产。而我们生产的塑料制品有毛刺、圆珠笔钢珠刺纸、马桶出水不畅都与造不出好模具有关。

李克强总理在参加一个有关钢铁煤炭行业产能过剩的座谈会时，举例说中国至今不能生产模具钢，如圆珠笔的“圆珠”都需要进口。那么我们为什么造不出好模具？

随着大众对产品质量和档次要求的提升，生产与消费、供给与需求之间的矛盾日益突出。一方面，我国钢铁、水泥、煤炭、平板玻璃、电解铝、光伏、风电等产业出现严重产能过剩；另一方面，企业的供给水平无法满足社会日益增长的中高端需求。

随着改革开放的不断发展，人们追求物质文化的需求也在不断提高。然而，在人们追求物质生活日益完美的渴望中，物质产品的制造者仍停留在廉价能用的旧思维中，甚至有商家为了快捷和利润，忽视创新和质量，致使国内的低端产品太多了，低质量服务太多了，假冒伪劣的东西充斥着市场，这才使一些人不愿意在国内消费。过去是短缺经济时代，企业只追求“卖出去”就可以了，而现在是追求个性化、多元化的时代，企业要树立品牌意识,靠品牌赢得消费者的认同。

也有人认为,“工匠精神”被忽视与职业技能教育被轻视有关,而且一直以来工人待遇低、晋升渠道窄、工作环境较差等问题都影响到“工匠精神”的培养。

沈阳飞机工业集团曾在赔钱的情况下仍然接国外的飞机轴承订单。“在那个特殊时期不接就没活儿,师傅就无法带徒弟,这种技术和工匠精神就断档了。”但这种亏本做生意并不是所有企业都有“赔得起”的能力。

很多企业不舍得在技术、设备、人力上多投入。人社部职业能力建设司司长张立新说,中国制造和国际上的差距,不仅是技术水平上的差距,还有设备和人才培养上的全面距离。

有专家认为,“工匠精神”不仅体现了对产品精心打造、精工制作的理念和追求,更是要不断吸收最前沿的技术,创造出新成果。中国必须拥有自己的核心技术,提升中国制造的品质。

十八大以来,习近平总书记提出中国梦,对实现强国提出更高要求。当下正是中国制造业面临消费升级的时代,中国企业应该适应消费需求的变化,供给更好的产品。

在经济发展,物质文化需求提升的大环境下,只有坚持做精品,坚持围绕着精准的企划、精湛的研发、精益的制造、精品的品质以及精诚的服务这五个维度,来提升品牌的形象,中国制造才能真正成为中国创造,才能促进中国制造业实现质的飞跃。

“精神之钙”不可缺

工匠精神是中国制造要补的“精神之钙”。“鼓励企业开展个性化定制、柔性化生产,培育精益求精的工匠精神,增品种、提品质、创品牌。”

“工匠精神”第一次出现在2016年的政府工作报告中，让人耳目一新。经过30多年的发展，我国经济正摆脱低端竞争格局，中国制造正在向中高端迈进，工匠精神正是中国制造亟待补上的“精神之钙”。

工匠精神，是生产、设计者在技艺和流程上精益求精，追求完美和极致，以质量和品质赢得行业领先和消费者信赖的精神。工匠精神体现了一种踏实专注的气质，在如切如磋、如琢如磨的钻劲背后，是对品牌和口碑的敬畏之心。

改造提升传统产业离不开工匠精神。大到汽车、电器制造，小到制笔、制鞋，国内许多产业的规模居于世界前列，使用的也是一流的机器设备，然而，这些产业长期大而不强，产品档次整体不高，自主创新能力偏弱。究其原因，工匠精神的缺失不可忽视。只有当一丝不苟、精益求精的执著融入生产、设计的每一个环节，实现由“重量”到“重质”的突围，中国制造才能赢得明天。

升级的消费需求在呼唤工匠精神。消费正在成为支撑国内经济增长的重要力量。解决温饱之后，市场面对的是一群越来越“挑剔”的消费者，他们固然喜欢物美价廉的产品，但同时也愿意为新技术和高品质体验“埋单”。近年来，中国游客在海外抢购一些小家电、化妆品等，一方面反映出国内制造业品质的短板，另一方面证明国内消费需求正在升级。在这种背景下，企业必须发扬工匠精神，善于从细节发现需求，臻于至善地追求品质，以赢得消费者的青睐。

发展新经济、培育新动能也在呼唤工匠精神。一个充满活力、创新驱动的中国，既需要天马行空的“创造力”，也需要脚踏实地的“匠心”。在这个充满创业创新机遇的时代，需要一种不投机取巧的拙朴，真正创造出经得起挑剔目光检验的产品。

工匠精神需要厚植的土壤。当前，中国经济正在深度结构调整，这为那些在品质、创新上有远大追求的市场主体创造了极大的发展空间。形成崇尚工匠精神的社会氛围，需要用“十年树木，百年树人”的战略眼光，持之以恒地“补钙”，从职业精神的培养，到职业教育的改革，再到荣誉体系的激励以及文化土壤的培育，多管齐下形成合力，才能让中国制造的筋骨更强健、品牌更响亮。

呼唤中国传统精致文化的回归，由工匠精神反思当前手工艺创作。近年来，我国工业化生产与技术革新在促进市场经济快速发展同时，也产生了一些问题，如技术代替艺术、机器代替手工、共性代替个性、数量代替质量等；趋利甚至唯利的价值取向也冲击着传统工匠精神。当下呼唤工匠精神的回归，不仅是对职业良心、职业信誉、职业忠诚做出新的价值判断，更是呼唤中国传统精致文化的回归。

刘洋就是这样一个传承者。[①] 她凭着对中国传统精致文化的喜爱，让皮雕艺术成为一门专业，让更多人去学习它、延续它、发展它。

刘洋毕业于天津美院，本职是一名职业画师。机缘巧合下她接触到皮雕艺术，加上对绘画和雕塑的喜爱，她对皮雕艺术更加痴迷了。通过她的精心设计打造，将平面的东西变得更立体，将单调的物品变得丰富有灵性，最后终于把皮雕做得像油画一般。

皮雕是一种雕刻工艺，皮雕艺术诞生于思想与艺术之花齐放的欧洲文艺复兴时代。一件完美的皮雕作品是一次次鞣制、打版、绘图、雕刻、染色、打孔、缝制、打磨的过程，一刻一画都马虎不得。皮雕作品的精美与否取决于工匠的经验和手法。刘洋出身于美院，有着扎实的美术基本功和绘画技艺。每一件皮雕作品均融入了她的视觉美感及创意巧思，正确的手法与手感都极为重要，这并不是一朝一夕就能练成的。刘洋专注皮雕艺术多年，不管是花藤枝叶还是图案纹样，她凭借自己的天马行空和对每件作品的精益求精，使她的作品活灵活现，凹凸的层次恰到好处。皮雕首重雕工之美，利用皮革绝佳的可塑性，经过她的一双巧手，敲敲打打配合上一针一线，从最初到收尾都是手工制作。皮雕技艺除了雕刻在传统的马具、衣物外，现在连钱包、背包、家居用品等也开始逐渐采用皮雕装饰。制作一件皮雕作品从设计图纸、手绘图案到皮革雕刻等多种工序：敲击、压擦、镂空、镶嵌，此后染色、打孔、缝制、打磨等。每做一件皮雕作品，她都要一次又一次的重复这些工序，没能有一丝一毫的马虎。

皮雕，是以皮革为雕刻材料分类的一种雕刻工艺，来源于欧洲，工艺手段均为私下传授，近几年才进入中国，从而被大众所熟知。皮雕工艺一

① 参见《"皮雕女匠人"的雕刻时光》，载央视网，http://photo.cnto.cn/tszgr/tszgrnew/029/index.shtml，最后访问日期：2017 年 11 月 28 日。

般以牛皮为原料,每一个细小图案的雕刻,都需要几千次,上万次的敲击才能完成,皮雕对于匠人的经验和手法要求很高。刘洋虽然是美术院校出身,本身具备美术功底,但依然经历了艰苦卓绝的学习与训练。

在科技创新侵入生活各个角落的时代,做好传统的手工产品,在生存和发展过程中遇到挑战和压力都是现实的。刘洋用专注、专业的匠心让传统工艺在生活中焕发出新的力量。她用一个匠人的执着、专注、热爱,让皮雕艺术成为一门专业,让更多人去学习它、延续它、发展它。

刘洋对皮雕的热爱没有理由,她和许许多多坚强的女性一样,自信、自强、自爱,凭着对皮雕工艺的热爱传承着东方女性的勤劳朴实,又传承着东方文化。

“认真做事”的态度,表现为对产品品质的执着。市场竞争从来都是产品为王。在市场高速增长阶段,也许花里胡哨的广告和五花八门的概念能暂时吸引部分消费者,但市场不可能永远高速增长,最终在大浪淘沙中胜出的,一定是产品本身有竞争力的企业。以前,不少中国企业忙于追求规模的扩张,对产品品质重视不足,导致一些中国制造贴心的设计不多,常常在细节上被日本和德国比下去。如今中国经济进入新常态,靠规模高速扩张赚取利润变难了,消费者对品质的要求却在提升,不花心思锻造产品的企业迟早难以为继。

家有良田万顷,不如薄艺在身。“工匠精神”是一个非常丰满的精神价值结构。首先包含着对“工艺”神圣性的执着坚守和信念上的坚定不移。工匠精神也是一种情怀,强调用沉静之心去感知世界,正因如此,我们所造就的世界才成为一个温情的而不是只有冷冰冰物质的世界。工匠精神还是一种态度,同时也是一种操守,从原料采伐,到入行事艺,到工艺制作,一直到出品销售,不做假、不欺世、不懈怠、不苟且,强调安分守己、以诚相待、尽善尽美……

中国工匠向来制造的不仅仅是物，还有一种哲学精神。比如，古人烧制的瓷器、雕刻的家具乃至小小一个鼻烟壶等都非常考究。中国是世界上手工艺最发达的国家，从唐代到清末，中国都是世界第一大手工艺品出口大国。由于中国工匠的精湛手艺、认真、守时、守信的原则，才获得了全球性市场。今天的中国重新审视历史，重拾传统工匠精神是非常必要的。

艺术教育家、设计家常沙娜认为，在当下不仅要大力弘扬工匠精神，还要根据现代生产、生活的发展需要，对相应的制度措施、政策法规予以完善与改进，如工美大师评比机制、相关机构职能定位等，从而真正实现工匠精神、传承工艺美术。

目前，全国各行业都在谈“工匠精神”这个话题，从政府到民间形成高度共鸣。“速度为王”曾是我们的普遍心理。如今经济发展到了新常态放缓脚步，寻找自己的短板，思考决胜未来动力的时候了。

呼唤工匠精神，照亮进阶之路

现在谈工匠精神的回归，是中国制造业理性建立自己的工业文明和现代手工业文明的开始。李克强总理说，培育精益求精的工匠精神，增品种、提品质、创品牌。

在中国制造走过多年历程后，“工匠精神”这个词在政府工作报告中出现，被认为是一个重大信号。在许多人，尤其是一线劳动者看来，工匠精神代表着一个时代的气质，是一个大国制造业从大到强所必需的一种精神。因为“一个拥有工匠精神、推崇工匠精神的国家和民族，必然会少一些浮躁，多一些纯粹；少一些投机取巧，多一些脚踏实地；少一些急功近利，多一些专注持久；少一些粗制滥造，多一些优品精品”。工业和信息化部工业文化发展中心主任罗民认为。

用工匠精神照亮进阶之路。一种精神——工匠精神，正在神州激荡。精于工、匠于心、品于行，人们从未像今天这样热切地呼唤工匠精神。这是“中国制造”向新高地冲锋时高高举起的旗帜，是中国工商业文明向新境界进发时必不可少的引擎。

每个“五一”国际劳动节到来之际，我们都会对各行业涌现出的优秀劳动者和先进集体予以表彰，彰显这个时代对劳动创造的崇高敬意。翻阅他们的事迹，无论是16年专注太空飞行器对接、将每次测试做到极致的中国航天最年轻特级技师王曙群，练就耳目神技检测轨道、扎根巴山铁路28年、消除隐患2819起的养路工人王庭虎，还是凭肉眼就能判断出水泥窑内的温度、通风等状况的高级技师郭玉全，他们无不称得上响当当的“大国工匠”。

从这个意义上来讲，我们长期倡导的“劳模精神”与“工匠精神”在内核上是相通的：爱岗敬业、争创一流、精益求精、诚信踏实、艰苦奋斗、勇于创新、甘于奉献，都是其必备的气质与品质。今天，我们呼唤并弘扬“工匠精神”，首先就要向这些在平凡中铸就伟大的优秀劳动者致敬。

近年来，从《大国工匠》《我在故宫修文物》等纪录片“意外走红”带给我们的感叹与感动，到国人在海外排队抢购奶粉、马桶盖带给我们的自省与反思，再到“工匠精神”被首次写入《政府工作报告》带给我们的欣喜与振奋，“工匠精神”如涓流入海，渐渐在各行业形成共鸣，在全社会汇成共识。

在中国“十三五”规划的开局之年，在中国经济爬坡转型的关键之际，全社会如此广泛地关注和探讨“工匠精神”，意义非凡。过去几十年，勤劳智慧的中国劳动人民胼手胝足、开拓进取，取得举世瞩目的发展成就，但快马赶路的中国，不可避免地遇到发展粗放、管理粗陋、产品粗糙等问题。它们有的耗费了巨大的社会资源，有的则直接污损了“中国制造”

这张重要名片。

转型的“瓶颈”、环境的压力、需求的倒逼让越来越多的人认识到，要想让中国经济保持“中高速”，产业结构迈向“中高端”，要想扩大“优质供给”，应对激烈国际竞争，就必须下决心“补课”“补钙”，在提升产品与服务的精致度、创新力和可靠性上下苦功。在此背景下，大力弘扬“工匠精神”所代表的劳动精神和工业文化恰逢其时，正中要害，也刻不容缓。

放眼全球，“德国制造”从最初代表质量低劣的侮辱性标签到成为象征精致、可靠的“金字招牌”；“日本制造”从“二战”废墟中后来居上，成就一批世界级企业和著名品牌；“美国制造”长年保持在全球工业创意、产品和商业模式创新的最前沿。它们的成功，不可一概而论，但在这些国家，以专业专注、求精求新为核心的“工匠精神”都获得极大尊重、得到充分释放，无不成为它们工业进阶、产业升级征途上的精神指引和关键支撑。

回看国内，从“四大发明”、都江堰，到景德镇陶瓷、明清皇家园林，中国自古就不缺少“工匠基因”。新中国成立后，“两弹一星”和载人航天事业涌现出一大批追求卓越、忘我奉献的模范人物，也闪耀着“工匠精神”的光辉。近年来，中国在海外的铁路、公路等项目质量广受认可，华为、海尔等企业的创新产品热销全球，都是新时期“匠人匠心”的代表。

应当指出，“工匠精神”不是宗师巨匠们的特有殊荣。每个在岗位上兢兢业业、用心钻研的劳动者都是当代“工匠精神”的诠释者、传承者。弘扬“工匠精神”，就从坚守本分做起，从拧紧每个螺丝钉、认真对待每个顾客电话做起。

“十年树木，百年树人”。哺育工匠精神远非一朝一夕之功，而更像是一项多方参与、综合施治的社会工程：全面深化改革，厚植公平竞争的土壤；完善法律法规，避免“老实人吃亏”；改革职教体系，注重职业精神和实战演练；营造社会风气，崇尚劳动创造，尊重能工巧匠，也容忍试错犯错……我们热切期盼“工匠精神”能够润透到社会生产链的各个环节，使严谨的制造力与澎湃的创造力凝聚成强大合力，推动中国向着制造业强国之梦、向着“两个一百年”伟大目标奋勇向前！

“大国智造”对新时代的劳模提出了更高要求，那就是追求极致、精益求精的工匠精神。制造业强国需要更多大国工匠站在“智高点”自主创新。

《太阳的后裔》火了，网上马上就有宋慧乔同款耳钉，“简约气质韩国进口”，只卖15元；刘诗诗结婚了，同款婚纱刷屏微信朋友圈，399元还包邮。近年来，一遇重大事件，商家的反应比记者还迅速，各种“明星同款”随即铺天盖地。然而，搭“顺风车”的火热恰好反衬出工匠精神的匮乏。

价格便宜，同款的商品自然不能奢求同质，但基本的质量要求应该达到。然而，网店商品中普遍存在的质量问题似乎并没有因为“明星同款”而好转。在某一明星同款的牛仔连衣裙店里，有买家留言“衣领一边长一边短”“扣子掉了”。买时的憧憬敌不过穿戴后对产品质量的失望。

我们曾相信“酒香不怕巷子深”，好产品一定能碰见识货的。但在近三十多年消费大潮洗礼下，海量产品涌向市场，“好酒”被淹没在市场大潮中。而刚刚走出物资匮乏时代的消费者似乎对产品也是“饥不择食”，只要将就能用，价格便宜就行。这种情况下，若还能与明星同一品位，自然大卖。所以“明星同款”屡屡廉价上演。

但近年来消费市场变了，人们不再满足于“价廉”，而是希望“物美”。漂洋过海去日本买马桶盖、电饭煲便是一个明显信号。这便是呼唤工匠精神的深意。作为世界工厂，中国的企业不缺产品，但缺乏精益求精的精品；我们的工人不缺吃苦劲头，但少精耕细作、沉下心来的性子。低廉产品厮杀中搭上“明星同款”的顺风车虽可取得蝇头小利，但不仅有侵犯肖像权、知识产权的嫌疑，更凸显了企业在产品生产中的浮躁。这种风气不改，便难以扎下工匠精神的根。

当今，人们似乎被一种急躁、焦躁、浮躁的情绪笼罩着、驱动着。在公共场所，为争座位、抢车道而恶语相向甚至大打出手之事时常发生。不久前一私家车司机因车辆剐蹭而对快递小伙儿不停地辱骂殴打事件，让国人再次感受到搅动人内心的那个看不见的魔鬼之可怕与可憎。

还有更可怕、更可憎的。现如今，诈骗、传销、碰瓷之魔，游荡于社会的各个角落，骚扰、搅乱甚至冲击、破坏着人们的生活，稍有不慎，你就可能被骗、被坑、被讹，轻则经济受损、精神受创，重则倾家荡产、家无宁日。在这样的社会环境下，工匠精神何以生长？

工匠精神是靠爱心、安心、精心、细心、耐心、恒心滋养、支撑的。倘若对一个职业、一种工作、一项事业、一门手艺，没有发自内心、始终如一的热爱，没有追求极致、追求完美的精神，没有一丝不苟、精益求精的态度，没有专心致志、心无旁骛的定力，没有不达目的、决不罢休的信念，没有经久不衰、脚踏实地的干劲，没有百折不挠、坚韧不拔的毅力，没有淡泊名利、物我两忘的境界，何谈工匠精神？！

有朋友去日本访问，对日本留下了深刻印象。因为他们人少，日本方面接机时只派了一辆小轿车。日本司机在将几名来访者的旅行箱放进后备箱时，怎么也塞不进去。只见他耐心地、反反复复地摆弄着几个箱子，放进、拿出，再放进、再拿出，足足折腾了十几分钟。其间司机虽也着急，但无丝毫不耐烦之意。近两年他德国旅游时，曾在柏林见过修路的场景。目睹德国人操作施工的场面，那种精细劲儿包括其所用工具之精致，让人感觉他们似乎不是在修马路，而是在做一件手艺活。

反观我们自己，太多的人为名利地位、面子权欲所役，好高骛远、好大喜功且急于求成，有不少人不甘于做寂寞的工匠，而是期望不劳而获、一夜暴富、飞黄腾达。

在经济社会飞速发展变革、工作生活节奏日益加快的当下，我们是否该好好思考一下，如何创造“工匠精神”生长的空间，让发展更可持续，让变革日益向好、日益向善？

寻回并发扬“工匠精神”

政府工作报告提出弘扬培育精益求精的工匠精神后，专家展开讨论，媒体开展强大宣传，中央电视台推出大型纪录片《大国工匠》。为此，有人提出，在当下互联网时代还需要“工匠精神”吗？

东西方的“工匠精神”存在哪些差异？

提到“工匠精神”，我们也许首先想到的会是德国、瑞士、日本这些国家。其实，在我国古代，“工匠精神”也是非常突出的，有“精益求精”的成语，有鲁班、庖丁等“工匠精神”的典型。这说明，在人类的工艺设计和制造史上，不论区域和文化有着怎样的差别，在追求精致、卓越、精美、典雅等充分反映人类文化审美创造力方面，东西方基本上都是一致的，因为它代表了人类追求极致和完美的美学理想。

基于文化的属性和发展的形态不同，东西方的“工匠精神”在具体的表现样式上，也存在一定差异。相比较而言，东方文化（主要以中国文化为代表）侧重于对柔性要素的重视，在设计和制造上，为追求完美和极致，多强调不惜花费时间精力，反复揣摩，孜孜不倦，匠门意象，依天工而开物，观物象而抒臆，法自然以为师，毕纤毫而传神，既体现出一种精益求精的功能特点，也展现出一种典雅优美的审美特点。如在建筑上，中国传统建筑的设计和建造，在体现实用功能的同时，也追求天人合一的宜人性的审美功效。

而西方文化（主要以欧洲文化为代表）较为侧重对刚性要素的重视，在设计和制造上，非常强调对产品质量的高标准，要求必须确保每个部件质量的上乘,对产品采取严格的检测标准,无论是使用的材料、设计还是生产流程,都要求优质高效。特别是进入工业化时代后,采用标准化的规模生产,对产品的质量提出了统一的严格标准,以打造本行业最优质的产品。如英国航海钟发明者约翰·哈里森费时40余年,先后造出了五台航海钟,其中,以1759年完工的“哈氏4号”最为典型,在用于航海实验中,总共64天,只慢了5秒,远比法案规定的最小误差(2分钟)还少,完美解决了航海经度定位问题。

工匠精神的核心是什么?

很多人认为工匠是一种机械重复的工作者。其实,工匠有着更深远的意义。他们代表着一个时代的气质:坚定、踏实、严谨、执着、专注、敬业、一丝不苟、精益求精。工匠不一定都能成为企业家,但大多数成功企业家身上都有这种工匠精神。

我国古代，早在《诗经》中，就把对骨器、象牙、玉石加工，形象地描述为“如切如磋”“如琢如磨”，孔子在《论语》中对此充分肯定，朱熹对此解读为“治之已精，而益求其精也”。最值得一提的是鲁班，他已成为“工匠精神”的典范。他以手工操作为职业，钻研技巧，全神贯注，精益求精，集工匠、大匠师、技术家、发明家于一身，把工匠技巧发挥到了极致。

对于企业而言，工匠精神的核心就是：要求每一个员工不仅仅只是把工作当作赚钱、谋生的工具，而是树立一种对工作执着、认真、专注、热爱的态度，持有对所做的事情和生产的产品精益求精、精雕细琢的精神。在这个意义上，可以说，员工所做的工作，就是他人生态度的表现。他一生的职业，也就是他志向的表示、理想的所在。

以日本为例，在众多的日本企业中，工匠精神在企业领导人与员工之间形成了一种文化与思想上的共同价值观，并由此培育出企业的内生动力。缺少这种工匠精神，将会使整个社会的创新变得异常艰难，也更让基业长青成为凤毛麟角，所以，在资源日渐匮乏的时代，重提工匠精神、重塑工匠精神，也是生存和发展的必经之道。

在互联网时代，工匠精神会消失吗？

有人说，在这个时代，工匠精神已经消失了。其实应当说，真正的工匠精神是不会消失的，但在一定的时间里，有可能会“缺失”。造成这种缺失的原因有很多。

从宏观的层面上来说，由于我国在由传统的农耕社会向现代的工业社会转型过程中，许多原先是农民身份的人离乡别土，到城里打工，他们实际上还未能完全适应工业化社会对产品设计与制造的规范化要求，无论是在观念上，还是在技能上，他们都还停留在单一的维持基本的生存面上，加上未能经过严格的技术培训，在整体上还缺乏对“工匠精神”的认识和领悟。

从中观的层面上来说，在我国，建立一整套与工业化大规模生产相适应的管理体系，将工匠精神作为一种职业精神、工作态度和制度设计，贯穿其中，长期建设，还是一个新课题。

从微观的层面上来说，工匠精神作为一种传统，在传承过程中遭遇了一些困境，许多人在快速现代化的浪潮中一时眼花缭乱，不知所措，静不下心来认认真真地做好一件事，缺乏耐心、专注、细心和持久力。

因此，综合起来说，工匠精神给人一种“缺失”的感觉的确存在，但并不意味它“消失”了。在“工业4.0”时代，应当说比任何时候都需要工匠精神，所以，在今天，大力倡导工匠精神是非常有必要的。十三五规划纲要明确提出“营造崇尚专业的社会氛围，大力弘扬新时期工匠精神”。

当今该如何发扬工匠精神？

互联网时代打开了许多未知的领域，给人们带来了极大的创造活力，尤其是在“互联网+”时代，如何倡导发扬工匠精神是一个值得认真讨论的问题。

“互联网+”时代，倡导工匠精神与创新精神，本质上是一致的。如果说互联网思维表现为开放、创造、创新，工匠精神表现为严谨、精致、专注，那么，二者的融合所发生的就不是一种简单相加的物理效果，而会是一种化学反应。工匠精神以最开放的姿态来吸收最前沿的技术，从而创造最新的成果。它不是一味地恪守传统而裹足不前，恰恰相反，是善于用创新的精神，对产品精雕细琢、反复对比，找到最好的结果，体现出最大的价值。在我看来，即便是做互联网产品，如果没有“工匠精神”做基础，也不会产生创新的力量、技术的力量。

如今，我们倡导工匠精神，一是要文化上进一步弘扬“中华文化”的传统，全方位地将追求唯美（完美）、精致的精神贯穿在互联网时代，让这种文化真正地深入人心。二是要在制度的设计上，处处都能体现精益求精的工匠精神,少一点急功近利,多一点细心缜密,无论是互联网的实体企业,还是虚拟产品都需要将这种"工匠精神"贯穿其中,这样才会让企业、产品真正具有一种品质。最后,就是让工匠精神能够成为每一个员工的自觉追求,做到凡事都去追求 99.99%,甚至 100%,而不是"差不多"、马马虎虎;将这种精神作为一种做人做事的态度,成为一种生活的方式。这样,在互联网时代,在"中国制造 2025"的关键契机下,以重拾工匠精神,以极致的产品和服务,打造出中国制造业"互联网 +"的示范标杆,成为一种卓越企业和产品的标识,就不会成为一句空话。

做强制造业需重塑工匠价值。中央提出的工匠精神,其内涵不仅仅指个体层面对产品的精雕细琢、精益求精、追求极致和尽善尽美,其背后还有更深厚的文化、伦理与制度内涵的指向。政府自上而下倡导工匠精神,体现的是对人和劳动的认同和尊重,想唤醒的是对劳动者的人文关怀以及劳动者自身的社会担当。

正如 2016 年央视"三八节"晚会上,来自哈尔滨的三八红旗手、清掏工人荀笑红用法国文学家雨果的话描述对自己工作价值的理解:下水道是一个城市的良心。在荀笑红心中,做好井下清掏作业这份"苦、脏、累、险、毒"的活,就是自己人生价值的体现,她的这份工作在社会上也是被尊重的。

从伦理角度来看,工匠精神的提出,正是对工作平等和劳动尊严的真正认同,是一种"六亿神州尽舜尧"和"天下兴亡、匹夫有责"的自我价值发现机制。由是观之,培育工匠精神是大工业和规模经济时代劳动价值的再发现之旅,是培育大众创业、万众创新的伦理之基。

在当下"商人精神"横行的年代,"工匠精神"也给中国企业带来以下启示。

启示之一是,企业的核心因素是人。一个人所做的工作是他人生态度的表现,一生的职业就是他志向的显现和理想所在。企业要重视那些与自己精神追求一致的“工匠”,让他们在不断雕琢自己的产品、不断改善自己的工艺、在享受产品在自己手里升华的过程中,共同成就企业与个体。

启示之二是,要更加注重高等职业教育,培养更多的“大国工匠”。作为一个制造业大国,我们要分析为什么我们缺失了工匠精神。是不是因为社会的浮躁,让我们忽视了这种精神的存在?德国的高质量技工来自双元制职业教育培养的学徒,此外,德国的职业教育还有高级继续教育阶段,即德国技师的培养,正是这两种教育形式的组合为德国培养了大量优质技术人员。

与“千军万马过独木桥”的高考不同,德国只有近一半的中学生选择上大学之路,而一半多的中学生会选择接受职业教育,其中包含不少成绩优异的中学生。当代中国缺乏的正是数十年如一日地追求职业技能的极致化,靠着传承和钻研,凭着专注和坚守,缔造一个又一个“中国制造”的匠人。

启示之三是,“工匠精神”不是口号,而应当融化于人们的血液里。长久以来,正因为缺乏对精品的坚持、追求和积累,才让我们的个人成长之路崎岖坎坷,组织发展之途充满荆棘。这种缺乏也让持久创新变得异常艰难,更让基业长青成为凤毛麟角。所以,在自然资源日渐匮乏的平庸时代,在互联网思维“泛滥”的年代,重提“工匠精神”、重塑工匠价值,不啻一种追本溯源,也是中国制造业转型升级的不二选择。

工匠精神在中国具有深厚的底蕴,是我们要珍视并发扬光大的宝贵财富。然而,现代化工业中,在短、平、快的工作节奏和社会价值多元化的多重冲击中,原本“干一行,爱一行;干一行,精一行”的传统理念在人们的思维中开始动摇,所带来的直接影响是业之宗师、国之巨匠寥若晨星。

对于更多的中国制造领域,我们仍然缺乏响当当的“中国名片”,其背后所折射的是优质技术人才的缺失,其本质是“工匠精神”的缺失。

工匠精神并不是个新词,在德国、日本、瑞士等发达国家,正是因为工匠的坚持专注,正是因为对产品完美形态的不断追求,才最终生产出举世闻名的精品。无论瑞士手表、军刀,还是日本的家用电器,德国的汽车,都是其中的佼佼者。

据统计,全球寿命超过 200 年的企业,日本有 3146 家,德国有 837 家,荷兰有 222 家,法国有 196 家。这些长寿企业的出现绝非偶然,工匠精神在其中有着不可替代的作用。

在日本,工匠被称作“职人”,而“职人精神”也贯穿到各行各业。最近几年,大卫·贾柏所拍摄的纪录片《寿司之神》风靡网络,讲的就是东京银座一家看上去很普通的寿司店主小野二郎的故事。这位全球最年长的米其林三星大厨,终其一生都在捏寿司,始终以最高标准要求自己和学徒们。

在欧洲,德国的学徒传统,确保了这个国家始终有着最优秀的工匠。作为制造业强国,德国始终坚持“双元制”的职业教育体系,在小学生小学 4 年毕业之后进行一次所有人才的“分流”,许多学生进入通往职业教育方向的中学,最后经过职业培训后就业,或者进入高等院校——应用科学大学深造。德国政府还规定,德国企业有义务提供职业教育的培训岗位,这确保了学生可以有机会跟着有经验的技师学习一手实用知识和技术。

与此同时,在德国工程师是非常受尊敬的职业,也有着不菲的收入,这激励了更多人选择这样的职业。工匠精神贯穿在大企业和各类中小企业中,以质量为生命,以质量赢得声誉,不断打造质量最高的产品,而不是追求所谓的“物美价廉”。

在瑞士,制表商对每个零件、每道工序、每块手表都以一丝不苟的完美主义精神打造。这个没有独特资源的国家,如今成为全球最富有的国家之一,观察者认为,工匠精神在其中发挥了不小的作用。对机械表精密度的高要求,几乎使瑞士手表霸占了全球市场。据了解,有一些手表,其中零件可达七八百个,即使是顶级表匠,一年也只能造出一个。

实际上,在璀璨的中国文明中,工匠们制造出无数巧夺天工的珍品,精美的瓷器和数不清金银珠宝及色彩斑斓的绸缎等正是工匠们数十年如一日坚持的产物。这样的追求,曾一度在对量的追求和低成本的追求过程中,被人们忽视过。如今,这精神正在重新焕发生机。

“临渊羡鱼,不如退而结网。”“中国制造”的规模举世皆知,甚至曾有一位美国记者萨拉·邦焦尔尼专门做实验,一年不使用“中国制造”的任何产品,最后根据亲身经历写就的文章《离开“中国制造”的一年》,引起了巨大轰动,促成了同名著作的出版。最终结果是,她不得不重新开始使用“中国制造”的产品。

在分析人士看来,制造业发展的初期,重视速度而非质量,是发展的常态。改革开放之初,中国企业几乎从零开始,如今已有106家进入世界五百强,从严重的供不应求,到如今的产能过剩,发展速度有目共睹。

然而,发展到今天,我们已经从原来对性能合格的追求,自然发展到追求完美了。全国人大代表、中国东方电气风电有限公司主任工程师赵萍认为,当下发展工匠精神,需要做好四点:第一是重视人的因素,要提高劳动人才的素质,让人们热爱并且尊重自己的事业;第二是要充分了解市场需求,供给侧需要了解需求侧想要的是什么东西;第三是必须要创新,要有超乎他人的技能,借助国内外先进制造业的经验,考虑产品长期的社会效益,而不是追求短期利润效益;第四是要向内在品质提要求,不能满足于低端功能,要建立信用体系,要有产品质量的赔偿机制。

经过多年的发展,我们早就成为制造业上的大国,但是低层次的产品,不能让我们成为制造强国。目前很多行业既无法满足国内需求,也无法到国外竞争,这种情况下一定要转型升级,提升中国制造的品质。倡导工匠精神给中国制造指明了发展方向。

传帮带,使“工匠精神”得以传承。全国人大代表、宁波港集团原董事长李令红举例说,宁波港有一位水平很高的工程师,荣获“全国劳动模范”荣誉称号,而在此前,他的师傅就曾获得这个荣誉称号。师徒二人,总能解决国内外专家都解决不了的工程难题,让人信服。

让中国制造成为响当当的品牌,获得消费者的信任,需要这样的工匠精神。

“科学家脑中产生想法,工程师设计图纸,工匠制造出产品”,三者缺一不可。国务院正式印发了《中国制造2025》的通知,明确了从制造大国迈向制造强国的时间表、路线图,提出2025年迈入制造强国行列,并决定成立国家制造强国建设领导小组,推进实施制造强国战略。

曾经,一线劳动者用双手创造出了中国经济的奇迹,一个“世界工厂”让中国发展成就举世瞩目。如今,需要一线劳动者秉持“工匠精神”,让这个制造大国真正实现向制造强国的蜕变。

工匠精神,无“土”难培。一种观点认为,中国经济正在进入服务经济时代。在2016年第三产业增加值占比已突破50%的数据支持下,这个说法是成立的。但是,如果其中隐含了制造业已过时的情绪,那么这种观点就是危险的。在连马桶盖、笔尖圆珠都不能满足国内需求的情况下,我国的制造业非但不会过时,反而需要更高层次地提升。更何况,要大力发展的现代服务业中,很大一部分是为制造生产服务的。“皮之不存,毛将焉附?”

政府工作报告提出要培育精益求精的工匠精神,增品种、提品质、创品牌。这些话都是说给制造业听的。但是,以当前我国的政策和舆论环境来看,仍然缺乏培育制造业工匠精神的“沃土”。创业创新的焦点关注的是虚拟经济和资本运作,公众对制造业的认识仍然是门槛不低却不挣钱,制造业企业自身也陷于浮躁,不能安心去做产品。这些现象是长期以来不均衡的政策环境和市场环境造成的。我们可以从以下三个层面来分析:

第一个层面,政府力量造成的不均衡。比如,一个地方政府在采购公共物品、投资基础设施时,会倾向于选择本地企业,而不是基于成本和质量考虑的市场竞标;为了使本地企业能够保持市场上的竞争力,会对其进行资金补贴和政策倾斜。

政府力量造成的不均衡还体现在对于企业预期的扭曲。在中国,政府的政策、订单、投资方向对于经济的影响太大,以至于企业的眼睛会紧紧盯着政府的手,而不是去跟随市场消费者需求进行创新。在这种力量的扭曲作用下,企业的产品是否优秀就是一个模糊的评价标准,能不能摸准政府的需求才是关键。如此一来,企业根本不可能安心做产品,遑论工匠精神。

第二个层面,资本造成的不均衡。近几年来,制造业面临着成本上升和订单减少的双重挤压。而同在中国屋檐下,除去一些市场准入有限制的行业不谈,房地产和资本市场却呈现出泡沫式发展,当前创业创新热潮中资本关注的焦点也难见制造业的身影。此前,我们坚信市场的倒逼机制会迫使制造企业深耕产品,但在双重挤压同时泡沫存在的情况下,制造业却采取了“曲线救国”的方式,失去了对于实业的最后忠诚。所以,当我们批评中国制造企业心浮气躁的时候,也应看到环境是不是在为实业塑造一个正向预期。

资本的不均衡还体现在大企业和小微企业之间,融资的成本和压力在两者间是完全不同的，这一点无论对中国还是世界上其他国家，本质上没有区别。资本往往不会偏好风险更大的小微企业，尤其是制造业，而大企业在资本上并不稀缺，这就造成了另一层面的资本不均衡。大企业不屑于依赖产品，小企业又缺乏资源。如何通过政府力量破解这种不均衡，对于拥有更强大政府力量和发达的国有银行体系的中国来说，或许能找到一种合适的途径。

第三个层面，标准体系造成的不均衡。人们通常认为发达国家的制造业产品质量高于国产品牌，但一个奇怪的现象是，这些外资进入国内后，其质量要比进口产品低一个档次。当舆论批评其产品标准低于欧美市场时，得到的回应是严格遵守了中国的标准。与之对应，中国制造在进入发达国家甚至只是港澳市场时，质量就会高一个档次。原因就在于标准的区别。实际上，国外知名制造企业专注于产品的意识，也是在环境激励的氛围下逐渐形成的。

由于国内的能耗、环保、质量、知识产权等相关标准的不合理，一些企业虽然拥有更高水平的质量、更加环保的生产方式，但并没有形成市场上的竞争优势；另一些企业的污染、侵权、质量不高等负面指标，反而成为其成本优势。如此，旨在形成正向激励的标准体系因其不够完善，反而导致了“劣币驱逐良币”的负面效果。其实，作为供给侧结构性改革的重要任务，淘汰落后产能不应该仅仅依靠行政指令。一旦建立合理的标准，明确了市场门槛，落后企业自然会淘汰，这才是让市场发挥决定性作用的体现。

总的来看，市场扩张时期，低成本的制造业可以快速成长。而在当前中国制造的转型之中，低成本的“土壤”正在消失，滋养“工匠精神”的“沃土”尚未形成，这需要从不同层面破解难题，为企业塑造正向环境。

专业是一种难得的品质，更是成功路上不可或缺的因素。一个人对待工作的态度决定了他能在自己的领域里走多远,一个行业,一个国家如果想在某一领域取得突破,获得成功,离不开一群全心全意奉献于所从事职业的人。出色的工作技能,良好的工作习惯,谦虚谨慎的工作态度,精益求精的工作作风,这一切终究锻造出了管延安这样的“大国工匠”。中国崛起的背后,少不了每一个人的努力,更少不了像管延安这样的“大国工匠”努力与支持。

从“中国制造”到“中国创造”,这一条路很是艰难但并非无路可通。多一些像管延安这样优秀的“大国工匠”,不断钻研、努力探索、锐意进取、开拓创新,尽心竭力锻造“中国品质”。如此一来,“中国制造”才能成为一张更亮眼的名牌。

差了点工匠精神,就差了一大截市场竞争力:短期看,反复纠错,增加了人工和材料成本,挤压了利润空间,削弱了产品的市场竞争力;长远看,品牌口碑受到影响,势必制约企业提升产品附加值,阻碍转型升级。

多些大国工匠,少些“差不多先生”。有个人定制了一套家具,没想到3个月了还没完工:壁橱装斜了,衣柜内格尺寸搞错了,柜壁上还有两个小洞——大概是安装工人错打了两个钉子孔。更离谱的是,监理给出的整改建议是用贴纸遮住小洞了事,“反正是靠墙的一面,平时也看不见,差不多就行了”。客服倒不推卸责任,答应逐一整改。可设计师、监理、安装工人一波波地来,一次次地改,又一遍遍地再次搞错细节,像极了胡适笔下的“差不多先生”。虽然衣柜板材质量并不差,售后服务也称得上负责,但这些原本可以带给用户的好体验全被“差不多先生”们破坏了。

糟糕的是,当下在中国制造领域中,“差不多先生”不在少数。如今,我国有约220种工业品产量居世界第一,是响当当的制造业大国。然而在全球市场上,谈起“品质”“质量”,却很少把中国制造排在前头。中国制造产量大,附加值偏低,产品主要集中在中低端市场,叫得响的国际大牌很少。究其原因,就是“差不多先生”太多,企业缺乏工匠精神。

《政府工作报告》提出培育精益求精的工匠精神,戳中了要害。从日本的轻工产品到德国的精密机床和仪器,再到瑞士的机械手表,我们不难看到工匠精神带给一国制造业的巨大经济效益和强大生命力。国际金融危机爆发后,各国都更加重视发展制造业,中国制造若想占据一席之地,培育工匠精神尤为必要。

工匠精神从哪里来？首先来自“认真做事”的态度,表现为对产品品质的执着。市场竞争从来都是产品为王。在市场高速增长阶段,也许花里胡哨的广告和五花八门的概念能暂时吸引部分消费者,但市场不可能永远高速增长,最终在大浪淘沙中胜出的,一定是产品本身有竞争力的企业。以前,不少中国企业忙于追求规模的扩张,对产品品质重视不足,导致一些中国制造贴心的设计不多,常常在细节上被日本和德国比下去。如今中国经济进入新常态,靠规模高速扩张赚取利润变难了,消费者对品质的要求却在提升,不花心思锻造产品的企业迟早难以为继。

当然,形成精益求精的企业文化不是一朝一夕的事儿,若想取得立竿见影的效果,不妨先从加强企业制度建设入手。仍以定制衣柜为例,如果企业严格要求衣柜内格的每一个尺寸都在图纸上标明并列入合同,设计、生产、安装环节逐一核对,尺寸的错误完全可以避免;如果有详细的交货标准且权责明晰,消费者就不会看到倾斜的壁橱和有洞的衣柜。

培育工匠精神也离不开良好外部环境的支持。培育工匠精神就要培养一批好工匠,这就需要有关部门做好制度安排,吸引更多高素质人才加入技工队伍。同时,只有知识产权保护到位、仿冒制假者受到严惩,创新的经济效益才能凸显,企业创新的动力才更足。

培育工匠精神,我们有基础——中国历史上不乏具备工匠精神的大师，在飞机、火箭等多个行业中，工匠精神都得到了很好的传承。培育工匠精神，眼下也有契机——国人消费正在升级，高品质产品和服务越来越受青睐，具有工匠精神的企业定会获得市场的奖励。期待着中国能少些“差不多先生”，多些大国工匠！

据《工人日报》报道，四川一媒体发布的一份关于是否愿意做高级技工的调查，其结果令人深思：九成受调查者表示，尽管身边有高薪的高级技工，但自己并不愿意成为其中一员，工资待遇差、工作环境苦、上升空间小、社会地位低是主要原因。此前有报道称，截至2014年底，四川省技工院校总数为85所，较5年前少了40所。《2015中国高等职业教育质量年度报告》显示，地方高职院校办学经费严重不足已经成为普遍现象，这严重影响到技工队伍的培养。

一边是工业强国离不开“大国工匠”，一边是当技术工人并不吸引人；一边是企业高薪聘不到技师，一边是有的明星技师要转行。高级技工队伍不稳定，技工院校招生萎缩导致的后继乏人，不利于我国劳动力队伍素质的提升，甚至会制约我国从制造业大国向制造业强国迈进。

目前，我国技工队伍不稳定、职业教育存在发展困境，归根结底在于社会对于技工队伍的入口和出口在认识和使用上存在一定偏差。长期以来，在社会上形成了一种根深蒂固的认识，上技工院校的都是考不上大学的“差等生”，技术工人没多大出息、社会地位低，种种因素导致我国技工队伍的后备人才缺乏，在“大国工匠”的入口形成了障碍；一些高素质的熟练技工流失，有的成了管理者离开了一线岗位，有的则转行从事能“挣大钱”的工作，在技工人才的出口上存在问题。

技工队伍的数量和素质，决定着一个国家的制造业水平，也决定着一个国家的工业化发展进程。从世界各国的工业化进程来看，凡是工业化大国，无不重视技工队伍的培养和建设。以德国为例，德国目前有各种职业学校9000多所。长期以来德国一直把技术工人的摇篮——职业教育作为立国富民的“秘密武器”，“德国制造”的成功也归功于这个国家高水平的职业技术教育以及给予技术工人的高水平待遇。

中国要成为制造业强国，必须加大技工队伍的培养，必须补上职业教育这块“短板”。

例如，对于技术工人的上升空间问题，应改变过分重学历轻能力现象，在技工评聘技师环节“崇尚一技之长，不唯学历凭能力”，将技能作为主要的标准；对于技工待遇问题，应考虑单独作为一个序列，制定类似工资指导线的制度进行保障；对于技工院校经费不足问题，应借鉴一些工业化强国的做法，从国家层面给予专项支持；对于技工队伍的培养机制，应打通学历教育和技能教育的通道，扩宽技工院校学生的成长空间。

培养一大批“大国工匠”，到了从战略层面、从制度设计上发力的时候了。

让“大国工匠”成为技术强国生力军。

许多企业为招不到优秀的技工而烦恼，有的企业花大价钱购买了国外最先进设备和技术，但产品质量就是上不去，不是设备技术不行，而是工人技能不行、工艺不行。一流技术工人的短缺严重影响着产品质量和企业的前途，成为制约中国制造业发展的“瓶颈”。

2016年5月，国务院印发了《中国制造2025》，提出要实现中国制造向中国创造的转变，中国速度向中国质量的转变，中国产品向中国品牌的转变，完成中国制造由大变强的战略任务。在这样的背景下，我们到底需要怎样的技术人才？

“我们需要的是辛勤劳动、诚实劳动、创造性劳动的生力军；是视野宽广、技术扎实的好技工！”中华全国总工会经济技术部部长粟斌说。

从“制造大国”向“制造强国”迈进，《中国制造2025》为“制造强国”

建设添上了重重的砝码，也向技术工人提出了更高要求。采访中，专家认为，在“互联网+”时代，中国制造2025需要的工人已不再是简单的体力劳动者，而是高技能复合型人才。

“现代产业工人不能只靠力量，要学会动脑子、勤思考、敢创新，只有通过苦干、实干、巧干才更好地实现自己的价值。”全国技术能手田京卫说。

培育一流技工，我们还需要做些什么？

“你收入多少？”李克强总理在河南考察期间问工匠张东亮。张东亮凑到总理耳边说：“我一个月一万多呢！”总理笑着回忆说：“当时我还在河南当省长，一次在飞利浦公司考察，他们也有一个这样的首铸材料工人带领着一个团队，我问他收入，他们总经理介绍说，这个技术工人拿的年薪跟他一样，20万欧元。所以，你们这些高精尖人才的待遇一定要提高！”

如何使技工教育在高技能人才培养过程中发挥更多的作用？中国劳动保障科学研究院能力建设研究室主任袁良栋认为，政府一方面要加大职业教育培训资源投入，提升职业技能培训机构的基础办学条件，优化职业教育培训资源布局。另一方面要引导职业院校对接支柱产业和重点企业的技能人才需求，深化“工学一体、校企双制”校企合作模式，支持学校、企业以订单班、冠名班等形式开展技能人才联合培养。引导和激励校企合作深入发展，推动专业设置和一体化课程改革。

另外，培养高技能人才，提高企业的参与度尤为重要。在广州市花都汽车城产业园，东风日产相关负责人表示，提高企业对技能人才培养投入的积极性，一方面需要政府帮助企业形成高技能人才培养的长效机制，另一方面可以出台扶持激励政策。比如，对拥有高级技师并达到一定人数的企业，可以给予税收优惠或作为省级高新技术企业的认定标准之一。

专家认为，完善职称评定制度，推广专业技术职称、技能等级等同大城市落户挂钩做法能提高技术工人工作尊严和社会地位，让他们更加认可技工岗位，并为之努力奋斗。

建设制造强国，离不开技术工人的支撑。让技术工人更加体面和有尊严，让技工行业更有职业吸引力和社会竞争力，才会有更多的劳动者加入到这个行业中来。

制度篇

国有国法，家有家规。凡是需要协同的地方，就会有制度、有规矩。无论是国家的法律法规，还是各行各业的规章制度，都是团队成员需要共同遵守的行为准则。

每一个成功的组织机构，都有一套完善有效的制度。制度是人类思想与实践智慧的结晶，体现着对管理规律的探索与认知，对于整合组织、协调行动、防范风险、实现目标具有举足轻重的作用，为道德建设、专业建设提供基本保障，三者共同撑起了社会治理的宏伟大厦。

制度是客观实际的反映。当今世界铁轨标准轨距是 1435 毫米，这一数据来自于英国。当年，英国铁路是由建电车轨道的人设计的，这正是电车轨道的标准，而电车轨道标准又来自于马车轮宽。因为如果马车用其他轮距的话，车轮就会在道路辙轨上撞坏。而马车辙轨的宽度来源于古罗马人罗马战车的宽度，这一宽度最初来源于两匹拉战车的马的屁股的宽度。由此可见，任何有效的制度都不是凭空臆想出来的，都来源于实际，并且运用于实际。因此，制定任何制度首先要研究实际情况，从而使制度真正符合实际要求。

制度以有效执行为前提。执行是制度的核心和灵魂，制度之所以对个人行为起约束作用，是与有效执行分不开的。制度必须以强制力保证其执行和实施，否则制度的约束力将无从实现，对人们的行为也将起不到任何的规范作用。从中国红军初期的“三大纪律八项注意”到现在的三大条令，只有真正落实到每位指战员身上，才能保证百万军队捏成一个拳头，形成强大的作战能力。因此，执行力使制度成为现实，也赋予制度能动性和规范、调节的能力。执行力使制度从纸面、文字或是人们的语言中升腾出来，成为约束我们行为的标尺。

制度与人类文明相伴而生

中国有句俗话叫作“没有规矩，不成方圆”。意思就是说，没有规则、制度的约束，人类的行为就会陷入混乱。这样一个朴素而深刻的思想，充分揭示了制度在国家和社会治理中的重大作用。

国运之兴衰系于法度

为什么有的国家兴盛发达，有的国家却不断衰落？为什么不同的国家会有不同的发展速度？同一国家在不同的历史时期发展速度会有快有慢？这些问题一直是国家研究的核心议题。不少学者依据各自学科的知识体系，做出了种种不同的解释。其中，得到人们普遍认可的是政治学家提出的制度决定论。其中，比较经典的成果要算罗马史学家波里比阿①对罗马帝国崛起所做的解释。他把罗马帝国的兴起归功于罗马的混合体制，即共和制；18 世纪法国启蒙思想家孟德斯鸠在其著作中，也认为政治制度的优劣和居民风俗的善恶是古罗马帝国兴起和衰亡的决定性因素；近代的民主政治理论把民主制度视为结束王朝更替周期律的唯一出路，政治发展理论把政治稳定和政权稳定看作政治制度化的结果。这些研究得出的结论是，国家兴衰与国家治理能力密切相关，而国家治理能力实质就是国家制度供给的能力。

---

① 波里比阿，公元前 2 世纪古希腊人，出身名门。他剖析希腊城邦制度，提出希腊传统的政体循环理论，认为罗马是君主制、民主制和贵族制的混合。他最早开分权制之先河，是站在希腊政治哲学向罗马政治哲学转换的哲学家。

从制度起源和发展的历程来看，远古时代，由于地理和自然条件以及生产和生存能力的限制，人们生活在地域狭小、人口较少的部落、公社和城邦内，一般事务可依照风俗习惯和传统惯例来处理，遇到相对重大的公共事务，则采取由全体成员共同参与的"即时办公"、公民大会来决定，这就是古代社会直接民主制度的起源。随着生产力的提高以及社会交往范围的扩大，原始部落、小规模的公社和城邦类型的社会共同体最终瓦解，人们通过征战兼并等方式建立了更大范围的社会共同体即民族国家或帝国。在地域和人口远远超越部落、公社和城邦规模的古代帝国，公共事务的处理采用一事一议的"即时办公"方式已经不再可能。于是，就需要事先订立规矩和规则。另外，社会事务繁杂，也需要职业化的管理来满足专业分工的要求。因此，制度化或法制化就成为国家治理的必然要求。

国家制度建设的目的在于寻求合理的制度安排，将国家送入长治久安、繁荣发展的轨道。历史上的商鞅变法就是一次成功的国家制度设计，他让秦国从一个比较落后的国家一跃成为一个强大的国家，并且为以后秦国统一六国奠定了坚实的基础。

战国时期秦国的秦孝公即位以后，决心图强改革，便下令招贤，商鞅自卫国入秦后被委以重任，开始了历史上有名的商鞅变法。商鞅吸取了李悝、[①]吴起[②]等法家在魏、楚等国实行变法的经验，结合秦国的具体情况，对法家政策作了进一步发展。后来者居上，商鞅变法取得了突出成效。他进一步破除井田制，扩大了亩制，重农抑商，奖励一家一户男耕女织的生产模式，鼓励垦荒，从而促进了秦国小农经济的发展。他普遍推行县，制定了法律，统一了度量衡，建成了中央集权的君主制度。他禁止私

① 李悝（公元前455～前395年），战国时政治人物，法家重要代表人物，濮阳人，出任魏文侯相，主持变法。

② 吴起（前440～前381年），中国战国初期军事家、政治家、改革家，兵家代表人物。

斗，奖励军功，制定二十等爵制度，这有利于加强军队战斗力。他打击反对变法的旧贵族，并且“燔《诗》《书》而明法令”，使变法令得以贯彻执行。变法让秦国很快富强起来。正如汉代王充所说的：“商鞅相孝公，为秦开帝业。”（《论衡·书解篇》）

经过商鞅变法，秦国在经济上改变了旧有的生产关系，废井田开阡陌，从根本上确立了土地私有制；政治上，打击并瓦解了旧的血缘宗法制度，使封建国家机制更加健全，中央集权制度的建设从此开始；军事上，奖励军功，达到了强兵的目的，极大地提高了军队的战斗力，发展成为战国后期最强大的封建国家，为秦下一步的战略发展创造了有利条件。

商鞅变法对此后秦国以及后世的影响是十分深远的。云梦出土的《秦律》就是在这个变法的基础上修订、补充、累积而成。《秦律》也多处讲到连坐法，如户籍登记有隐匿或不实，不但乡官要受罚，同“伍”的也要每户罚一盾，“皆迁之”（罚戍边）。《秦律》也把镇压“盗贼”放在首要地位，并对轻罪用重刑。例如，盗取一钱到二百二十钱的要“迁之”，盗取二百二十钱以上和六百六十钱以上要分别罚作刑徒，盗牛者要罚作刑徒，盗羊或猪的也有相当的惩处，甚至偷采别人桑叶不满一钱的也要“赀徭三旬”（罚处徭役三十天）。对五人以上的“群盗”则追捕处罚更严。同时《秦律》还有许多对各种逃亡者追捕处罚的规定。

商鞅变法是战国时期一次较为彻底的变法改革运动。通过改革，秦国废除了旧的制度，建立了适应社会经济发展的新制度，促进了经济的发展，壮大了国力，实现了富国强兵。变革顺应了封建历史发展的潮流，推动奴隶制社会向封建制社会转型，符合新兴地主阶级的利益，大大地推动了社会的进步和历史的发展。

纵观古今中外历史，不难得出这样的结论：凡是制度安排合理，遵守法纪的国家，必然国富民强，繁荣昌盛；凡是纲纪废弛、不守法度的国家，必然走向灭亡。

我国在周朝就确立了嫡长子继承制,之后,立长子就成为历朝历代应该遵守的制度。这一制度虽然并不科学,但已经被历代所认可,废长立幼被认为是违背伦理的事情,得不到民众的认同和拥护,极易导致国家动荡,甚至走向灭亡。同样是秦国,秦始皇出游南方病死沙丘宫平台后,秦始皇的第 18 子胡亥在赵高与李斯的帮助下,秘不发丧,并杀死兄弟姐妹二十余人,逼死长子扶苏而当上秦朝的二世皇帝。秦二世即位后,名不正言不顺,不得民心,加之赵高掌实权,实行残暴统治,终于激起了陈胜、吴广起义和六国旧贵族复国运动。公元前 207 年,胡亥被赵高的心腹阎乐逼迫自杀于望夷宫,秦国灭亡。

社会需要"游戏规则"

制度是以规定当事人权利和义务为内容的具有普遍约束力的社会规范,也被认为是一个社会的"游戏规则"。制度为决定人们的相互关系而人为设定一些制约,通常表现为惯例、行为准则、成文法、契约等。制度广泛存在于社会生活的各个领域和各个方面,规范社会秩序的良性运行。

制度具有在指引和衡量人们行为上的明确性。它明确规定了每个人的权利和义务,是一种统一的价值判断和行为规则。人是社会的人,存在于社会,就要受社会制度的约束,这样才能保证社会的正常运转。如果没有社会制度的约束,人人自行其是,不服管理,必然侵犯他人的利益,就会造成整个社会的动荡和不安。

制度(刑法)具有通过制裁违法犯罪行为来规范人们行为的强制性。规章制度特别是法律制度是通过国家机器保证实施的,具有强大的约束力和至高无上的权威性以及由此带来的威慑作用,违反法律制度,必然要受到惩处。不同的制度组合在一起为我们划出了一条条红线,只有不触碰红线,个人的权利才能得到保障,社会秩序才能得到维护。

制度具有教化功能。社会制度是社会群体共同认可的行为规范,大部分制度都是道德的固化,制度的教化功能和惩戒作用引导人们将之内化为自身的意识和行为习惯,从而能动自觉地担负起维护社会秩序的责任。

维护社会秩序是每个公民应尽的责任。如果公民利益受到侵犯,要在法律制度允许的范围内合理表达自己的诉求,依靠法律讨回公道,不得违反法律制度做出过激行动,否则将受到应有的惩罚。

乌坎①事件正是由于村民非正常上访,严重干扰了正常的社会秩序,导致为首的打砸抢分子被依法逮捕。

2011 年 9 月 21 日上午,乌坎村 400 多名村民因土地问题、财务问题、选举问题对村干部不满,到陆丰市政府非正常上访。当日下午,上访部分村民在村里及村周边企业聚集、打砸、毁坏他人公共财物和冲击围困村委会、公安边防派出所。

9 月 22 日上午,部分村民阻挠、打砸进村维持秩序的民警和警车,六部警车被砸坏。对此,汕尾、陆丰两级党委政府高度重视,立即启动应急预案,第一时间赶赴现场协调。与此同时,汕尾派出工作组到陆丰督导,陆丰市、东海镇组成工作组进村做工作、回应诉求、维持秩序。9 月 22 日晚平息事态,23 日,乌坎村内恢复了正常秩序。

但事件至 11 月中旬又起波澜,在工作组调查解决诉求过程中,少数村民在互联网上贴出《"乌坎村村民临时代表理事会"计划组织村民于 11 月 21 日游行上访,并请中外记者报道》的帖子,致使事件出现反复。

① 乌坎村隶属于汕尾陆丰市东海镇,为边陲渔村,是富甲一方、名闻遐迩的社会主义新农村。

对此，汕尾、陆丰两级政府又派出13个工作组进村入户，做好劝说群众的工作。大部分村民接受劝说，但是，11月21日10时35分又有400名左右的乌坎村民聚集到陆丰市政府门口非正常上访，打出“打倒贪官”“还我耕地”等标语。至11时26分，上访村民自行离去。当天下午及第二天，在组织者策划下，又发生了几次数百人在村内的聚集活动。

事件发生后，汕尾和陆丰市两级党政机关开始全面进村入户做村民工作，部分村民的思想开始往好的方向转化。村民在罢市、罢渔3天后，于11月24日恢复正常生产生活秩序。26日，村里的白布标语、大幅宣传画已自行拆除。事态得到平息，秩序恢复正常。

由于这次事件严重扰乱了社会秩序，公安部门依法将为首的打砸分子庄烈宏、曾昭亮、薛锦波等人抓获。

激活经济发展“一池春水”

经济增长一直以来都是世界各国十分关心的问题。在新制度经济学出现以前，制度因素一直被许多学派列为影响经济发展的外生变量，但随着制度学派[①]的发展，他们提出了自己全新的观点，认为资本积累、技术进步等因素只是经济增长的本身，而不是经济增长的原因，经济增长的根本原因是制度的变迁。一个高效率的制度，即使在没有先进的设备和丰富的资源的情况下依然可以促进经济的发展；相反，在一个低效率的制度下，即使拥有先进的设备和丰富的资源也很难促进经济的发展。

---

① 制度学派（institutional school）是十九世纪末二十世纪初，诞生在美国的一个经济学派别，重要代表人物有凡勃伦、康蒙斯、米切尔等。

诺斯[①]在1973年出版的《西方世界的兴起》一书中指出：有效率的经济组织是经济增长的关键，一个有效率的组织在西欧的发展是西方兴起的原因所在。有效率的组织需要在制度上做出安排和确立所有权，以便形成一种激励，将个人的经济努力变成私人收益率接近社会收益率的活动。创新、规模经济、教育、资本积累等各种因素都不是经济增长的原因，它们不过是由制度创新引起的经济增长的表现而已，对经济增长起决定性作用的只有制度因素。这就是诺斯著名的"制度决定论"。

制度降低了经济发展中的交易费用。市场交易过程不是没有代价的，并不像传统经济学所假设的那样，价格信息是充分的并为一切当事人所掌握。相反，由于价格信息的不充分、不确定，交易过程也是存在摩擦的，交易当事人需要寻找、谈判、履约，有时甚至诉诸法律。所有这一切都要花费一定的交易费用。交易费用的存在必然导致制度的产生，制度有利于稳定有序的秩序的形成，从而实现交易费用节约。许多制度的制定就是为了降低交易成本，一个有效率的制度可以最大限度地减少市场中的不确定性，抑制各种机会主义行为，从而降低经济发展中的交易成本。

制度提供了经济发展中的激励机制。在20世纪50年代很多经济研究都把经济增长的重要因素归结于技术创新，但1600—1850年，世界海洋运输业中并没有发生重大的技术进步，但在此期间海洋运输的生产率却有了很大的提高，这就说明了在技术不变的情况下，经济增长依然可以实现。这是因为新制度的建立降低了交易成本，减少了个人收益与社会效益之间的差异，激励了个人和生产组织，最终导致经济的增长。

制度创造了经济发展的合作条件。合作和竞争是一对矛盾的统一

---

① 道格拉斯·诺斯(Douglass C. North，1920－2015)，美国经济学家、历史学家。出生于美国马萨诸塞州坎布里奇市，由于建立了包括产权理论、国家理论和意识形态理论在内的"制度变迁理论"，获1993年诺贝尔经济学奖。

体。由于经济发展中的信息的不完全、理性的有限性及道德风险等的存在使人们的行为往往具有很大的不稳定性和难以预知性，这都会在很大程度上阻碍经济增长中的合作行为。而制度对每一个参与经济活动的经济主体的责、权、利的明确划分做出了强制的规范，从而使他们的行为不仅具有最大限度的可预知性和可计算性，而且具有相对的稳定性，这为他们之间的合作创造了条件。所以，制度可以把阻碍各主体之间进行合作的因素减少到最低，从而推动经济的发展。

制度可以约束或减少破坏经济发展的行为。人一般都具有随机应变、投机取巧、为自己谋取更大利益的行为倾向，这种行为如果得不到有效控制就会使经济秩序出现混乱，导致经济的停滞或者倒退。制度可以对投机者进行的投机行为进行有效地制约，促进经济的健康发展。

发生在我国70年代的联产承包责任制改革就是通过制度变革推动农村经济快速发展的典型案例，它以科学的制度设计和强大的制度活力，在农业、农民和农村建设发展的历史上留下了浓墨重彩的一笔。

“文化大革命”结束后，中国国内社会动荡，生产力始终没有得到恢复，是由于“文革”时期的土地制度严重影响农业生产。

1978年11月24日晚上，安徽省凤阳县凤梨公社小岗村西头严立华家低矮残破的茅屋里挤满了18位农民。关系全村命运的一次秘密会议此刻正在这里召开。这次会议的直接成果是一份不到百字的包干保证书。其中，最主要的内容有三条：一是分田到户；二是不再伸手向国家要钱要粮；三是如果干部坐牢，社员保证把他们的小孩养活到18岁。会上，队长严俊昌特别强调，“我们分田到户，瞒上不瞒下，不准向任何人透露”。正是由于这一勇敢的甚至是伟大的壮举而诞生了家庭联产承包责任制。

家庭联产承包责任制的实质打破了人民公社体制下土地集体所有、集体经营的旧的农业耕作模式，实现了土地集体所有权与经营权的分离，确立了在土地集体所有制基础上以户为单位的家庭承包经营的新型农业耕作模式。

家庭联产承包责任制是特定社会经济条件下的历史选择。这种农业生产组织形式与传统的大集体时期农业生产组织形式相比具有较大的进步，在改变农村经济格局的同时，奠定了经济发展和后续改革的基础，调动了农业生产者的积极性，为农民脱贫致富起到了重要作用，推动了农业生产的快速发展，极大地改善了我国农业生产和农民生活。

1979 年 10 月，小岗村打谷场上一片金黄，经计量，当年粮食总产量 66 吨，相当于全队 1966 年到 1970 年 5 年粮食产量的总和。

1980 年 5 月 31 日，邓小平在一次重要谈话中公开肯定了小岗村“大包干”的做法，认为这是中国农村改革与发展的“第一次飞跃”。

1982 年 1 月 1 日，中国共产党历史上第一个关于农村工作的一号文件正式出台，明确指出包产到户、包干到户都是社会主义集体经济的生产责任制。此后，我国政府不断稳固和完善家庭联产承包责任制，鼓励农民发展多种经营，使广大农村地区迅速摘掉贫困落后的帽子，逐步走上富裕的道路，中国因此创造了令世人瞩目的用世界上 7% 的土地养活世界上 22% 人口的奇迹。

当前，中国经济面临经济增速走缓、一些行业产能过剩压力增加、房地产市场下行压力加大等矛盾和问题，解决这些矛盾和问题，可以借鉴联产承包责任制，深入推进供给侧结构性改革，通过变革经济制度，把政府这只有形的手和市场这只无形的手结合起来，释放出更多的经济活力，促进中国经济快速发展，行稳致远。

“分粥”理论与制度建设

哲学家罗尔斯[①]在他的名作《正义论》中讲了一个分粥的故事。[②] 他把财富比作很多人来分的一锅粥，那么用什么方法分粥才能实现公平呢？

方法一：由一人负责分粥事宜。很快大家就发现这个人为自己分的粥最多，于是换了人，结果总是主持分粥的人碗里的粥最多最好。思想家洛克说：“权力导致腐败，绝对的权力导致绝对的腐败。”一人分粥的弊端是分粥者拥有绝对的权力，从自己的利益出发决定自己的行动。这就像封建社会的“家天下”制度，皇帝君临天下，天授神权，“普天之下，莫非王土；率土之滨，莫非王臣”。这种制度安排的实质是面对安全威胁和治理难题，古人更加相信英雄人物的伟力神功可以救他们于水火，因此将自己的所有权力让渡给他。固然，一个人管理的模式效率很高，但却缺乏公正。随着社会经济发展、民主发达，这种治理模式终究难以为继，即便在一个单位的小范围内，想要建立这样的绝对统治，建立他人对上位者的绝对服从，也是不可能的。

---

① 约翰·罗尔斯（John Rawls，1921－2002），美国政治哲学家、伦理学家、普林斯顿大学哲学博士，哈佛大学教授，写过《正义论》《政治自由主义》《作为公平的正义：正义新论》《万民法》等名著，是20世纪英语世界最著名的政治哲学家之一。

② 参见《“分粥理论”与“权力约束”》，载 http://theory.people.com.cn/n/2015/0114/c40537－26385278.html，最后访问日期：2017年10月10日。

方法二:大家轮流主持分粥,每人一天。虽然看起来平等了,但是每个人在一周中只有一天吃得饱且有剩余,其余时间都饥饿难耐。这种办法造成了极大的资源浪费与分配不公。轮流坐庄,貌似公平,实则谁分粥谁得利。这种方法滋生了短视效应,“掌权”一天,权力不用,过期作废,自然不顾道德底线,尽可能捞取利益。为了弥补别人分粥时自己的“亏空”,主持分粥时便会变本加厉地多吃一些,由此造成更大的浪费。同时,还会造成利益联盟,约定一方掌握分粥权力时,更多给予对方,从而使权力成为利益寻租的资本。这种办法最终造成了不公平的氛围,坚持公平分粥的人反而遭到嘲笑,难以生存,最终只好同流合污,形成完全恶化的环境。貌似公平的办法却造成了不公平的结果,当然并不理想。

方法三:大家选举一位品德尚属上乘的人分粥。开始还能做到基本公平,但不久就开始为自己和溜须拍马的人多分。这说明权力失去制约,犹如野马脱缰,最终往往导致不良的后果。道德对行为人的约束力,来自行为人的自省自制和外部舆论,二者对分粥公平性的约束都是柔性的,当外部舆论不够强大或行为人内心力量不足时,外部利益诱惑就会占据上风,促使分粥人侵害其他人应得的份额,给自己和那些溜须拍马者多分一些,从而导致道德约束“失灵”。这种制度类似中国尧舜禹时代“有德者居之”的制度模式,在人口不多、生产力水平低下、社会心理比较单纯的条件下尚可维持,在“人多粥少”、利益需求强烈的现代社会,将大多数人的利益完全交由道德约束,显然是很危险的。其实,这种制度安排还可能导致另一种结果,分粥人的确是一位道德自律严格的利他主义者,分粥时总是先人后己,不惜牺牲自己的利益,结果必然是自己天天吃不饱。尽管其他人没有意见了,但长此以往,对于分粥人而言显然也是不公平的。

方法四:选举一个分粥委员会和一个监督委员会,形成监督和制约。

这种方法之下,公平基本做到了,可是由于监督委员会经常提出多种意见,分粥委员会又据理力争,等粥分完,早就凉了!这种方法是权力制衡的安排,对大型项目是有益的。而对分粥这样关系较为简单而时效要求很高的事项而言,显然是“高射炮打蚊子”,浪费资源,效果并不好。互联网上曾经广泛流传这样的案例,某大公司引进一条香皂包装生产线,但线上往往出现漏装的空盒。如何识别这些空盒,令厂方大伤脑筋。公司邀请专业人员研究设计了一个费用高昂的智能化探测装置负责分拣,却做不到全部识别。与此同时,另一个企业也上了这条生产线,他们想出了一个点子,在生产线旁安放了几台风扇。未装香皂的空盒很轻,风一起,自然就被吹出去了。这个办法成本低廉,效率很高,且效果显著。因此,看似高明而专业的制度,实际上未必比简约的设计更加有效。

方法五:每人轮流值日分粥,但是分粥的人最后一个领粥。结果是每次各碗里的粥都一样多,因为只有这样,分粥人才能保证自己得到尽可能多的一份,从而让制度有效地制约了权力异化。很难说,这是解决分粥问题的最佳方案,但是至少这是我们能够得到的最佳的制度安排。因为它最大限度地制约了权力,避免了可能出现的拉帮结派、假公济私、拖延低效等问题,并以举重若轻的方式,使权力回到它的本质,从而保证了公平。

分粥理论突出强调了制度对维护社会公平正义的重大作用。制度与社会的公平正义联系在一起。制度的特点是公平和正义,制度的生命在于公平和正义,制度的最大效用也在于保障公平和正义。构建社会主义和谐社会、促进社会公平正义,必须加强对政治制度、法律制度、公共财政制度、社会保障制度等对保障社会公平正义具有重大作用的制度建设。唯有如此,才能让公平正义的阳光照进社会的各个角落,促进社会的和谐稳定。

制定一项好的制度不容易

在很多情况下,制度执行不力的根源在于制度本身不科学。有的单位对上级制度囫囵吞枣,对本单位实际研究不够,照搬照抄上级制度条款,通过在网上搜索、复制、粘贴等办法,制定本单位的规章制度,使制度脱离本单位实际,酿成“水土不服”的苦果;有的超前思维能力不足,制度缺乏前瞻性和预见性,频繁修改,缺乏稳定性,朝令夕改;有的对新情况、新问题研究处理不够,制度不能随着形势的发展进行及时修订完善,有损制度的威严;有的制度比较零散,没有相应的配套措施和程序性规定,有的制度重复较多,弱化了权威性和约束力;有的部门与部门之间协调意识差,在制度制定过程中不通气,造成制度之间相互“打架”。凡此种种,说明制定一项制度也不是一件容易的事,要求必须科学严谨,否则将给制度执行带来极大困难。

得民心者得天下

“政之所兴在顺民心，政之所废在逆民心。”民意不可违，立足民意是制定各项政策制度的前提，是各项政策制度贯彻执行的重要依据，只有通过充分的调查研究，不断听取民意、完善制度，才会让民意在各项制度中得到充分体现。任何闭门造车、脱离群众一厢情愿制定出来的政策制度都是不得人心的；任何违背群众意愿、损害群众利益的政策制度都是会遭到群众唾弃的；任何脱离民意的措施政策都是无根之木、空中楼阁，很快就会成为过时的政策或一堆废纸。因此，立足民意是建章立制的重要保证。

我国在1982年制定的宪法就是一部充分征求广大人民群众意见建议的宪法，被誉为民心写就的宪法，在我国政治生活中发挥了重大的作用。

36年前，中国改革开放大幕初启，刚刚从一场为期十年的浩劫中走出的中国人，热切期盼着稳定、繁荣的生活。但是，作为国家根本大法的宪法，依然是肯定“文化大革命”成果和“无产阶级专政下继续革命”理论的1978年宪法。于是，全面修改作为公民权利保障书的宪法，作为一项时代议题被提上了日程。

1980年8月18日召开的中共中央政治局扩大会议上，这种共识在国家高层中获得进一步明确。会上，邓小平同志提出对党和国家领导制度进行改革，改革建议的第一条就是修改宪法。他表示，“要使我们的宪法更加完备、周密、准确，能够切实保证人民真正享有管理国家各级组织和各项企业事业的权利，享有充分的公民权利，要使各民族真正实行民族区域自治，要改善各级人民代表大会制度，等等”。由此可见，人民享有公民权利是当时宪法修改的基调。

1980年9月，五届全国人大三次会议决定成立宪法修改委员会。全国人大常委会委员长叶剑英任主任委员，副委员长宋庆龄和彭真任副主任委员，委员共103名，不仅包括中央政治局、书记处的全体同志，副委员长、国务院副总理、政协副主席等领导，而且涵盖了各民主党派负责人、无党派的代表人士等。

在宪法修改委员会召开的第一次会议上，叶剑英将民主原则作为三大原则之首。在宪法修订过程中，民主原则得到了认真贯彻，从起草前期到各个阶段都十分重视广泛深入征求专家学者和社会各界人士的意见。

根据王汉斌[①]著书回忆，修宪的第一阶段是提出修改草案。首先，是广泛征求意见。“秘书处把1954年宪法和1978年宪法发给各部门、各地方、各界人士，请他们对这两部宪法哪些留，哪些删，哪些改，哪些加，提出意见。其次，分别找各方面人士，包括中央各机关和民主党派、人民团体的负责人，尤其是法律专家，开座谈会，听取意见。”不仅如此，“从1980年9月至1981年6月，秘书处先后邀请了北京和外地一些专家、学者和有关部门负责人开了13次座谈会，围绕如何修改宪法的问题，进行了座谈和讨论”。

改革开放之初，思想氛围空前活跃，许多大胆的意见被提出来。时任中国人民大学法律系宪法教研室主任、被指名要到秘书处的许崇德回忆，这些意见包括宪法要不要写序言、要不要搞“两院制”、实行什么样的民族区域自治、要不要搞司法独立和法官终身制、要不要取消检察机关、要不要以1978年宪法作为此次修宪的基础等重大问题。讨论非常热烈，部分意见难以统一，修宪进展甚至一度减慢下来。许崇德回忆：“由于一些

---

① 王汉斌，男，1925年8月出生，福建省惠安人。西南联合大学历史系毕业。曾任全国人大常委会副委员长，全国人大常委会党组副书记，中央政治局候补委员。

重大问题在当时还没有定下来,秘书处在起草中对有些章节和条文甚至提出了几个方案。”

宪法修改委员会吸取了讨论意见,以1954年宪法作为此次修宪的基础。而1954年宪法之后,我国又先后颁布了1975年、1978年两部宪法。这意味着宪法迎来的是一次“大修”,需要一条一条重新起草,几乎可以称得上是推倒重来。深入贯彻民主原则,广泛征求意见变得更加必要。为此,委员会确立了民主、开放、务实的讨论基调,委员们解放思想,畅所欲言,甚至对一些问题争议交锋不断。根据许崇德的印象:“1982年宪法对‘五四宪法’体例做出调整,将‘公民的权利义务’单设专章,位置放在了‘国家机构’之前,同时增加条文明确提出公民的人格尊严不受侵犯等。”他认为,这些都是其中极具重要意义的修改,是在充分吸取“文革”教训的基础上做出的理性抉择。

随着修宪工作的推进,讨论也更加广泛和深入。1982年4月26日,修改后的宪法草案公布,开展了为期4个月的全民大讨论,从4月底一直延续到8月底,比1954年宪法草案讨论还多一个月。令许崇德感慨的是,位于西南边陲的贵州当时组织了2286次讨论;全国侨联有一次召开座谈会,82岁高龄的北京热带医学研究所所长钟惠澜临赴德国讲学前,特地拄着拐杖赶到会场,留下自己对宪法草案的修改意见。

近现代中国命运变迁尤其是过去十年动荡,使民众在热情高涨的同时,增添了更多的理性思考,使这次讨论极具价值。秘书处对全民讨论提出的意见和建议进行了逐条研究。根据王汉斌的回忆,“许多重要的好的意见都被采纳了”,“具体规定作了许多补充和修改,总共又有近百处,纯文字的改动还没有计算在内”。

1982年宪法以崭新面貌出现在广大人民群众面前,在新中国宪法发展的历史上,具有里程碑的意义。正是通过大讨论,“一切权力属于人民”“法律面前人人平等”“任何组织或者个人都不得有超越宪法和法律的特权”等彰显民主、法治等宪法价值理念的条文，正式走进了宪法，并逐渐来到我们身边。直至今天，1982 年宪法数经修订，仍发挥我国根本大法的作用。

一项制度能否被信服、被接纳，并真正发挥作用，取决于制度的制定者能否真正发动被管理者，使他们实际地参与到制度制定的过程中，广泛听取他们的意见，深入了解实际情况，明确需要运用制度手段解决的重点问题。如果管理者都能像 1982 年宪法制定者一样，使被管理者感受到制度充分考虑了自己的意愿，保障了自己的合法权益，我们的制度就能够得到真正的信仰和切实的执行。

旧船票难登新客船

每一项制度的出台都是着眼于当时存在的问题，当该问题解决了，而当新的问题出现时,原来的制度很可能就失去作用。因此,制度在保持整体稳定的同时,应该不断调整,千万不能一成不变,墨守成规。如果用几十年几百年前的制度管理现在的企业,肯定起不到应有的作用。

在党的群众路线教育实践活动中,提出要做好规章制度的“立、改、废”工作,努力解决制度缺失和体制障碍等突出问题,促进国家和社会治理制度化、规范化、科学化。“立”是指现行制度整体上不适用,需重新制定,或由于出现了新情况、新问题,需要填补制度空白;“改”是指制度整体上适用,局部需作修改;“废”是指同一项制度已有新版本施行,旧版本要作废,或现行制度实施的环境改变,旧制度已无存在必要。

与此同时,党内也展开了法规制度的清理工作。通过清理,对党的各方面制度进行一次全面梳理,准确掌握党内法规制度的底数,为下一步做好党内法规制度立改废工作、加快构建党内法规制度体系奠定坚实基础。通过开展清理,解决长期以来由于统筹、协调、规划工作做得不够,党内法规制度中存在的不适应、不协调、不衔接、不一致的问题,该废止的废止,该失效的宣布失效,该修改的安排修改,有力维护了党内法规制度的协调统一。

我党能够结合新的形势任务,及时做好法规制度的立改废工作,体现了与时俱进的先进性品质,得到了国内外的广泛赞誉。

对于企业也是这样,“旧船票难登新客船”,只有依据不断变化的市场及时充实完善各项制度,才能立于不败之地。

艾柯卡[①]是美国著名的企业管理专家。当年他在福特公司担任总经理时,要求积极创新,大刀阔斧地改革企业制度,但由于福特公司的总裁

① 李·艾柯卡(Lee Iacocca),美国商业偶像第一人,风头盖过韦尔奇的领袖。曾先担任过福特汽车公司的总裁,后又担任克莱斯勒汽车公司的总裁,把这家濒临倒闭的公司从危境中拯救过来,奇迹般地东山再起,使之成为全美第三大汽车公司。

小福特思想保守，墨守成规，两人在经营和管理理念上存在不可调和的冲突，最终，艾柯卡离开了福特公司。

福特公司在小福特保守思想的统治下，公司业绩步步下滑，最后滑落到亏损的边缘。而艾柯卡离开福特公司后进入了克莱斯勒公司担任总裁。当时的克莱斯勒已经濒临破产，原因是管理者抱残守缺，不敢改革已经不合时宜的管理制度。艾柯卡上任后，大胆地改革了公司以往的制度，并积极创新公司产品，在不到两年的时间里，将克莱斯勒从死亡边缘拉回来，使其业绩一路飙升，很快超越了福特公司。

面对激烈的竞争，福特公司管理者痛定思痛，奋起革新，推出了一套灵活的经营管理制度，使公司恢复了往日的雄风，保住了市场份额。

克莱斯勒与福特这两家公司的成功转变告诉我们一个道理：过时的旧制度是企业发展的绊脚石，阻挠了企业前进的步伐，只有依据形势发展和市场需要不断更新完善，企业才能乘风破浪，勇往直前。

没有规矩不成方圆

制度是对人的一种约束。因此，制度的制定必须突出刚性约束力，规定应该做什么，不应该做什么，使之成为人们的行为准则，相关单位或个人必须严格遵守或遵照执行，如果违反，就要受到相应的处罚。

邓小平同志说："制度好可以使坏人无法任意横行，制度不好可以使好人无法充分做好事，甚至会走向反面。"这从一个方面说明了制度的强大威力。

一个美国教授每一次来中国都是住简陋的房间，骑着单车不停地采访、记录，不到半年时间就完成了一部长达50多万字的纪实著作，其工作精神不得不让人佩服。然而，他却有个对他来说非常出格的嗜好：在中国的日子里，只要一有空闲，他总是让朋友陪着他到软件市场，寻找中国卖的美国盗版软件，然后以低廉的价格购买，并且乐而忘返。作为中国人，我们能理解甚至支持这位美国教授的嗜好，因为那些美国正版软件在美国价格昂贵，而在中国买盗版能省不少钱。这种购买盗版软件的行为在美国是绝对不允许的，如果被发现要受到3至5倍的罚款。看来美国人和任何其他民族的人一样，既不是天使也不是魔鬼，他们之所以在本国不买盗版软件，却在中国买，是因为本国有制度的约束，一旦脱离了这种约束，人性中的弱点也会暴露无遗。可见，制度的约束对人起着多么大的作用。

曾有一群法国人，他们在香港买东西时规规矩矩排队，见人问好，一派绅士模样，但一从罗湖进入中国大陆，就完全变了样子，和大陆人一样，见排队就插队，还满口脏话，不讲礼貌，完全失去了往日的文明。百步之内人性大变。

看来，无论是高傲的美国人还是浪漫的法国人，一旦没有制度的约束，就会出现近朱者赤、近墨者黑的现象。

组织与团队要想长久存在,其重要的维系力就是制定符合自身实际、刚性约束力强的制度。如果,制定出来的各种规章制度,失之于宽、失之于软,就达不到效果。

在这方面,英特尔为我们做出了很好的表率。英特尔从创立开始就非常强调“制度”,处处都有清晰明了的制度规定,每时每刻都注重维护制度的刚性。

英特尔严整纪律从强化时间观念开始。在英特尔,每天上班时间从早上8点整开始,8:05分以后才报到的就要签名在“英雄榜”上,背负迟到的“罪名”,即使你前天晚上加班到半夜,当天上班时间仍是上午8点。难得迟到一次的前任总裁葛洛夫先生也曾享受过“这项待遇”,签名之后又加了这么一句“没有人是十全十美的”,自我揶揄一番。由此可见,在英特尔制度面前人人平等!“守时”已成为英特尔的“立家之本”。公司创始人之一的诺伊斯曾坦言:“英特尔是我唯一见过的预定早上8点开会就必须准时开始的公司!”这和20世纪70年代嬉皮[①]盛行、个人享乐主义凌驾于一切的美国有些背道而驰,可是却延续至今,始终如一。

英特尔整个公司的管理制度都很严明,从制造、工程到财务,甚至营销部门,每件事情都有清楚的制度规范,人人都以这些规范来作为自己工作的准则,所有的办公桌、档案柜都要整整齐齐,表现出公司的“制度之美”。严明的纪律使整个公司井然有序。俗话说:商场如战场。战场上如果没有纪律,就休想克敌制胜;英特尔常常面临严峻的市场竞争,而纪律正是他们制胜的法宝。因为英特尔人相信,如果没有纪律,一切都将化为无本之木、无源之水,不可能长久。

---

① 嬉皮指生活在既定的社会之外的不顺从的青年人。其特点是他们寻找一种非唯物主义的生活方式,偏爱奇异服装和发型,常服用引起幻觉的麻醉剂或大麻。

许多公司都重视人性化管理，特别是重视员工，只有英特尔强调制度胜于一切，没有刚性的制度就没有良好的发展。这种重视制度制定和应用的做法，使英特尔的企业文化独树一帜。

大道至简，实用为本

实用是制度最宝贵的品质。一个制度、一项制度条文讲究的不是内容高大上，语句华丽优美，表达一波三折，而是必须能够最大限度地、最高效率地解决问题。这就要求制定时要考虑内容朴实，针对性强，直截了当地指出要解决的问题。表达越明确越好，绝不回避，绝不含糊；语言越简洁越好，使制度条文好懂、好记、好落实；要求越具体越好，把每一条都落实到具体现象、具体问题、具体岗位、具体人员，为有效落实奠定坚实的基础。

中国人民解放军自建军之日起，就非常重视用实在管用的制度和纪律约束指战员，这是军队区别于一切旧式军队的显著标志。

1927 年 9 月，毛泽东领导湘赣边秋收起义时，就要求部队官兵对待人民群众说话和气，买卖公平，不拉夫，不打人，不骂人。同年 10 月，在江西省遂川县荆竹山动员部队向井冈山进发时，规定了三项纪律：行动听指挥，不拿群众一个红薯，打土豪要归公。1928 年 1 月，部队进驻遂川县城，分散到县城周围农村发动群众时，提出了六项注意：上门板，捆铺草，说话和气，买卖公平，借东西要还，损坏东西要赔。同年 4 月间，部队到达湖南省桂东县沙田镇，毛泽东在三十六石丘向全体官兵正式宣布三大纪律六项注意。三大纪律是：行动听指挥，不拿工人农民一点东西，打土豪要归公。六项注意是：上门板，捆铺草，说话和气，买卖公平，借东西要还，损坏东西要赔。从而奠定了中国工农红军统一纪律的基础。

1929年以后，根据形势的发展和部队的实践经验，又将“行动听指挥”改为“一切行动听指挥”，“不拿工人农民一点东西”改为“不拿群众一针一线”，“打土豪要归公”改为“筹款要归公”，后又改为“一切缴获要归公”。六项注意也逐步修改补充成为八项注意：说话和气，买卖公平，借东西要还，损坏东西要赔，不打人骂人，不损坏庄稼，不调戏妇女，不虐待俘虏。

1947年10月10日，毛泽东起草《中国人民解放军总部关于重新颁布三大纪律八项注意的训令》，对其内容作了统一规定。这就是我军现在执行并谱成歌曲传唱的《三大纪律八项注意》。

“三大纪律八项注意”语言凝练、要求具体、实在管用，包含了丰富而深刻的思想内容。不拿群众一针一线的严格纪律，以及说话和气、买卖公平、借东西要还等具体要求，体现了中国人民解放军的性质、全心全意为人民服务的宗旨和军民一致的原则，表明中国人民解放军是一支无产阶级的新型人民军队。一切行动听指挥体现了党对军队绝对领导的原则和人民军队内部下级服从上级的指挥关系，是达到全军高度集中统一，保证军队执行中国共产党的路线，胜利完成各项任务最基本的纪律要求。一切缴获要归公,体现了人民军队的共产主义思想道德和在革命战争中必须充分利用缴获敌人的物资发展壮大自己的原则。不虐待俘虏的规定,体现了无产阶级解放全人类的政治胸怀、革命人道主义精神和瓦解敌军的原则。

"三大纪律八项注意"是贯彻党的路线、方针、政策和完成各项任务的重要保证,是军队战斗力的重要因素。它对于加强军队建设、密切军民关系、增强官兵团结、夺取革命战争的胜利起了重大的作用。人民解放军官兵来自人民,具有高度的革命事业心,自觉地把三大纪律八项注意作为行为规范严格遵照执行,从而获得了全国人民的真诚拥护和欢迎。

在现实中,有的单位往往喜欢强调制定制度多少项,以制度之多表明落实之真、工作之细。然而,仔细翻阅这些制度,要么照抄照搬,要么东拼西凑,能否真正起作用值得商榷。

习近平总书记在教育实践活动总结大会上指出:"制度不在多,而在于精,在于务实管用。"其实,真正好的制度并不是越复杂、条款越多越好,而是针对一定的问题,把该考虑的方面考虑到,避免有的人钻制度的空子,与此同时,制度的表述应简洁、明确、言简意赅,让大家看得明白,容易执行,具有很强的针对性和实用性。不能为了制定"制度"而凑数量、凑页数。只有让制度从书本中走出来、从墙上走下来,成为领导干部和人民群众必须不折不扣遵守的"红线"和禁足的"雷区",才能够充分发挥应有的作用。

"朝令夕改"遗患无穷

在制定制度时,要注意吸收原有制度的合理部分,保持连续关系,使制度更趋于科学和正确。

制度对经济发展和组织效率提升的意义不言而喻,没有一个好的制度,任何国家或企业都难以良性、持续发展。然而,好的制度要起作用,需要一个前提,就是制度本身要保持一定的稳定性。这是因为,政策或制度是人们的行为依据,能为人们提供某种预期,使人们在采取不同的行为时,能计算出这些行为的成本与收益,在比较各种行为的净收益后,人们通常会采取使自己利益最大化的行为。一旦政策或制度是稳定的,人们的预期也就是稳定的,从而作出决策时面临的不确定性就会大为减少;而一旦政策或制度"朝令夕改",那么这些政策或制度就失去了其应有的引导性功能,不仅不会给人们带来稳定的预期,反而会加剧人们面临的不确定性,使人们无所适从,难以作出好的决策。因此,在"朝令夕改"的环境下,人们会尽可能减少投资,从而导致经济增长缓慢。

2009 年 6 月 10 日,安徽某矿业集团与某县人民政府签订协议,上马年产 100 万吨球墨铸造项目。这一项目需要投资 20 多亿元,建设周期 18 个月,建成后年产值 66.7 亿元、税收 5.89 亿元,可解决 2500 人就业。2009 年 7 月 10 日,该县通过了《关于提请批准给予某矿业集团有限公司奖励及有关事宜的报告》,决定同意奖励矿业集团有限公司 6 亿人民币。此后,媒体对县巨额奖金事件进行了连续跟踪和报道,引发了巨大争议,使县政府面临着来自社会公众的诸多质疑。迫于压力,7 月 22 晚,处于风暴中心的县政府召开新闻发布会,决定取消对矿业集团 6 亿元的奖励承诺。公告中说:"此事经媒体报道后,我们进行了深入反思,虽然我们的发展愿望是好的,项目本身也符合我县长远利益和群众根本利益,项目审批程序合法合规,但是由于急于求成,加之对政策理解不深,把握不当,所以作出对业主单位奖励 6 亿元的错误决策。"

无独有偶,2008 年 8 月初,某市委、市政府下发了一份名为《市委市政府关于安排机关干部年休假有关问题的通知》的红头文件。这个通知规定:按当年实际休假的天数,每天给予公务员一定数额的休假补贴;当年没有休假的不发补贴,没有资格参加年终先进的评选。这项规定一出台,不少公务员感到“吃惊”,很多机关干部开始“不敢相信”,以为听错了。据了解,该市党政机关及事业单位享受政策规定的休假待遇的人数约占总数的20%,约两万人。由于政策绝对利好,去年,他们绝大多数选择了休假。然而,在2009年9月,市委市政府再次发文,暂停了该项休假制度。公务员强制休假制度在执行了一个年度后为何被暂停?据说原因有二:一是百姓很有意见,二是财政要额外支出一笔不菲的经费。

可见,朝令夕改危害很大,会让人无所适从,弱化制度的效力,损害政府的公信力,导致社会无法生成合理、有效的规则和秩序等。

避免朝令夕改,首先,要保证制度的准确性和前瞻性。制度准确了,就没有匆忙进行调整的必要,就会增加稳定性。而要保证准确性,就必须做到在制度制定过程中要充分利用现代科学技术和管理知识,尽可能地选择成本最低、收益最大、老百姓最欢迎、最能促进可持续发展的制度方案。另外,还要适应经济、社会和政治发展规律,充分考虑当前和未来的可能发展态势,制定出具有前瞻性的制度,保证在遇到一些突发事件时,不至于大幅度的调整。

其次,政府要超越狭隘利益集团的追求,避免被少数利益集团俘获,成为他们的利益代言人和共谋者。政府在制定政策时,应该以大多数人的利益作为出发点,并充分考量利益实现中可能出现的博弈,制定出具有可操作性的对策来避免狭隘利益集团对大众利益的侵害。这样,政府的制度在推出后就会得到社会大众的拥护,其合法性和权威性就会得到认可,就会减少朝令夕改事件的出现。

别让制度与法律撞车

很多企业老板都有这种观念,在我的企业里,你就得听我的,否则,我就炒你的鱿鱼。有了这种心理,他们制定制度就会“无法无天”,不考虑与法律保持一致。

事实上,法律是制度的上位,制度只有与法律保持一致,才能真正发挥作用,如果制度与法律“撞车”,就只会削弱效果或者丧失作用 。

很多老板不是不明白这个道理,但是他们心中既有特权思想,又有侥幸心理,认为制度与法律冲突没关系,员工想在自己的企业里工作,就必须认可企业制定的制度。殊不知这种想法是有风险的,一旦公司出现劳资纠纷,员工将企业告上法庭,最终败诉的肯定是企业。

2005 年 6 月,重庆某公司董事会任命刘先生为常务副总经理,主持全面工作。11 月 9 日,刘先生组织公司负责人、职工代表、工会代表讨论员工考勤休假制度、奖惩制度,第二天又召开行政办公会进行讨论。职工代表认为这两个规章制度对职工不公平,均没有通过。同月 15 日,该公司召开行政会,会议记录上写明:“对新制度修改后讨论通过。”

11 月 28 日,这两项制度开始执行。职工彭先生对该制度不满,来到刘先生办公室,据理力争,两人言语不合发生冲突,彭先生摔坏刘先生办公电话和电开水瓶。

两天后,彭先生主动向公司认错。一周后,该公司作出了与彭先生解除劳动关系的决定。理由是,新制度规定,损坏公物,公司将视情况对当事人予以解除劳动合同。

彭先生不服,向劳动争议仲裁委员会提出申诉,请求撤销解除劳动关系的通知书。劳动争议仲裁委员会调查后,认为,新制度未经职工(代表)大会通过,不符合《劳动合同法》规定。公司无奈,最终撤销了通知书。

2008年,新《劳动合同法》正式实施后,企业制定规章制度将不再是公司单方面的权利,必须经过民主程序,必须与职工代表或工会协商讨论,唯有如此,通过的规章制度方有效力。

"一把尺子量长短"的弊端

心理学家波诺玛说得好:"一个没有层次的管理制度,可以说就是最没有效率的管理制度。"真正有序的管理制度应该层次分明,清楚地规定上至老板下至员工各自的职责,大家各司其职,互不干涉,互相配合,才能把企业管理得井然有序。这就要求制定制度时要因人而异,不能一刀切、一锅煮。

制度制定因人而异是由人员的不同素质决定的。人的素质有高低之分,制度在提出整体要求的同时,要因人而异,提出不同的要求。例如,党组理论学习中心组学习制度对党组理论学习提出了明确要求,但如果让一般人员学习也达到这种要求,就会过犹不及,影响了他们学习的积极性。

制度制定因人而异是由人员的不同分工决定的。三百六十行,行行不一样,不同的行业、不同的工位有不同的岗位要求,制度设计在突出一般性要求的同时,也要根据不同人员的情况,提出不同的制度要求,不能一把尺子量长短,这样的制度肯定难以落实。

一天,一位资深的数学教师气冲冲地来找到校长,要校长为他主持公道。原来,这位教师的教案在学校月查中被评为不合格。因为在一个月的教案中,他有两个教案仅写了几句话的提纲。按照标准,这样的教案当然不合格,但对有30年课堂教学经验的资深教师来说,比照着几句话的提纲教案,或者甚至是一句话也没有的教案,也完全可以把一节课上得酣畅淋漓。而且,这位教师之所以写了两个"提纲教案"还有一些客观的因素。但制度就是制度,制度面前没有任何理由。如果因为是老教师则认为情有可原而网开一面,制度无疑就成了一张"废纸",管理就会陷入混乱。这就出现了矛盾:是尊重制度?还是尊重实际?所幸的是,这位校长是一个善于思考的教育专家,他找到了矛盾的根源所在,那就是管理制度本身存在问题。就说教师备课,备课是教师实施教学的前提和基础,没有高质量的备课,就不会有高质量的教学。因此,各学校对备课都非常重视。可是,备课是一个相当复杂的过程,它与教材内容、学生学习情况、教师素质等多方面相关联,每个学科、每位教师都会有各自的备课方式和侧重点,但不论其过程多么复杂,备课的最终呈现形式也不过是一份"教案"。学校检查的标准,最终也是看写在"本儿"上的教案。无论是刚参加工作的教坛新手,还是风雨讲坛几十年的资深老将,都无一例外要按照同一个标准评判。这样"一刀切"使教师不得不抽出时间来"编写"教案。对那些资深教师而言,这无疑做的是无用之功。与之相反,个别教师为了应付检查,东拼西凑,抄抄写写,语言时髦,写了一篇"上乘"的教案。但是他们写的是一套,做的却是另一套,教案写得洋洋洒洒,课却上得一塌糊涂。备课与上课脱节,写教案纯粹是为了应付检查,可这样的教案,按照标准你还不能不给他打高分。教案检查的目的是为了保证备课的质量,但在执行过程中却适得其反,非但没有查出备课的"真实"情况,反而挫伤了教师备课的积极性。究其原因,并非是制度执行不认真,而是制度本身存在问题:试图用一个标准去评估所有的教案,用一把尺子去衡量所有人,不管什么情况统统来个"一刀切",却自以为是"公正、公平,照章办事、铁面无私"。

为此，该校对制度进行了重新修订，规定不再对那些资深教师、骨干教师的教案进行任何检查，而是由学校每学期"高价收购"，将他们的教案作为珍贵的资料存入学校档案，供青年教师参考借鉴。这样的制度，非但没有使资深教师因教案"免检"而放松了自己，反而更激起了他们强烈的责任心和荣誉感。从此以后，他们对自己的教案要求更高了，每一句话、每一个过程都再三斟酌、精雕细琢，使每个教案都真正成为了精品教案。

有制度不执行比没有制度更坏

"天下之事，不难于立法，而难于法之必行。"制度的生命力在于执行，制度的权威性也在于执行。再好的制度，如果只是挂在墙上，说在嘴上，写在纸上，只能成为摆设，只有真正贯彻执行，才有执行力、公信力和生命力，才能成为社会治理的"灵丹妙药"和行业发展的可靠保障。

当前，制度之所以不能发挥应有的效力，一个重要原因是执行不力。虽然近年来制度建设在不断完善，数量在不断增加，从一定程度上来说，制度体系已基本建立，但制度执行不力的问题仍然存在。制定一项好的制度不容易，把制度落到实处更不容易，抓好制度的落实执行永远是社会治理和企事业单位管理面对的现实课题。

让制度入耳、入脑、入心

认识决定行动，执行不力很大程度上是由于认识不到位。有的人认为制度建设是官样文章，定归定，做归做，不严格按制度办事，失之于宽，失之于软的问题时有发生；有的人搞形式主义，对上级的制度满足于照抄照转，甘当“收发员、播音员和复印员”，致使制度在贯彻落实过程中，不同程度地存在反应迟滞、力度欠缺，有章不循、违章操作等现象。

要把加强教育、提高认识作为抓好制度执行的重要基础性工程，大力开展“学制度、用制度”宣传教育活动，使全体人员深刻领会制度的基本精神，熟知制度的各项内容，真正让制度入脑、入心，切实增强制度观念，牢固树立严格按制度办事的意识，养成自觉主动执行制度的习惯。

松下电器公司是全世界有名的电器公司，也是日本第一家用文字明确表达企业精神和核心制度的企业。

松下电器公司的创办人和领导人松下幸之助认为，人在思想意志方面，有容易动摇的弱点，为了使松下人遵章守纪、献身使命的热情与动力能持续下去，应制定一些戒条，以便时时提醒和警戒。于是，松下电器公司制定并颁布了“五条精神”，其后又议定附加了两条，形成了松下七条精神，这七条精神是松下制度的高度凝练。

松下电器公司非常重视对员工进行教育。每天上午 8 时，公司就会组织遍布日本的松下员工同时诵读松下七条精神，一起唱公司歌，让全体员工时刻牢记公司使命和制度，时时鞭策自己。所有成员每隔 1 个月至少要在所属的团体中，进行 10 分钟的演讲，用自己的语言来阐释公司精神制度的核心要义。

松下电器公司非常重视“入社”教育。进入松下公司的人都要经过严格的筛选，然后由人事部门组织入社教育，郑重其事地诵读松下精神，学习公司的各种制度规定，参观公司创业史“展览”。为了增强员工的适应性，也为了使他们在实际工作中体验制度的要求，新员工都要从基层做起，被轮换分派到许多不同性质的岗位上工作，每个人至少用 3 ~ 6 个月的时间在装配线或零售店工作。

松下电器公司实行终身雇佣制度，认为这样可以为公司提供一批经过二三十年锻炼的管理人员，这是发扬公司传统的可靠力量。为了用松下精神培养这支骨干力量，公司每月举行一次干部学习会，互相交流、互相激励，勤勉律己。

公司高度重视自我教育，认为教育只有通过受教育者的主观努力才能取得成效。上司要求下属根据松下精神自我剖析，确定目标。每个松下人必须提出并回答这样的问题："我有什么缺点？""我能否遵守制度？""我真正想做什么？"等，从而找到自己的差距，设置自己的目标。有了自我教育的强烈愿望和具体计划，职工就能在工作中自觉遵守制度，在空余时间自我反省，自觉学习。为了便于员工互相启发，互相学习，公司成立了研究俱乐部、学习俱乐部、读书会、领导会等业余学习组织。在这些组织中，人们可以无拘无束地交流学习遵守松下精神的体会和感受。

松下公司通过制度的学习教育，强化了公司成员认真遵守各项规章制度的意识和行动，为公司发展壮大奠定了坚实的制度基础。

抓好制度的学习教育要摒弃学习教育是虚的、作用不大等错误的思想观念，把正面教育与反面警示相结合，既讲清遵守制度对建设发展的促进作用，也讲清不遵守制度带来的危害；把集中教育与自我教育结合起来，既让成员相互交流体会，也让成员自我反思差距与不足，提高制度教育的针对性和实效性，切实让制度不仅进入耳中，而且进入心中，成为工作标准和自觉行动。

火车跑得快，全靠车头带

国有国法，家有家规。对于一个单位来说，如果没有制度的规范和制约，在工作中就会管理无序、效率低下。科学、严谨的制度，可以使办事者有章可循，依章办事，确保各项工作有效避免个人行为和短期行为，在管理工作中具有极其重要的基础性作用。那么,无论什么制度的推行,领导干部的带头作用都是显而易见的。俗话说:火车跑得快,全靠车头带。领导的一言一行是无声的号令,对员工起重要的示范引领作用。因此,领导干部必须充分认识自己在提高制度执行力上所起的重要作用,带头遵守制度,积极营造有利于制度发挥作用的良好环境,从而带动各级干部自觉形成以制度管权、管事、管人的良好风气,不断提高制度执行力,增强制度实效。

当前制度执行不力很大程度上与领导有直接关系。有的领导主动抓制度建设的意识淡薄,对现有制度家底不清楚,对制度有没有落实执行不清楚,使制度可有可无成为稻草人;有的领导抓制度执行冷热不均,对人不对己,亲疏有别,对别人非常严厉,对自己或者自己的亲朋好友却失之于宽、失之于软,使制度执行起来不规范,没有做到一把尺子量长短。

海尔总裁张瑞敏在重视制度建设和用制度管人管己方面为我们树立了典范。

20 世纪 80 年代,我国正处于改革开放初期,物质匮乏使家电市场销量非常好,只要产品还能用,即使有些小毛病,也可以堂而皇之地送出厂门,而且绝对卖得掉。

1984 年,张瑞敏到海尔任职后,高度重视产品管理制度建设。他反复给大家上质量课,建立规章制度,抓产品质量的提升。但是,质量意识却不是一朝一夕就能提高的。在员工的头脑里已经习惯把产品分为一等品、二等品、三等品,不是一等品就是二、三等品,这种固有的质量观念很难改变。

1985 年 4 月,张瑞敏收到来自用户的一封信,投诉海尔冰箱质量有问题。于是,他到工厂仓库里去,认真检查了全部 400 多台冰箱,发现有 76 台冰箱虽然制冷功能不受影响,但外观有划痕。他找到检查部,问道:“你们看这批冰箱怎么处理?”检查部的同志说:“既然已经这样,就内部处理,便宜点卖给员工算了。”以前出现这种情况都是这么办的,加之当时大多数员工家里没有冰箱，这些小的划痕不影响制冷效果，员工倒很乐意买。张瑞敏说："如果这样的话，就是说以后允许再生产这样的不合格冰箱。这样吧，你们检查部门搞一个劣质产品展览会。"

在展览会上，摆放着一些劣质零部件和那76台冰箱，全厂员工都来参观。员工们参观完以后，张瑞敏把生产这些冰箱的责任人和中层领导留下，问他们："你们看怎么办？"结果，大多数人的意见还是比较一致，都说处理给员工就行了。但是，张瑞敏却坚持说："这些冰箱必须就地销毁！"他顺手拿了一把大锤，照着一台冰箱咣咣地砸了过去，把这台冰箱砸得稀巴烂，然后把大锤交给责任者。转眼间，76台冰箱全部被销毁。

当时，在场的人都流下了眼泪。虽然一台冰箱才800多元钱，可当时员工每个月的工资才40多元钱，一台冰箱是他们两年的工资呀。

张瑞敏说："我要是允许把这76台冰箱卖了，就等于允许你们明天再生产760台这样的冰箱。从现在开始，我们都要确立质量至上的理念，产品没有二等品、三等品，就分合格品与非合格品，一等品是合格品，其他有缺陷的产品就是废品。我们的市场只有合格品，非合格产品不能进入市场。要严格遵守产品质量检验制度，谁不遵守制度就追究谁的责任。"为了以示惩戒，张瑞敏还带头扣掉了自己当月的工资。

海尔砸冰箱事件不仅改变了员工的质量观念，为企业赢得了美誉，而且强化了员工的制度意识，为海尔走出中国走向世界打下了良好的制度基础。

又过了四年时间，海尔获得了中国冰箱市场的第一枚金牌，把冰箱做到了全国第一。

海尔的案例充分说明，在制度管理方面领导首先要带头强化制度意识，把制度建设作为推进单位建设发展的重要保障，组织力量制定科学合理、符合单位实际的规章制度；其次要坚持制度刚性特点，坚决维护制度权威性，不管遇到何种困难、多大阻力，都要认真执行制度，不走样、不变形、不缩水；最后要严格遵守制度，自觉接受员工监督，切实用制度规范权力，要求别人做到的自己首先要做到，要求别人不做的自己坚决不做，行动先于一般干部、标准高于一般干部、要求严于一般干部，以领导的人格魅力和示范作用，影响员工、感染员工。

制度面前没有“铁帽子王”

在制度执行过程中，总会有一些人只看到了规章制度对自身的约束性，而没有看到规章制度对自己的保护性。他们利用种种手段，想方设法去逃避制度，或者根本视制度为无物，我行我素。更为严重的是，因为违纪者大权在握，或者与其他相关人员有特定关系，违纪行为不仅得以实施，而且没有得到应有的处罚。例如，在单位内部因为朋友关系、新老员工的关系、亲戚关系或家属关系而徇私舞弊，不按照制度办事的现象时有发生。而执行领导或部门不经意间将员工划分成不同的层面来对待，视公司的规章制度为儿戏，看人下菜，厚此薄彼，影响了制度的平等性。

习近平总书记在党的群众路线教育实践活动总结大会上强调，要坚持制度面前人人平等、执行制度没有例外,不留“暗门”、不开“天窗”,使制度成为硬约束而不是橡皮筋。这为制度执行指明了方向,提出了要求。

IBM 的制度规定,管理者与普通员工平等。因此,在 IBM 没有单独的经理餐厅,没有管理者特有的俱乐部、高尔夫球场,没有专供经理人使用的卫生间、停车场。这些都反映了一种追求平等的制度文化。

在 IBM,每个职工都有平等的机会展现自己的才能。无论你是谁,都必须从基层做起。当你做出成绩,能够证明自己有能力胜任某个更高的职位时,就会得到晋升的机会。

“人人平等”是 IBM 的重要管理原则,也是制度执行的重要标准。总裁汤姆·沃森认为:“企业的最高管理者可能会犯一种严重的错误,那就是对管理人员和普通员工采取双重标准,当自己或管理人员违反了公司规定、做错了事情时,可能会比较宽容地对待,而对普通员工所犯的错误则严厉地处理。这种做法会造成很坏的影响,企业应该毫不留情地把这类管理人员开除。只有在制度面前人人平等,企业的利润才能实现最大化。”这也是 IBM 的成功所在。

制度、规定、纪律是公司发展的基石,公司要想长久发展下去,关键在于制度。制度的维系力就是通过严格执行表现出来的。有个“热炉”法则,形象地表明了制度是不允许跨越的:制度就像火炉一样,不触犯不知道炉子是热的,触犯之后,必然会烫伤手。如果管理者在执行制度的时候有这种决心,不徇私情,敢于刀口对己,就不怕制度落实不到位。

一家合资企业根据“热炉”法则制定了严格的规章制度,但在第一次实施中就遇到了难题。一位中方女员工由于本人的疏忽,给公司造成了损失,按规定应该惩罚。但中方管理人员却战战兢兢,不敢决断,因为那位女员工是外方经理的妻子。在中国文化中,人情重于原则,主管人员觉得实在难以拿经理妻子“开刀”。如果不处罚,以后员工就不会服从;但如果真的实施起来，又会得罪领导，怕领导以后给自己“穿小鞋”。在人情与原则的冲突中，主管把情况汇报给经理，没想到经理对这件事却感到很惊讶：“这么简单的一件事，你直接按规章办不就可以了吗？不用请示我了。”主管照章处罚，维护了制度的严肃性。

一项好的制度一定是倡导公平公正的，一定会让大多数普通员工乐于遵守、心情舒畅，一定会让大多数人的活力得到释放。坚持制度面前没有特权、人人平等，无论是事业单位还是企业都会拥有科学发展的良好保障。

“破窗效应”累积的执行惰性

人们发现，当一扇窗户被打破，如果无人理会，很快其他窗户也会被打破，这就是心理学上的“破窗效应”。破碎的窗户是一种集体暗示：打破它没有关系。一个单位乃至一个社会，都会受到“破窗效应”的影响。当某个人违反制度无人追究，其他人就会效仿，最后导致制度形同虚设，沦为一纸空文。

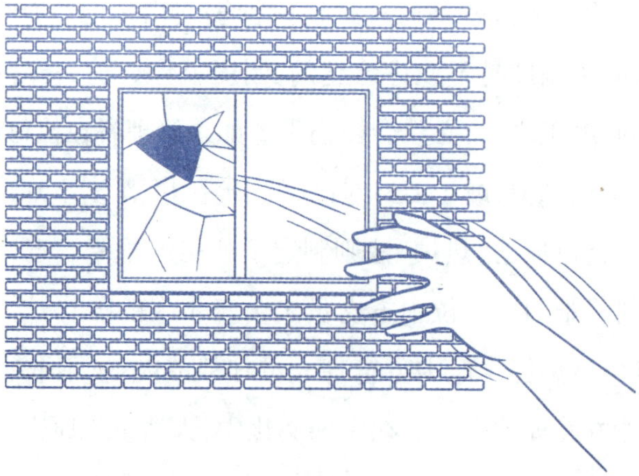

有制度不遵从,执行制度不严格,可以说是社会某些领域屡治不绝的老问题。最常见的就是交通领域:“中国式过马路”、各种超速超载……运动式抓一抓好几天,之后故态复萌,甚至变本加厉。“破窗效应”累积的强大惰性,往往让有心治理者产生无力感,也使群众对政府的公信力产生质疑。

英国哲学家培根[①]说过:“制度不执行,比没制度危害更大。”再好的制度只有执行才有意义,否则就形同虚设。铁的纪律须铁腕执行,制度执行如果流于形式、走过场、作秀,那无异于在战场上“放空炮”,既失去了威慑力,也丧失了打击力,还会遗患无穷。很多事故的发生并不是坏在没有制度上,而是坏在对制度的执行上。

有个公司的生产车间在改造之后,留下许多空闲插座,工人们在工作时间手机没电了,就拿这些插座充电。考虑到这些插座大部分已经老化,存在安全隐患,公司明文规定,严禁使用这些插座。然而,有些工人却不遵守这项制度,仍偷偷地用来充电,并且也没出现问题。时间一长,管理者也就睁一只眼闭一只眼,不再强调这项制度,也不再检查执行情况。慢慢地,有些胆大的员工开始用这些插座插上电饭煲煮夜宵。大功率长时间的使用导致电线胶皮开始融化,最后插座喷出火星,点燃了旁边放置的物品,造成了重大火灾,使价值几十万元的成品和原材料化为灰烬,数十名员工在大火中丧失了宝贵的生命。这一深刻教训发人深省,令人警醒。

近年来,无论是在党的群众路线教育实践活动中、“三严三实”专题教育期间,还是在“两学一做”学习教育期间,各单位都结合整改任务制定了不少制度。可是,有的单位只求数量不求质量,以为整墙的制度和厚

---

① 弗朗西斯·培根(Francis Bacon,1561－1626),英国文艺复兴时期最重要的散文家、哲学家,英国唯物主义哲学家,实验科学的创始人,是近代归纳法的创始人,又是给科学研究程序进行逻辑组织化的先驱。

厚的制度建设“本本”就能蒙混过关;有的制度哗众取宠,顾左右而言他,与整改问题“风马牛不相及”;有的单位写明“要彻底解决……”“要严肃问责……”,表面上轰轰烈烈,实则“明修栈道,暗度陈仓”,执行时暗藏“猫腻”,大打折扣,制度中看不中用;有的单位认为制度执行就是“成立了机构、出台了文件、召开了会议、进行了检查”,甚至把制度条款都贴到了墙上,等于任务落实了、完成了。

殊不知,制度执行搭一回“花架子”,就会伤一次群众的心;走一回“过场”,与群众的距离就会疏远一分;一次执行不到位,制度建设就全部“功亏一篑”。

管理学上有一句经典叫作“重在执行”。制度一旦不被重视、失去执行,任何事物都会走向衰微,走上失控的边缘。大量事实证明,一个好制度只有得到好的贯彻执行,才能称为好制度。否则,甚至比没有制度还要糟糕。正因为如此,制度制定后并不等于万事大吉,各单位各部门要建立健全制度执行的跟踪督查和考评、问责机制,完善违反制度的惩戒规定,对那些在制度执行中打折扣、敷衍搪塞、有选择、搞变通,甚至是有令不行、有禁不止的现象,要严肃追究当事人和相关领导的责任,确保制度得到不折不扣的贯彻执行。

习近平总书记曾说过:“各项制度制定了,就要立说立行、严格执行,不能说在嘴上,挂在墙上,写在纸上,把制度当‘稻草人’摆设,而应落实到实际行动上,体现在具体工作中。”促进制度落实,就要不断强化对制度执行情况的跟踪监督检查,对于违反制度踩“红线”、闯“雷区”的,坚决做到零容忍,充分发挥制度的刚性约束作用,维护制度权威,使制度真正成为硬约束。唯有如此,才能有效地发挥制度的作用。

祸患常积于细微

美国著名管理学家拉里·博西迪①在其著作《执行:如何完成任务的学问》中说,如果你想把结果做好,就要在过程中重视小事。战略也好,制度也罢,都应该落到实处。你追求小事有多深入、多执着,执行力就有多好,取得的成效也就有多好。

任何安全问题大都事前有征兆、发展有轨迹、形成有条件。落实制度的过程,就是找准问题、切断链条、拆除引信的过程。在这方面,要有一叶知秋的敏锐、防微杜渐的警觉、除患务尽的决心,注重大处着眼、小处着手,脚踏实地,认真细致,翻箱倒柜找问题,挂账销号除隐患,防止小苗头变成大问题、小隐患酿成大祸端。

20世纪90年代,当格力空调第一次进入意大利市场的时候,就遭遇了尴尬。消费者第一次装好开机,就听到了刺耳的摩擦声。正巧在当地考察的格力电器总经理朱江洪和售后人员一起前往查看原因,拆开机箱后,他们发现,主机的风扇叶上,正绞着一块不知从哪里脱落的海绵。

"你们没有质量检测制度吗?你们的空调出厂前没有测试吗?"意大利客户带着不可思议的表情问。

面红耳赤的朱江洪最后同意,所有空调全部退货,并且赔偿两倍于货款的损失。回国后,他认识到,虽然公司也制定了质量检测制度,但却存在大而化之、不细不实的问题。要想让产品走向世界,必须注重细节,严格落实制度,狠抓产品质量。

于是他们提出了"出精品、创名牌、上规模、创世界一流水平"的质量

① 拉里·博西迪(Larry Bossidy),美国企业家,曾任霍尼韦尔国际总裁和CEO。

方针，实施了“精品战略”，建立和完善质量管理制度，出台了“总经理十二条禁令”，建立了一间“不以盈利为目的”的原材料筛选厂，对进厂的每一个零部件进行性能测试、严格筛选，推行“零缺陷制度”。

几年的狠抓质量工作，使格力产品在质量上实现了质的飞跃，奠定了格力产品在质量上的竞争优势，创出了“格力”这一著名品牌，同时也在消费者中树立了良好口碑。

这是格力向现代企业迈出的第一步，也是每一家试图走上正轨的中国企业都曾走过的道路。

现在，格力拥有业界国际领先水平的生产线，建立了以质量为核心的现代企业制度。他们所有机组的测试全部实现了条形码自动化管理，具体来说，就是电脑对测试产品进行自动定位和识别，根据条形码自动设定控制参数和合格判定参数，自动记录测试数据，对不合格项进行实时报告并打印出不合格标签。这种管理具有快速、准确的特点，不仅大大提高了功效，而且有效消除了人工主观判断失误的风险，使产品质量更有保障。

格力拥有400多间堪称“世界一流”的实验室，有的能模拟60摄氏度高温的沙漠，有的能用16根喷头喷下半米深的积雪，还有一间实验室能用不同方向的喷水管和鼓风机营造出12级台风的环境。工程师们需要保证每一台身处其中的空调能够安然运行。

而与这些地狱般严苛的实验室一窗之隔的，是另一间被布置成客厅模样的实验室。除了测试空调，里面还摆着沙发、电视机、人偶模特，并且林立着72根传感棒，用来确定房屋内各个角落都能温暖如春。

靠科学完善的质量控制与保证制度，格力保证每个零配件都经过精挑细选，每一道工序都经历千锤百炼，每一个产品都做到“零缺陷”！

祸患常积于忽微，细节决定成败。哪怕是一件芝麻小的事，如果抓得不细不实，也可能酿成大祸。西方有个谚语：掉了一个钉子，坏了一个马掌;坏了一个马掌,毁了一匹战马;毁了一匹战马,输掉了一场战役;输掉了一场战役,毁灭了一个王国——充分说明了这个道理。抓制度执行如果粗枝大叶,概略瞄准,制度的效力就会大打折扣;只有以强烈的事业心责任感,抓小抓细抓实,制度才能高标准执行到位,才能取得实实在在的效果。

近朱者赤,近墨者黑

所谓"一方水土养一方人""近朱者赤近墨者黑",充分说明人都要生活在一定的环境中,环境对人发挥潜移默化的重要作用。

荀子在劝学中说:"蓬生麻中,不扶自直;白沙在涅,与之俱黑。居必择乡,游必就士,所有防邪僻而近中正也。"意思就是说,莲蓬这种藤蔓植物,如果生长在笔直的麻林中,不用修正它,自然就长得很直;洁白的砂石,把它与污秽的东西混合,自然也会变得污秽。所以人要选择民风好的地方居住,和有道德的人交往,这是为了预防邪恶肮脏而亲近道德。有这样一则新闻,在印度加尔各答附近的一个山村里,人们在打死一只大狼后,发现了两个由狼抚养的女孩,她们被送到孤儿院抚养,一个在两年后死去,一个虽然经过七年的教育,但却只能掌握 45 个词,勉强学几句人话。这个女孩死时 16 岁,智力只相当于三四岁的孩子。可见环境对人的影响有多么大。

反观制度执行也是这个道理。如果有好的执行环境,处于其中,人们就会自觉遵守制度;反之,如果执行环境恶劣,人人随意破坏制度,身处其中也容易随波逐流,制度的执行就大打折扣。

发挥环境的影响和熏陶作用,就会在制度执行上取得意想不到的效果。很多企业虽然制定了相应的管理制度,但员工迟到仍然是一种痼疾。

一位企业家想了一个妙点子,使他的企业彻底杜绝了迟到现象。他不是用罚的办法,而是要求职工早到一刻钟,全厂员工集体在广场上做操。广场就在企业大门入口内,迟到者必须在众目睽睽之下走到自己单位所在的队列。怎么走?这会使迟到者很不好意思。再一个,走到自己的单位做操,又给本部门曝了光,迟到者就多了一层心理压力。这个“歪”点子十分巧妙地根治了迟到的痼疾,与此同时,还带来了许多意想不到的效果。首先,晨起操练,能促使员工身心愉悦、精神振奋地开始一天的工作;其次,员工不愿因为迟到给本部门丢脸,这无形中增强了大家的集体荣誉感,提升了单位的凝聚力。巧治迟到的企业家也许是无意识地运用了环境的影响力。但实际效果是,在他的企业中,迟到痼疾已被一种更健康、更向上的环境氛围所代替。

这给了我们一个很重要的启示:提高制度执行力非常重要的一项工作就是打造一个良好的执行环境。可以通过深入宣扬先进典型,树立遵规守纪的鲜明价值取向;经常开展违规违纪警示教育,做到警钟长鸣;多悬挂制度提醒牌,张贴制度宣传画,开展遵规守纪知识竞赛等,营造执行制度的良好环境,使懂规矩、守制度成为人们的一种自觉行动。

制度是块铁,谁碰谁流血

制度执行落实不到位很大程度上是由于责任追究失之于宽、失之于软。制度是块铁,谁碰谁流血;制度是块钢,谁碰谁受伤。只有紧紧抓住责任追究这个重要手段,进一步加大对违反制度行为的查处力度,加强对执行制度的监督和考核,才能确保制度得到良好的落实执行。

敢于“举黄牌”“亮红灯”

要让制度成为节电的“高压线”，加大惩处追责力度，对那些有令不行、有禁不止、不作为、乱作为、慢作为的现象，坚决举起黄牌、亮起红灯，使制度成为不可逾越的禁区、不可触碰的高压线，切实增强制度的严肃性和权威性，确保制度落地生根、开花结果。

历史上孙武练兵的故事给人以诸多启示。吴王要孙武讲解兵法，孙武说，光讲不具体，最好是由他直接指挥军队来演习给他看。吴王有点为难，一下子从哪儿调演习的军队呢？可孙武却说从后宫挑选一些宫女就行。

吴王召了三百名宫女，由他的两个爱姬带队，让孙武带到操场练，吴王就坐在台上观看。

孙武将三百宫女分成两队，让她们戴盔穿甲、手持武器，耐心地教她们步法、列队以及听鼓点进退等基本要领。开始宫女们感觉很新鲜，队列也还整齐，练了一会，有些宫女便开始嘻嘻哈哈，不以为然了。

孙武告诫她们要遵守军令，不可违背。不料孙武开始发令时，宫女们觉得好玩，都一个个笑了起来。孙武以为自己话没说清楚，便重复一遍。等第二次再发令，宫女们还是只顾嬉笑。这次孙武生气了，便下令把队长拖去斩首。吴王听说要斩他的爱妃，急忙向孙武求情，但是孙武说：“君王既然已经把她们交给我来训练，我就必须依照军队的规定来管理她们，任何人违犯了军令都该接受处分，这是没有例外的。”结果孙武还是把队长给杀了。宫女们见他说到做到，都吓得脸色发白。第三次发令，没有一个人敢再开玩笑了。

孙武执行军纪严厉，即使是吴王爱妃也照斩不误，从而立起了军纪的威严。如果规章制度都能让人生畏、不敢触碰,那么就会得到有力地贯彻执行。

制度追究还存在一个问题,就是追究一般人的多,追究领导干部特别是“一把手”的少。从严追究关键是要严肃追究党员干部,特别是领导干部带头干扰破坏制度的行为。对违反制度的党员干部,要进行批评教育,情节严重的依规依纪进行处理;对领导干部尤其是“一把手”带头破坏制度、有意干扰制度的行为要严肃追究责任,坚决依法严格处理,情节严重的要移送司法机关,真正形成制度面前人人平等、制度面前没有特权、制度约束没有例外的良好氛围。

据了解,自党的十八大以来,党中央紧紧牵住“落实主体责任”这个“牛鼻子”,把权力与义务、责任与担当统一起来,使强化问责成为管党治党、治国理政的鲜明特色。至 2016 年 5 月底,全国共对 4.5 万余名党员领导干部作了责任追究。在 2014—2016 年通报的 238 起典型问题中,共 397 人次受到问责,其中“一把手”249 人次,占总人次的 62.7%,体现出问责要抓住“关键少数”的鲜明导向。

对于不敢明目张胆地“闯红灯”“触高压线”,但却存在变通执行、选择执行以及“打擦边球”的行为人，不能因为事小就不追究，而是要严肃追究变通执行制度、“打擦边球”的行为人，让制度真正成为“带电的高压线”。

2016年2月，某省纪委对3起违规发放津贴补贴和奖金的典型问题进行公开通报，这3起问题分别是：

省民政厅直属事业单位肢体康复中心2008年1月至2015年3月违规套取资金，发放项目绩效奖。原主任受到留党察看一年处分，法人代表受到党内严重警告处分，两个副主任分别受到党内警告处分。

省粮食局直属企业储备粮管理总公司2013年1月至2015年6月擅自发放过节费、福利费、生活补助等。总经理受到行政警告处分，调离现任岗位；副总经理受到党内严重警告处分。

某区疾控中心2011年1月至2015年3月超标准发放干部职工卫生防疫津贴，违规发放加班费、就餐费，主任和副主任分别受到党内警告处分。

一段时间以来，特别是在党的十八大后，一些单位置中央多次重申的规范津贴补贴发放规定于不顾，巧立名目、隐形变异违规发放津贴补贴和奖金。通报的3起问题，就是典型的顶风违纪问题。

近年来，中央立起“八项规定”这一铁规禁律，从严查处那些视制度如无物、不收手不知止的党员干部；从“打擦边球”、隐形变异的违纪违规行为入手，既追究直接责任，又追究领导责任，并对典型问题点名道姓通报曝光，在全社会营造了风清气正的政治生态。

监督是个“好东西”

检查监督是保障制度执行的重要手段。加强常态化全面监督，促进各项制度的有效落实执行，无论是对一个政党、一个国家还是对一个团体来说都有重要的意义。

早在 1945 年 7 月，黄炎培[①]先生访问延安时，与毛泽东同志谈到历史上许多政权“其兴也勃焉”“其亡也忽焉”的现象，提出共产党能否摆脱这种周期率的问题。毛泽东同志答：“我们已经找到了新路，我们能跳出这周期率。”这条新路，就是民主。只有让人民来监督政府，政府才不敢松懈。

新中国成立后，中国共产党成为执政党。党制定的方针、政策正确与否，直接关系到社会主义事业的成败和国家的兴衰，因此党非常需要听到来自各方面的意见和批评，主动接受各种监督。没有监督的权力必然导致腐败，腐败严重必然导致亡党亡国，无产阶级政党掌握政权后也不例外。为此，我们党主动接受党内监督、群众监督和民主党派以及无党派人士的监督，不断加强和改善党的领导，提高党的执政能力，党的建设和中国特色社会主义事业取得了伟大成就。

① 黄炎培(1878 ~ 1965 年)，号楚南，字任之，笔名抱一。江苏川沙县(今属上海市)人。中国近现代爱国主义者和民主主义教育家。

为什么监督有如此大的作用？这是因为，其一，实行群众监督可以把群众的积极性调动起来；只有把群众的积极性充分调动起来，无论是建设中国特色社会主义还是单位的建设发展才会有更广泛的基础。其二，加强民主监督，有利于集思广益，正确决策。邓小平同志说："由于我们党的执政党地位，我们的一些同志很容易沾染上主观主义、官僚主义和宗派主义的习气。因此，对于我们党来说，更需要广泛听取来自各个方面的批评和监督，以利于集思广益，取长补短，克服缺点，自我完善。"其三，建立和完善民主监督制度，可以防止特权和腐败滋生。特权主义和腐败分子，最害怕的是群众。让群众监督制度落实，让群众和党员监督干部特别是领导干部，凡是搞特权、特殊化，经过批评教育又不改的，人民就有权进行检举、控告、撤换、罢免，使那些干部受到法律制裁和制度惩罚。

监督制度落实情况是一项必须长期执行常抓不懈的工作，若是等出了问题再去补救就晚了。明智的做法是将监督制度落实到日常工作当中，当成一种习惯坚持下来，做到发现问题、及时问责、解决问题，才能保证制度执行有力，实现健康发展。

麦当劳自 1940 年创立以来，始终注重加强制度建设，形成了"QSCV"经营四信条：即向顾客提供高品质的产品(Q)，快速准确友善的服务(S)，清洁优雅的环境(C)及做到物有所值(V)。几十年来，麦当劳员工之所以一直恪守四信条，并持之以恒地落实到每一项具体的工作和员工的日常行为中，就是因为他们建立了严格的检查监督制度。

麦当劳以经营四信条为核心细化制度要求，如他们对员工的日常行为做了非常详细的规定：男士必须每天刮胡子，修指甲，随时保持口腔清洁，经常洗澡，不留长发；女士要带发网，化淡妆等。麦当劳还提出"与其背靠墙休息，不如起身打扫"，要求服务员利用这段无事可做的时间，迅速清扫内部卫生，维持整洁、幽雅的环境，使顾客看着舒心，吃得开心。为了让这项制度落地，使员工养成习惯，店长不停地四处巡视，发现无事可做的员工就要提出批评；如果某个员工经常发生这种行为就要被炒鱿鱼，因为麦当劳不喜欢懒惰的员工。天长日久，员工就会逐渐对这些规定认同，并养成了勤劳卫生的好习惯。员工手脚勤快，大大节省了人力，只需几名服务员就可以使店面保持常新，做到了窗明、地洁、桌面净。

麦当劳还规定了每小时一次的卫生检查制度，努力让每个岗位上的工作人员都养成随手清洁的习惯。不管是餐厅、厨房还是仓库洗手间的工作人员，都不像有的饭店里的服务员那样无所事事，而是不停地扫地、拖地、收拾东西，一刻也不闲着；不管哪里的地面总是保持得十分干净，桌椅、门窗也收拾得非常干净整齐。可见，在严格的检查监督制度下，随手清洁已经成为每个工作人员的自觉行动。

在检查监督过程中，要做到责任层级清晰化。单位主要领导是第一责任人，副职对正职负责，下级对上级负责，形成一级抓一级，一级对一级负责，层层抓落实，确保制度执行监督到位。

用好考核这根指挥棒

要确保制度能够长期得到执行,并成为员工的自觉行为,就需要将制度执行情况与考核相结合,形成以考核促进制度执行的长效机制。

将制度执行情况作为绩效考核的一项重要内容,对于制度意识强、执行制度好的员工,绩效考核给予加分,并优先参加评优评先;对违反制度规定、受到责任追究的人员,取消年度评优评先资格;对不尽职责、碌碌无为,执行制度不力,考核不称职的人员,依照相关规定进行处罚。通过完善考核制度,营造一种遵规守纪光荣、违规违纪可耻的环境氛围,激发员工自觉执行的内生动力。

秋山木工是日本一家著名的木器工场,专门制造皇家、政府等机构需要的高级定制家具。公司只有几十名员工,年销售额却高达11亿日元左右。秋山木工的成就很大程度上来自于对制度执行的考核。

秋山木工的目标是为客户提供可使用一百年、两百年的家具。工场创始人秋山利辉认为,为了达到这一目标,就必须靠制度打造一流工匠。为此,秋山木工设立了一整套训练制度。

他们恢复了日本曾经的学徒机制。在这一机制下,学徒和师傅24小时朝夕相处,学到的不仅有技术,还有执业者应有的言行举止。经过十余年工场管理实践,秋山木工逐渐形成了"匠人须知30条"(以下简称"须知")。"礼仪、感谢、尊敬、关怀、谦虚……"这些做人最重要的品质、教育的基本,全都浓缩在这套"须知"中。这一严格制度为培养一流工匠奠定了良好的基础。

"须知"是秋山木工训练合格工匠的基本教材。"须知"具有统一的格式,规定了进入作业场所前应该如何做,如要先学会打招呼、必须成为有责任心的人、必须成为能为他人着想的人、必须成为有时间观念的人、必须成为懂得感恩的人等。“须知”将技术要领完美地融入管理制度中。

为了保证“须知”得到落实，秋山木工制定了为期八年、三个步骤的养成机制。第一步是为期一年的寄宿制学徒见习阶段，成立秋山学校，教授学徒见习课程，目的是培养学员具有真正工匠的心性和基本生活习惯，并学习工匠基本知识。见习期结束后，才能被录用为正式学徒。第二步是为期四年的学徒阶段，开展基本训练，制定工作规划，学习匠人须知。技术和心性磨炼成熟者，将被认定为工匠。第三步是为期三年的工匠阶段，一边工作，一边继续学习。

在为期八年的学习训练阶段，考核始终贯穿其中。严密组织考核，使工匠们深入理解“须知”的基本精神、丰富内涵和实践要求，检验工匠落实执行“须知”的情况。考核非常严格，对理解“须知”不深入、不透彻，落实“须知”不坚决、不彻底的匠人毫不留情地进行淘汰。学习训练阶段结束后，考核并没有结束，而是始终伴随工匠的从业生涯，不断强化他们落实执行“须知”的意识和行为。

秋山木工这样做的效果怎样呢？据称，近十年来，每年秋山木工打出招聘信息，总会有超过计划聘用人员数十倍以上的应聘者前来应征，其中甚至有知名大学的毕业生。此外，秋山木工在事业上取得的成就，也表明通过落实“须知”来养成“匠人精神”的办法是成功的，也印证了考核对保证匠人“须知”落到实处起到了重要的促进作用。

考核贵在严格和常态化。要强化考核的严肃性和权威性，对考核不合格者，要给予严厉处罚，不留情面，不照顾关系，使考核真正发挥对制度执行的促进作用。要做到平时考核和定期考核相结合，特别是要加强平时的考核，通过经常性的考核，引导员工把制度的落实执行体现在平时的一点一滴中，养成良好的遵规守纪习惯。

世界著名的咖啡连锁店星巴克提出了“为客人煮好每一杯咖啡”的口号，并建立了从挑选咖啡豆到烹调咖啡的一整套规章制度；同时他们严格考核标准，确保这些制度落实到位。

星巴克咖啡品种繁多，在制作上有近乎苛刻的要求。例如，每杯浓缩咖啡要煮 23 秒，拿铁[①]（星巴克的主力产品）的牛奶至少要加热到华氏 150 度，但是绝不能超过 170 度等。为考核这一制度能否落实到位，星巴克专门抽调精通业务人员担任品评专家；品评专家每年要品评 10 万杯以上的咖啡，以确保品质，绝不让未经专家严格品评（杯评）的咖啡进入市场。

“以顾客为本，认真对待每一位顾客，一次只烹调顾客那一杯咖啡。”员工们以专业的精神煮好每一杯咖啡，把握好每一个细节，服务好每一位客人。例如，煮咖啡时，豆子要确保新鲜、磨的方法要正确、水量要适中、水质要好、时间要恰当。否则，只要有一个环节出现问题，就有可能改变咖啡的纯正味道。你可能今天面对的是第一百位客人，可对客人来说，喝到的却是第一杯咖啡，他对星巴克的认识就是从这杯咖啡开始的。

为了检验“为客人煮好每一杯咖啡”是否贯彻落实，星巴克公司建立了一系列考核机制，其中的“神秘顾客”是最有特色的考核方式。除了通常的理论知识考察和实际操作考察外，他们还专门委托某个具有考察能力的公司，秘密派人扮作顾客，来到星巴克咖啡各个分店进行消费，对员工的服务、技能、店内环境氛围等进行全方位考察，然后结合业绩综合考量，最终决定该店的服务质量如何、店员能否升迁等。各分店的普通店员、资深店员、见习主管、主管及店长，均是通过这种考核方式一级级晋升

① “拿铁”是意大利文“Latte”的译音，拿铁咖啡（Coffee Latte）是花式咖啡的一种，是咖啡与牛奶交融的极致之作，载 https://baike.baidu.com/item/拿铁/2024425? fr = aladdin，最后访问日期：2016 年 11 月 7 日。

的。这种考核经常性且不定期进行，让员工们始终绷紧落实制度这根弦，一刻也不敢懈怠。

通过这种客观、公平、公正的考核和对考核结果的运用，让执行制度不力的人暴露出来并受到相应的处理，让坚决执行制度的人得到肯定、奖励和重用，确保制度真正落到实处，有效发挥作用。

人性光芒照亮制度空间

如何处理好"执行制度"和"人文关怀"之间的关系，是管理过程中面对的重要课题。

现代管理模式主要依靠制度管理来实现。人文关怀是指尊重人的主体地位和个性差异，关心人丰富多样的个体需求，激发人的主动性、积极性、创造性，促进人的自由全面发展。制度是冷冰冰的，但人文关怀却充满人性的温暖。

一名怀孕4个月的孕妇在南京地铁内喝柠檬水被开罚单。该孕妇认为连水都不能喝的规定"不够人性化"。网民则热议："禁止饮食有没有限制？喝水也算吗？""老人儿童孕妇等，有特殊饮食需求怎么办？""吃药也不行吗？"

科学合理的规章制度是维持社会秩序的重要保障，是方便人们生产生活的"游戏规则"，谁都不能游离于规则之外。但规章制度制定的初衷是服务广大人民群众，在执行的过程中不妨多点"人文关怀"，用人性的温度去捂热"冷冰冰"的制度，做到在坚持原则的前提下又以人为本，具体问题具体分析，把制度"用好用活"。

规章制度不是人情冷漠的"借口"。孕妇在地铁喝柠檬水被开罚单；小学生因忘带学生卡被赶下公交车；秦某跑了4个单位并下跪才办到一张盖章不全的死亡证明……当这些事情在我们身边发生时,人们言必谈制度,事必提制度。按地铁管理规定,地铁内禁止饮食;乘公交车按相关规定要先买票,后入座;死亡证明要按规定程序才给予办理。然而,离开人情的沃土,制度必然枯萎。规章制度不是人情冷漠的“借口”,恰恰是检验人情冷暖的一杆“良心秤”:人情冷漠,漠不关心,麻木不仁,制度就是“冷冰冰”的“条条框框”;人们充满爱心,有责任感,乐于助人,制度则为“人性化”的“爱心准则”。我们与其拿规章制度作为权力任性、推诿扯皮的“挡箭牌”,倒不妨多点“人文关怀”,设身处地为他人着想。

规章制度不能僵化守旧。规章制度具有相对灵活性,在需要的时候可以与时俱进地进行修改完善;在必要的时候可以进行适当的灵活变通。特殊群体在乘坐地铁过程中,确因身体需要,可以适当饮用一些身体必需品;小学生、老年人在乘坐公交车过程中可以提供事后补票选择;有特殊需要可以简化死亡证明办理流程,尽早让死者“入土为安”。多一点关怀,少一点因循守旧,把“冷冰冰”的制度捂得“热乎乎”,更好地方便大家的日常生活,才不违背制度设计的“初衷”。

湖南省某医院从一起违规事件中吸取教训,从而把人文关怀与制度执行紧密结合的事例,很好地诠释了制度与人文关怀不仅不相矛盾,而且能够相互促进。

该医院某科室给患者注射过期生理盐水,最长已经过期一年了。这件事情曝光后,院方一方面把6名注射了过期生理盐水的孩子送到长沙检查;另一方面对相关医护人员进行处理。事后,院方了解到医护人员也有自己的苦衷。有医生坦言,科室要“自负盈亏”,如果科室存放的药品过期,损失要由科室承担。院方认识到,虽然在药品管理上有一套严格的管理制度,可使用过期药现象却仍未杜绝,这说明不是制度缺位,而是制度的监管在实施过程中缺乏柔性,没有从医护人员的角度思考问题,缺乏人文关怀。认识到问题的症结后,医院对现有制度进行了修改,将医护人员"自负盈亏"改为"以旧换新";同时,对以前处理过期药品及时未造成损失的科室及医护人员进行医德教育。此举不仅解决了过期药品的管理难题,而且赢得了医护人员的普遍赞誉。

不可否认,当前不少社会和行业制度在制定和执行过程中还存在人文缺失的问题,主要体现在以下几个方面:

一是员工参与制度建设的积极性不高。一个单位的规章制度关系每个员工的切身权益。如果在起草时经过全体员工反复酝酿、讨论和修改,就能代表员工的利益和诉求,增强员工的主人翁意识;就能调动大家参与管理的积极性,提高执行制度的自觉性。但是在日常管理实践中,由于规章制度的制定都是采取自上而下、员工代表大会通过的方式,普通员工事前不知情,只能被动地接受和遵守,容易造成员工对制度管理的心理排斥。

二是规章制度的内容缺少人文内涵。翻开大多数规章制度,不难发现,程序性、机械性的条文居多,行政色彩浓厚,缺少人文关怀。制度管理重视的是一些"条款",但是当这些"条款"太多太细时,它又会越来越束缚人的思想和行为,难以张扬人的个性,更难以形成一个单位的鲜活特色。

三是规章制度的执行缺少人情味。执行制度刚性有余,柔性不足,没有做到刚柔相济。过分注重制度的严格执行,事情无论大小、轻重、缓急,均是"一刀切",容易使管理者与被管理者对立起来,造成内部矛盾,影响团结和谐。制度是无情的,人的管理却是有情有义的。制度的制定者、执行者和管理的对象都是有丰富情感的活生生的人,在制度的执行过程也应该做到充满人情味。

规章制度由人制定,理应更好地维护社会秩序,给人提供便利;而不是束缚人的手脚,疏远人与人之间的距离。制度和“人性化”本身并不是矛盾对立的两面,非得拼个“你死我活”;严格遵守规章制度未必就要人情冷漠,多点人文关怀未必就不遵守规章制度。要正确处理好规章制度与“人性化”之间的关系,用辩证统一的思维来看待,把人文关怀与规章制度进行科学合理的“无缝对接”。可先打后抚,批评处理在前,促膝谈心随后,既体现制度的严肃不可违,又充满了人性关爱。如是,制度便再不是冷冰冰的条条框框,而成为一种被赋予了生命力的有感情有温度的“爱心守则”。

唯改革者胜,唯创新者强

制度创新是指在现有的生产和生活环境条件下,通过创设新的、更能有效激励人们行为的制度来实现社会的持续发展和变革创新。

如果说技术创新是社会发展的“硬件”,那么制度创新则是社会进步的“软件”,对社会的进步和发展起关键性的作用,是社会进步的动力源。

制度创新改变人们的思维方式和行为方式。制度创新是对原有制度的充实和完善,是根据形势发展变化制定的新的制度。由于制度是对人的行为的规范,制度创新无疑会促使人的思维和行为方式产生新的改变。这种改变具有进步性,会使人的思维和行为方式更加科学合理,更加向上向善,从而推动社会治理更加和谐有序地进行。

制度创新推动科技进步。科学的本质在于揭示未知世界的规律,是通过新的发现,达到新的认识,创造新生事物。制度创新可以为科技创新提供制度支撑,创造宽松环境,激发科研人员的创新意识和创造能力;同时,不断创新的科研成果转化制度会促进科研成果及时转化为社会生产力，最终促进社会经济的迅速发展。

制度创新促进社会变革。社会变革从根本意义上来说是由生产力的发展引起的，最终则体现为一系列的制度变迁，即不断地由先进的制度代替落后的制度。所以，新旧制度的更替实际上是制度创新的过程。所谓的社会改革，也就是革除一切与人民群众的要求不相符合、与生产力的发展不相适应、与时代的特征不相适合的政治制度、经济制度和其他社会制度，同时以更新更好的制度取代原来的与现实需要不相适应的旧制度。所以，改革的过程，实际上也是一个制度创新的过程。

鞋合不合适只有脚知道

制度来源于实践，制度创新必须从实际出发，不能脱离现阶段实际，否则将适得其反。

二战之后，日本汽车制造企业丰田公司曾经面临深重的经营危机。丰田领导层对行业形势和公司运营进行透彻分析后，认为公司普遍存在的生产过剩导致设备、人员、库存费用等一系列的浪费，从而影响企业的竞争能力乃至生存。

为此，他们于20世纪50年代创造了JIT（Just In Time）模式，即在多品种小批量混合生产条件下，以高质量、低消耗的生产方式，经历20多年的探索和完善，形成和发展成为完整的生产管理技术与方法体系，被称为“丰田生产体系”，推动丰田公司成为半个多世纪全球制造企业中最富有盈利能力的企业之一。

作为丰田公司核心竞争力和高效率的源泉，这一体系迅速为受经营管理之困的各国企业所效仿，其中，不乏通用电气、福特、克莱斯勒等世界著名企业。但是，出人意料的是，许多企业包括大型企业在亲临考察、认真钻研并引进这一体系之后,并没有取得意想中的成功,反而由于不适合自身实际情况而使公司遭受损失。

对于随时面临复杂问题和严峻挑战的企业而言,世界上不存在偶然的成功。丰田也一样,它的成功来自本国文化、公司传统、行业特点、国内外形势,甚至公司领导人的特点等诸多因素的影响。参观学习者在车间里看见、材料里学到的只是“冰山一角”而已。同样,每个公司不论国别和大小,也都存在复杂问题,希望通过拷贝人家流程的办法来复制成功,往往只是一厢情愿。

优秀的企业,极少有模仿其他成功企业从而走向事业巅峰的,他们都走出了自己的制度之路。因此,搞管理必须走自己的道路,建设自己的制度。他人的成功再辉煌,也只是他人的风景,可以借鉴,却不可复制。

在这方面,阿里巴巴公司的做法值得借鉴。在互联网经济潮流中应运而生的阿里巴巴公司,从十多年前仅 17 人的工作室发展到如今已拥有 24,000 名员工的电子商务领导企业,服务领域拓展到 240 个国家和地区,阿里巴巴创造了电子商务的“神话”。作为一个从小公司迅猛成长起来的大型企业,为了应对融资等的需要,阿里公司形成了非常复杂的股权结构。这使阿里公司在选择上市模式时面临艰难的选择,现有两种被普遍采用的上市公司组织模式,均无法满足他们的要求。为了既维持企业既定发展方向,又符合上市需要,阿里公司对现有的两种上市公司组织模式进行了研究,创造了新的合伙人制度。

2014 年 5 月 6 日,阿里巴巴向纽交所提交招股说明书,专门对其合伙人制度做了阐述。自 1999 年创始以来,公司就建立了合伙人制度;2010 年 7 月,阿里巴巴决定将这种合伙人制度正式确立下来,取名为“湖畔合伙人”(取自公司初创地方的湖畔花园),上升到制度层面。目前公司共有 28 名合伙人,其中,马云和蔡崇信为永久合伙人,其他人一旦离开阿里或关联公司时就从阿里合伙人中退出。每年公司都可以提名新合伙人,新合伙人需要满足以下条件:持有公司股份;在阿里或关联公司工作5年以上;对公司有杰出贡献;高度认同公司文化,愿意为公司使命、愿景和价值观竭尽全力等。合伙人的权利有董事提名权和奖金分配权,义务包括竭尽全力提升阿里生态系统愿景和传承企业文化与价值观。尽管这一创新没有通过香港交易所的认可,但最终阿里在纽交所成功上市。

可见,制度的创新是针对具体时间、具体地点、具体对象而存在的。世界上不存在两个处于完全相同时空的机构,也不存在完全相同的制度需求,因此不会产生放之四海而皆准的制度。每一个组织都应当从自己的实际出发,深入分析自己的需求,着眼解决自己的问题,坚定不移地探索自己的制度之路,切忌照抄照搬他人的制度。

牵住问题的“牛鼻子”

从某方面来说,制度是为解决社会治理和单位管理中的问题而存在的,因此,制度创新要有问题意识。只有针对问题进行创新,切实牵住问题的“牛鼻子”,才能提高制度创新的针对性和有效性,更好地解决社会治理和单位管理中存在的问题。

医务人员收红包,加重了患者负担,败坏了医疗行业风气,是医院屡禁不止的老大难问题。兰州有个医院通过制度创新很好地解决了这一问题。

有个朋友的孩子有病住进了兰州一家医院。动手术的前一两天,他按照以往惯例给主治大夫、麻醉师等有关医务人员每人分送了多则五六百元,少则一二百元的红包。当时送红包时,大夫们没多推辞就收下了,送出后,这个人心里也就踏实了许多。可第二天下午,他却发现大夫们一个一个来到病房，每人手里拿着一叠信封，上面写着某某某的名字，将信封一个一个送给病人及有关人员。朋友打开大夫送给自己的信封一看，里面装的正是自己送给大夫的红包。

过后，他了解到，这家医院的大夫之所以不收红包，主要原因是新近医院针对病人送红包问题制定了一项制度：凡发现某个大夫有收受病人红包现象，经查实，除了退还病人的红包外，该病人的全部医疗费用也将由这个大夫全额负担。

据说，这家医院以前曾针对大夫收受红包问题想过许多办法，制定了不少制度，但都不如这项制度有效。

以问题意识牵引制度创新，为制度创新提供了源头活水。但问题意识不是凭空产生的，它建立在对事物的深度把握和敏锐的洞察力上。

一位炮兵军官上任伊始，到下属部队视察操练情况。他在几个部队发现了相同的情况：在操练中，总有一名士兵自始至终站在大炮的炮管下面，纹丝不动。军官不解，问其原因，回答："操练条例就是这样规定的"。

想到经常有基层的同志向他抱怨炮兵操练人手不够，疲于应对，可竟有士兵无事可做，到底症结何在？军官经过深入调研，反复查阅军事文献，终于发现，长期以来，虽然炮兵操练已经由骡马化迈向了机械化，但操练条例仍因循骡马化时代的规则。站在炮管下的士兵的任务是拉住马的缰绳（在那个时代，大炮是由马车运载到前线的），便于在大炮发射后调整由于后坐力产生的距离偏差，减少再次瞄准所需要的时间。现在大炮的自动化和机械化程度很高，已经不再需要这样一个角色了，但操练条例却没有及时调整，因此出现了"不拉马的士兵"。

炮兵军官将这一现象逐级进行了汇报，引起了上级领导的高度重视。上级立即组织力量，对现有的炮兵操练条例进行了修改，并举一反三对军事训练制度、教育管理制度等进行了修改完善，增加了机械化条件下的相关内容。“不拉马的士兵”再也见不到了,军事制度创新也向前大大推进了一步。

春江水暖鸭先知

基层群众身处一线,最有工作经验,对制度感受最深。“春江水暖鸭先知”,他们也最有发言权。推进制度创新要加强基层调研,了解基层实际,充分吸收基层创造的最鲜活的制度成果;要敞开民主渠道,尊重群众意愿,让基层群众充分表达意见建议;要鼓励基层群众积极参与,使制度创新代表最广大人民的意志和利益,为制度在基层落地生根奠定坚实的基础。

当今天的很多管理者对“丰田管理方式”“后福特主义”“全面质量管理”和“团队合作”等理论趋之若鹜时，殊不知，早在50多年前，在中国最大的工业企业，就诞生了这些理论与管理法的精神母体——“鞍钢宪法”。

鞍钢始建于1916年，其前身是日本为掠夺中国资源建立的鞍山制铁所，是新中国第一个恢复建设的大型钢铁联合企业和最早建成的钢铁生产基地，被誉为“中国钢铁工业的摇篮”“共和国钢铁工业的长子”。

1956年，中国开始大规模工业化建设。这时，很多苏联专家来到了中国，随同专家回来的是苏联“一长制”经验和一批到苏联学习过的干部。随着“一长制”的推行，领导干部的脾气也越来越大，变得难以沟通了。广大基层干部、工人和工程技术人员对苏联式“一长制”极为不满，迫切需要一种人性化、科学化、民主化的管理方式和管理制度取而代之。“鞍钢宪法”就是在这样的背景下产生的。

“鞍钢宪法”强调要实行民主管理，实行干部参加劳动，工人参加管理，改革不合理的规章制度，工人群众、领导干部和技术员三结合，即“两参一改三结合”。当时，毛泽东把“两参一改三结合”的管理制度称为“鞍钢宪法”。实践证明：“两参一改三结合”，不仅是当时企业管理的一项根本制度和调整企业内部矛盾的一个很好的方法，而且也是广大职工学习政治、管理知识、生产技术和文化的一个很好的方法。

“鞍钢宪法”是基层工人进行制度创新的成功经验总结，有利于厂长经理体会工人的处境，限制厂长经理享有特权，保证国营企业的社会主义性质；有利于从制度上保护工人权益，进一步确立工人阶级在企业中的领导权。它对调整企业内部的各类人员的相互关系，充分调动职工的积极性和创造性，发挥了重大作用。

此后很长一段时间，“两参一改三结合”成为我党领导工业企业的指导方针。许多企业因此而获益：中国石油工业的突飞猛进、核工业的诞生、航天工业的从无到有……无不体现“鞍钢宪法”的精神实质。

“萧规曹随”传佳话

在修订创新制度时，要注意保持新旧制度之间的连续性，让原有的制度继续发挥作用，不能一棍子打死，全盘否定旧制度，避免制度“真空”的出现。

西汉开国功臣曹参跟随刘邦起兵，身经百战，屡建战功。刘邦称帝后，对有功之臣论功行赏，曹参功居第二，封平阳侯，仅次于萧何。萧何死后，因曹参德高望重，继任丞相。

曹参上任丞相后，顺应民心，仍然遵照萧何所制定的政策治理国家，要求丞相府的官员对萧何所制定的政策法令，全部照章执行，不得随意改动；对萧何时所任用的官员，一个也不加以变动，原有官员依然各司其职。曹参对他们按职权范围该处理的事情，从不加以干预。因此在朝廷丞相变动的关键时刻，没有引起任何波动，朝中君臣和原来一样相安无事，朝政也和原来一样井然有序。

时光如流水，日子一天天过去。可是，曹参既没有设计出"胡服骑射"的变法蓝图，也没有提出和匈奴建立"战略伙伴关系"的外交新思路，这使本来对他寄予厚望的汉惠帝迷惑不解。

惠帝心想，就连一般的官员就职后也要"新官上任三把火"，搞制度创新，而曹参身为丞相，只考虑工作的连续性，对大到京城规划、皇宫建设，小到居民拆迁、街道改造，不仅没有推倒重来的魄力和水平，连一点小小的改变也没有，惠帝有点沉不住气了。

于是，曹参被找来谈话。惠帝说："你有什么想法，请照直说吧！"曹参想了一下回答说："请陛下好好地想想，您跟先帝相比，谁更贤明英武呢？"惠帝说："我怎么敢和先帝相提并论呢？"接着，曹参又问："陛下看我的德才跟萧何相国相比，谁强呢？"汉惠帝笑着说："我看你好像是不如萧相国。"

曹参接过惠帝的话说："陛下说得非常正确。既然您的贤能不如先帝，我的德才又比不上萧相国，那么先帝与萧相国在统一天下以后，陆续制定了许多明确而又完备的法令，在执行中又都是卓有成效的，难道我们还能制定出超过他们的法令规章来吗？"接着，他又诚恳地对惠帝说："现在陛下和我们这些做大臣的，应该遵照先帝遗愿，谨慎从事，恪守职责。

对已经制定并执行过的法令规章，就更不应该乱加改动，而只能是遵照执行。我现在这样照章办事不是很好吗？”汉惠帝听了曹参的解释后说：“我明白了，你不必再说了！”

照章办事、萧规曹随使汉朝政治稳定、经济发展、国家兴旺、人民生活日渐提高。曹参逝世后，百姓们编了一首歌谣称颂他说：“萧何定法律，明白又整齐。曹参接任后，遵守不偏离。施政贵清静，百姓心欢喜。”史称“萧规曹随”，传为历史佳话。

从实际来看，“一个将军一支令，一任领导一新规”的现象时有发生。在一些地方，新领导上任后的“头三把火”，往往是有意无意地对着前任去“烧”：前任制定的规划，迅速中止；前任采取的措施，多半弃用；前任确定的目标，大幅调整……总之，就是要事事求新，处处求变，似乎不如此便不足以显示自己的能力，更无法创造属于自己的政绩。

实践证明，如此做法新则新矣，却容易引发许多不良后果。从浅层次来讲，这会让许多工作有始无终，产生许多“半拉子”工程，造成人力物力财力的巨大浪费；从深层次来看，则严重破坏了规划、政令的严肃性和连续性，既会让广大群众无所适从，又会损害党和政府的社会公信力。坊间戏言“王书记种树李书记刨”“张镇长打井赵镇长填”，便是对这类现象的批判和讽刺。

客观地讲，领导干部特别是新上任的领导干部追求政绩，本是再正常不过的事情；勇于在工作思路、方法等方面进行创新，也是应尽之责，原本无可指摘。但对政绩的追求如果过于“自我”，那么政绩就难免扭曲；所谓的创新如果变成一味否定，那么创新就会有“折腾”的嫌疑。从事实来看，大多已有制度，都经过了科学的论证，只要严格遵循、认真落实，就能在一定时期内收到良好效果。而且从目前的实际来看，改革和发展中的许多工作，并不是一任领导班子在短时期内可以解决的，而是需要“不动摇、不懈怠、不折腾”，一任接一任地干下去。在此过程中，如果轻率地另起炉灶，势必会迟滞前进的步伐，甚至会前功尽弃。

日前，习近平总书记在谈到抓落实时特别强调，领导干部在抓落实过程中，要有“功成不必在我任期”的理念和境界。习近平总书记要求领导干部注意防止和纠正各种急功近利的行为，不贪一时之功、不图一时之名，多干打基础、利长远的事；要求领导干部有“萧规曹随”的胸襟，把前任“打基础、利长远”的工作持之以恒地抓下去，把前任制定的各项制度毫不动摇地落实下去。

改革精神，光耀古今

爱因斯坦说过：“不做新鲜事的人是不会犯错误的。”制度创新是破旧立新的工作，可能会触犯一些人的利益，会有一定的风险，推进制度创新需要有敢于试错的勇气、舍我其谁的担当。

历史上的商鞅变法是一次极其深刻的社会改革和制度创新，它的主要方向是废除奴隶制、贵族封地制，使奴隶拥有更高的社会地位；建立军功制的同时全部废除贵族的私兵和土地，使底层人民的劳动热情和战斗欲望极度增强，国家的力量高度凝聚。虽然这一制度创新使秦国的国力和地位迅速得到提升，但原本社会的主体——贵族的固有利益却被剥夺，整个社会的利益重新分配调整，商鞅因而得罪了贵族们，最终惨遭车裂身死。

历史上因推动社会变革和制度创新而受到迫害的不止商鞅一个人。北宋范仲淹的庆历新政失败后，范仲淹遭到排挤；北宋王安石变法失败后，王安石最终被贬官。中国近代史上以“反封建斗士”著称的谭嗣同，更是以“我自横刀向天笑，去留肝胆两昆仑”的浩然正气，毅然选择了变法图强、维新救国的道路，积极推进戊戌维新运动，并不惜最后为之献身。

在中国古代改革史上，虽然每次改革都各具特色，每位改革家都个性鲜明，但“苟利社稷，生死以之”的改革精神却是一脉相承的，形成了一道独特的改革文化风景，光耀古今，成为中华民族宝贵的精神财富和文化遗产，推动中国社会的前进。

“述往事，思来者。”当前，中国共产党人正率领全民族进行一场前无古人的改革。这次改革是社会主义制度的自我完善和发展，是历史上任何一项改革都无法比拟的。当然，今天的改革所面临的政治、社会、文化环境，与历史上的改革有根本的不同。在党的创新理论的指导下，改革继承我国传统文化的精髓，立足对社会现实及发展规律的深刻洞察和准确把握，反映了人民的要求，不断创造璀璨夺目的中国改革文化。

改革是我们党的历史上的一次伟大觉醒，正是这个伟大觉醒孕育了新时期从理论到实践的伟大创造。实践证明，改革是当代中国发展进步的活力之源，是我们党和人民大踏步赶上时代前进步伐的重要法宝，是坚持和发展中国特色社会主义的必由之路。改革决定当代中国命运，关系实现“两个100年”奋斗目标和中华民族伟大复兴。

现在我国改革已经进入攻坚期和深水区，必然会碰到各种阻力并需要进行艰苦的探索，往往道路艰难，险象环生，需要更大的政治勇气和智慧，不失时机深化重要领域改革。因而改革不仅需要坚定的信念，而且需要有坚忍不拔的意志和百折不挠的勇气。深化改革，要坚定信心、凝聚共识、统筹谋划、协同推进。实践发展永无止境，解放思想永无止境，改革也永无止境，停顿和倒退没有出路。要坚持改革开放正确方向，敢于啃硬骨头，敢于涉险滩，既勇于冲破思想观念的障碍，又勇于突破利益固化的藩篱，尊重实践、尊重创造，大胆探索、勇于开拓，不断把改革推向前进。

“互联网+”风生水起

自20世纪末以来，互联网以一种润物细无声的姿态进入社会生活当中。在本世纪前十年，人们感受到的互联网还仅是一种普通的信息交流工具，一种更便捷的工作平台，许多人还没有体会到互联网在创新方面的强大威力。但是,随着移动互联网时代互联网渗透率的提高和互联网云端计算能力的显著增强,互联网对人们日常生活的影响已经逐渐从量变转向质变,互联网不仅越来越显示出引领创新、激发创新的巨大能量,而且正以边缘革命的方式对旧制度产生不可抵御的冲击。

互联网应用在根本上与过去所有的创新一样,都是尽可能地降低成本、提高效率,最终促进生产力的极大提升;但是又与过去所有的创新不同,互联网时代的创新是一个基础性的创新,它可以与生产生活的每一个环节结合,使生产生活每一个阶段的成本都大幅下降,效能都大幅提高。如果说过去的绝大部分技术创新是点状创新,需要经过长时间的积累和持续发酵后遇到偶然的爆发机会才能推动社会进步;那么互联网时代的创新就是一种网状的创新,只要是互联网链条所及之处,传统业态就能转化成互联网业态,形成大面积创新的态势。“互联网 + 制度”把互联网与制度相连,推动制度创新不断进入新的境界,对社会治理产生意想不到的效果。

在 2015 年两会的政府工作报告中,李克强总理提出“互联网 + ”战略。3 月 13 日,国务院出台了《中共中央国务院关于深化体制机制改革加快实施创新驱动发展战略的若干意见》,提出建立健全各项政策和管理制度、加强金融扶持、完善成果转化激励政策、培育人才、构建高效科研体系、推动开放等多个层次的制度创新,掀起了一场“互联网 + 制度”革命。

有例为证。佛山在 62 家市直和各区区直党政机关分批建设廉政风险科技防控平台,以“互联网 + 制度”构建起防治腐败的“防火墙”。

据了解,佛山市廉政风险科技防控平台分为三个子系统,即权力运行风险防控子系统、“三重一大”监督子系统、“三公经费”监督子系统。其中,行政权力运行风险防控子系统是针对党政机关权力事项实行全方位防控;“三重一大”风险防控子系统是对重大决策、重要人事任免、重大项目安排和大额度资金运作等进行全过程监控;“三公经费”风险防控子系统是对因公出国(境)、公务用车、公务接待及差旅、会议、培训等六大经费使用情况进行全面监察分析。

以“三重一大”风险防控子系统为例。各部门“三重一大”事项的酝酿、决策、执行情况,均会在防控系统“留痕”。系统依据监察规则,对记录数据进行风险异常筛查,对异常数据作出预警,并作为佛山党风廉政建设责任制考核的重要依据,也是各单位党风廉政建设的基因图谱。

“互联网+制度”通过廉政风险科技防控平台将“三重一大”“三公经费”等事项的制度性要求转化为审批“哨卡”,让无情的电脑管住有情的人脑,从根源上遏制廉政问题的发生,真正把权力关进制度的笼子里。

“互联网+制度”不仅为制度创新插上了腾飞的翅膀,也推动了社会治理领域的一些老大难问题得到妥善解决。

中小学生校服因“毒、腐、丑”等问题受到社会舆论广泛关注。随着我国第一个专门针对中小学生校服的国家标准出台,对校服质量安全作出明确规定,从国家层面规范了校服问题。然而,有些学校和个人为了利益,仍存在多收费、吃回扣等问题,以致校服质量得不到保证。对校服采购中的廉洁风险进行有效防控,确保校服无质量问题,关乎教育部门公信力和广大学生、家长的切身利益。

随着“互联网+制度”的广泛应用,一个借助互联网科技手段、促进校服生产采购公开透明的“阳光智园”校服平台,已在江西、河北、河南等14个省份运行。该平台着眼于预防腐败、推进采购信息公开,利用“互联网+”技术,立足用户思维、大数据思维,连接教育主管部门、监督部门、学校、学生、家长、厂家,及时公开厂家信息与甄选标准,保障学生和家长的知情权、参与权。同时,平台打破了校方作为中间商的传统采购模式,通过信息公开和在线支付,有效地解决了校方多收费、吃“回扣”及收取现金不入账形成“小金库”等问题。

实践永无止境,制度创新永无止境。积极抢抓“互联网 + ”这一时代契机,将科技发展最新成果融入制度创新中,必将推动制度创新不断迈上新的台阶。

图书在版编目（CIP）数据

善治之道 / 王一俊主编. -- 北京 : 法律出版社,
2018
ISBN 978-7-5197-1921-0

Ⅰ. ①善… Ⅱ. ①王… Ⅲ. ①法律－中国－文集
Ⅳ. ①D920.4-53

中国版本图书馆CIP数据核字(2018)第013466号

善治之道
SHANZHI ZHIDAO

王一俊 主编

责任编辑 黄倩倩
装帧设计 李　瞻

出版 法律出版社
总发行 中国法律图书有限公司
经销 新华书店
印刷 天津嘉恒印务有限公司
责任校对 晁明慧
责任印制 陶　松

编辑统筹 学术·对外出版分社
开本 720毫米×960毫米 1/16
印张 19
字数 222千
版本 2018年5月第1版
印次 2018年5月第1次印刷

法律出版社 / 北京市丰台区莲花池西里7号（100073）
网址 / www.lawpress.com.cn
投稿邮箱 / info@lawpress.com.cn
举报维权邮箱 / jbwq@lawpress.com.cn
销售热线 / 010-63939792
咨询电话 / 010-63939796

中国法律图书有限公司 / 北京市丰台区莲花池西里7号（100073）
全国各地中法图分、子公司销售电话：
统一销售客服 / 400-660-6393
第一法律书店 / 010-63939781/9782　西安分公司 / 029-85330678　重庆分公司 / 023-67453036
上海分公司 / 021-62071639/1636　深圳分公司 / 0755-83072995

书号：ISBN 978-7-5197-1921-0
定价：68.00元
（如有缺页或倒装，中国法律图书有限公司负责退换）